孩子的成长 妈妈的修行

云香 著

世上没有完美的小孩　也没有完美的父母

文化发展出版社
Cultural Development Press

图书在版编目（CIP）数据

孩子的成长，妈妈的修行 / 云香著 . —北京：文化发展出版社有限公司 , 2019.8
ISBN 978-7-5142-2748-2

Ⅰ . ①孩… Ⅱ . ①云… Ⅲ . ①儿童教育 – 家庭教育 Ⅳ . ① G782

中国版本图书馆 CIP 数据核字（2019）第 149936 号

孩子的成长，妈妈的修行

作者：云香

责任编辑：肖润征
出版发行：文化发展出版社有限公司（北京市翠微路 2 号　邮编：100036）
网址：www.wenhuafazhan.com
经销：各地新华书店
印刷：河北鹏润印刷有限公司

开本：700mm × 980mm　1/16
字数：230 千字
印张：20.5
印次：2019 年 9 月第 1 版　2019 年 9 月第 1 次印刷
ISBN：978-7-5142-2748-2
定价：46.80 元

本书赞誉

这本书带着鲜活的生命能量，情真意切，感人至深，时而令人捧腹，时而催人泪下，在丝丝入扣的叙事当中，深入浅出地论述 P.E.T（Parent Effectiveness Training）父母效能训练课程里的沟通技巧、华德福教育理念和具体实施方法，话题涉及养育学龄前孩子的方方面面，相信每一位读者都会从中获益匪浅。希望读者在看了这本书之后，不仅能更加了解儿童的发展和需求，而且对于做一个好父母也有了更多的自信。

——著名教育专家、“中国的斯波克博士” 小巫

华德福教育是很多人心目中的理想教育，但并不是把孩子送进华德福学校就万事大吉了，而且不是所有人都有机会将孩子送进华德福幼儿园的，那么在家践行华德福教育就显得尤为重要。云香的书记录的正是自己在家践行华德福

教育和 P.E.T 教育理念的亲身经历，这本书文字优美，真实感人，反思深刻，是一本值得所有父母认真阅读的好书。

——**北京百草园华德福幼儿园园长　房凤荣**

当云香第一次出现在我的工作坊里时，她的言语风趣生动，她的分享独特而深刻。文如其人，在她的文章里，你可以读到亲子关系带给她的成长和蜕变，并觉得眼前一亮，哇，育儿原来可以这样！在点点滴滴中，她娓娓道来，她的文字温暖袭人，让你深受启发。

——P.E.T. **父母效能训练讲师　安心**

读云香的文章，让我几度泪奔，仿佛她写的就是我自己。我是一个两岁孩子的妈妈，为了能正确地与孩子相处，我看了很多书，而在这些书里，云香的文章是最特别的，因为我看完就知道自己该怎么做，也知道自己的问题出在哪儿。她就像邻家大姐一样在和我谈心，没有说教，然而每一个字都说进了我心里。看到她能如此“看得见”豆豆，我特别羡慕，也希望我的孩子拥有这样的福气。

—— **一位读者在作者微信公众平台上的留言**

推荐序

跟着云香当专家

前一阵我在自己的博客和微信公众平台上转发了云香的一篇文章——《你真的懂得怎么陪孩子吗——什么才是高质量的陪伴》，受到大家的热捧，被转发数万次，随后还被一些人盗去转发，没有注明原作者，甚至还被某个大型门户网站误当作别人的原创来推荐。

云香文笔的感染力由此可见一斑。这篇文章已经被收入本书，而本书里充满了这样引人入胜的文字。

和云香混得熟的人都知道，她有一种特殊的幽默感。在“小巫艺术养育课程”上，只要云香开口，就会引起哄堂大笑，而她本人却一本正经，甚至非常迫切地想往下说，并没有意识到自己的话有那么好玩。这大概是幽默的最高境界吧：不是有意逗你笑，姐说话天生就这么带感。

云香又是个特别会讲故事的人。她的书，是由一个个小故事组成的，贯穿着她独特的幽默感，看着看着，我就会忍不住笑起来。只见她一会儿咬牙切齿地要抽那个声称“我知道你想要什么”的老公；一会儿在儿子持久的哭声中后悔没多吃两碗饭（第二天吃了三碗饭，正得意时，儿子又不闹了，她又落得个后悔）；一会儿因为儿子选择二分钟，她便深刻检讨“不愧是我的儿子，有点儿二”……这些故事的小主角大部分都是云香的儿子豆豆。

和一些畅销书不一样，云香没有把儿子塑造成一个“高大全”的模范儿童，以表明自己是一个完美的高手母亲。云香讲故事的最大特点是真实，她敢于也善于剖开自己的内心，把一切都暴露在光天化日之下。她更敢于并善于进行自我反省和批判，在细微之处让读者看到作为母亲应该修炼和改进之处。

这本书带着鲜活的生命能量，让读者看到了一个深爱着老公和儿子并努力做好自己的真实女性、一个帮助父母成长的憨厚可爱聪颖的小天使豆豆、一个阳刚单纯又偶尔会遭到老婆戏弄的豆豆爸……里面的故事情真意切、感人至深。云香在丝丝入扣的叙事当中，深入浅出地论述了 P.E.T 父母效能训练课程里的沟通技巧、华德福教育理念和具体的实施方法，话题涉及养育学龄前孩子的方方面面，我相信每一位读者都会从中获益匪浅。

云香说，每一对父母都可以成为自己孩子的育儿专家，这也是我一直以来秉持的理念和工作的方向。在育儿路上，云香是一位很注重学习且很会学习的妈妈。记得一年多前，我给云香的《那些母乳喂养的日子——职场妈妈母乳育儿手记》一书作序，我在序言里说自己在云香身上看到了教育和学习的最高境界：

如果学习者能够达到这个境界——不是为了应付考试而将一切生吞活剥，考（吐）完之后脑子里就空了，而是将受到的教育付诸实践，通过自己的反复体验来心领神会，潜移默化，让其转化为自己内在的一部分；当自己开始传播给其他人时，便早已忘记了这些“知识”的来源，而这些“知识”竟自然而然地“从心里流淌出来”，那么她就拥有了属于自己的真正意义上的智慧。

进一步来看，如果教育者能够达到这个境界——不是照本宣科，像搬运砖头一样，把“知识”直接投递给对方，而是出于热爱，将自己想传授的一切转化为自己内在的一部分，让“知识”带着灵魂的温度，“从心里流淌出来”，那么受教育者就能得到最好的滋养。

我们是孩子成长路上的陪伴者，陪伴孩子成长的过程也是一个自我成长的过程。在云香平实的记述中，我们能时时感受到育儿是个充满乐趣、非常享受的过程。父母生育、教养孩子不是为了让自己吃苦，也不是为了让孩子吃苦。作为父母，要学会享受孩子的爱，也要让孩子享受自己的爱。希望读者在看了这本书之后，不仅能更加了解儿童的发展和需求，而且对于做一个好妈妈或好爸爸能有更多的自信。

小巫

2015 年 2 月 4 日

自序
每一个妈妈都能做自己孩子的育儿专家

四年前，当我成为一名母亲时，我无比兴奋，也无比自信，心想自己学教育出身，又有心理学方面的专业知识，养育孩子对我来说还不是小儿科。

没想到，当孩子真正来到我的生活中时，我发现这确实不是小儿科：从刚开始的吃喝拉撒睡，到后来的肛欲期、敏感期，这个期、那个期的，外加有事没事来点哭闹，再躺在地上打个滚儿，老天，养个娃实在是太难了！

没办法，我只好发挥自己博览群书的特长，翻看各种教育类书籍，国外的、国内的、名家的、草根的……书看了很多，当然很有收获，但问题是，不管书上的理论有多清楚，实践时还是会一头雾水，更何况很多书的理念截然相反，也不知道到底谁说得对，这可把我这个博览群书的人直接给搞晕了！

没办法，我只好边看书边摸索，边实践边总结，同时把这些实践案例写在网上，目的是让自己有更深层次的反思。没想到，文章发在网上，受到很多妈妈的追捧，她们纷纷给我留言说：“你的案例比育儿书上的那些理论更鲜活、更生动，看了别的书不知道怎么办，但是看了你的案例，我却马上就知道该怎么办了。再不济，也能模仿着做。”

她们的这些回应极大地激发了我的创作热情。我第一次知道，原来大家都存在同样的问题：看了书不知道如何去用；她们和我一样，希望看到一些对孩子真正有帮助的案例和方法，更希望看到作者的亲身实践和经验反思，而不是一些空泛的大道理。

后来，我做了华德福幼儿教师和父母培训讲师，由于工作的关系，我会接触到很多孩子和父母，我常常能非常清楚地看到一些孩子存在的问题，也能看到问题的根源在于他们的父母，可是令我深深叹息的是：如果父母不做出改变，老师即使倾尽全力，作用也是十分有限的。

值得欣慰的是，我看到了很多父母勇于改变自己，也目睹了他们的孩子发生了巨大变化。这让我坚信：父母有极大的成长潜力，他们应该得到帮助，而不是受到指责。

倾听父母们的痛苦，帮助他们找到适合自己的育儿方法，这是我的工作很重要的一部分。然而，我个人的力量毕竟太微薄，要给每一个向我求助的人回信，对我来说也不现实；做讲座亲口讲述这种方式虽好，但受益面也很有限；虽然我的文章频见报端，但受版面限制，系统性和理论性会大打折扣。因此，写一本生动的、有经历有反思的育儿书，帮助那些在育儿上存在这样或者那样困惑的家长，是我写这本书的初衷。

本书主要记录的是在我儿子豆豆两岁到四岁这段时间里，我在家庭中实践华德福教育理念和 P.E.T. 父母效能训练的心得体会以及我的一些教育反思，其中的案例均为我自己的亲身经历（在这里，我要感谢著名儿童教育专家小巫在中国对这两种教育理论的大力推广，让我有机会接触这样好的教育理念；我更要感谢她对我手把手的指导，让我能够深入研究学习这两种教育理念）。

记得小巫老师为我的书《那些母乳喂养的日子——职场妈妈母乳育儿手记》作序时写道："妈妈们分享她们的亲身经历，往往比书本来得更实用，也更能从心理上提供支持。因为这是'妈妈对妈妈'的帮助，而不是'专家对妈妈'的说教。"

同样，我也希望这本书能延续我一贯的"妈妈对妈妈的帮助"的风格，给大家提供真正实用的、具有心理支持作用的帮助，虽然从某种程度上来说，我已经是这一领域的专家。

本书既记录了我在家庭教育中的一些成功案例和经验总结，也如实记录了我在养育孩子过程中的失误和反思。我不是一个完美的妈妈，但我接受自己不完美的这个事实。我们常说接纳孩子，那接纳孩子从何做起呢？我想应该从接纳自己开始，从接纳自己的不完美开始，从接纳自己经常犯错误的事实开始。我不想做一个站在神坛上的专家，我想让大家看到一个有血有肉的妈妈真实的成长历程。我想传达给大家的是，只要有心，这样的成长可以发生在我们每一个人身上。

看完本书，你或许会认为我是一个很有方法和技巧的妈妈，无论是孩子哭、闹、打人，还是入园、离乳等事情，我都处理得很浪漫温馨。当然，这里面的有些技巧和方法是可以当场拿来就用的，但更多的需要读者消化体会后变成自己的东西，才能真正派上用场。作为作者，我更希望读者吸收的是藏在方法背后的态度和一个母亲的精神状态。

养育是一场富有诗意的修行。每一个孩子都不一样，每一个家庭也都不一样，没有任何一种养育方法可以放之四海而皆准。如果非要将某种方法不加选择地生搬硬套，那么伤害的将是我们最爱的孩子。

只要父母勇于自我成长，拥有良好的精神状态，那么，只需别人稍加提点，他们就可以创造出适合自己的养育孩子技巧和方法。同样，也只有当父母具有良好的精神状态时，技巧和方法才能真正派上用场。又或者说，那时的技巧和方法已经不能再称为技巧和方法了。正如武林绝顶高手一般，枯枝飞叶即是武器，何须长剑在手呢？那时，养育孩子就真的是心想事成的事了。

当然，要想心想事成，就必须从自我成长做起。也许你和很多父母一样，正为孩子的表现焦头烂额，或为了孩子正在委屈自己，或正为搞定孩子而扬扬自得……不管你处在哪一个阶段，都没有关系，希望你从看到本书开始，和我们一起重新俯下身来，带着尊重和虚心，陪伴孩子活在每一个当下。育儿是一条漫长的修行之路，它允许我们犯错误，也给了我们时间改正错误，只要我们愿意给自己犯错的机会及空间，那么，我们就能心想事成，成为自己孩子的育儿专家——只要你愿意。

云香

2015 年 1 月于北京

新版序

为人父母无须完美

前几天，我的编辑问我：“《孩子的成长，妈妈的修行》这次再版，有没有要修改的地方？”

是啊，一眨眼四年过去了，当初的奶娃娃豆豆已经长成半大小子，我自己无论是在理论还是实践上都成熟不少，再看当初的文字，当然会有稚拙之处，是不是要修改一下呢？

以我追求完美的个性，当然是要修改的，可是在电脑前枯坐良久，居然不知从何下手，怎么改都不是当初的心境，怎么改都不如当初的文字动人心弦，于是干脆作罢。

为什么会这样呢？我想是因为当初那份真实和真诚——当时在我身上真实地发生了这些事情，我趁着所学的理论热气腾腾之时便应用、记录、反思，哪怕不完美，但这份真实和真诚已足够打动人心。

这与我们育儿是不是有异曲同工之妙？

和孩子相处的过程中，真正打动孩子的，不是完美，而是真实和真诚。为人父母无须完美，也做不到完美，因为我们是人而不是神，我们不可能 365 天 24 小时对孩子充满爱意，不可能每件事都尽善尽美。尤其是，在生活重压之下，孩子调皮之时，失望、焦虑、生气、愤怒等情绪就会不可抑止地向我们袭来，甚至在我们自己还没反应过来的时候，就已经发火了。这个时候，倘若能够真实地面对自己的情绪，真诚地表达自己的需求，那要比做一个强求完美的父母更加容易，也更加重要。

对于孩子来说，他们也不需要父母完美，他们需要的是真实的、活生生的、有血有肉的人，哪怕我们不完美，只要我们真实、真诚，他们就会愿意和我们亲近。

当他们愿意和我们亲近的时候，教育才成为可能。如果一个人说话非常有道理，可是你一看到他就烦，那么他讲得越多，你就越想抽他；相反，如果你喜欢一个人，不管他怎样讲，你都愿意听，就算他讲错了，你也愿意往好的一面想。所以，有关系才能有教育，关系始终都要走在教育之前。

这也是这本并不完美的书能销售得那么好，多次位列当当、京东家教书排行榜前几名的原因。因为它真实、真诚，所以很容易就和大家建立联结，让人看了还想看。

经常有读者评论：

“看到这本书，会觉得这就是在讲我自己家里的事儿，特别感同身受，这才发现原来家里鸡飞狗跳的事儿还有这么有效又有趣的处理方法。”

“这本书简直不像育儿书，而像是小说，一口气就看完了，还意犹未尽。这可是我看完的第一本育儿书。”

“这本书最大的特点就是特别打动人，看一遍就自动刻在心里了，简直有魔性。我孩子只看了一遍，就经常和我说‘云香老师说……’”

……

是的，当我们觉得一本书有趣好玩、感同身受的时候，才能看得下去，看完才能用到自己身上；当孩子觉得跟我们在一起有趣好玩、被理解被接纳的时候，他才会愿意和我们在一起，教育才有可能。

或者说，教育就是发生在这些有趣好玩的点点滴滴之中，不是我们板着脸对孩子说“我告诉你……”，而是你好像什么也没做，但孩子就已经自己有所领悟，学会了自我负责。这种润物细无声的方式才是教育的最高境界。

这也是我们华德福常说的“教育就是环境，我们只需要提供适合的环境，孩子自然会在环境中完成他的自我教育”。

父母本身就是环境中至关重要的一部分，教育孩子的过程事实上也是一条父母的自我教育之路。比如我自己，在育儿的过程中，每一步都是我自我成长的见证。

曾经，我对孩子充满了期待，他还在肚子里时我就开始胎教，恨不得培养出一个神童来，孩子有一点比不上别人的孩子，我就焦虑紧张，四处打听哪个早教机构可以让孩子更聪明。

后来，我终于明白，这一切都是我自己的投射，是我把自己的不得志投射到孩子身上，希望他能完成我未完成的心愿。这所有的一切都是我的期待、我的情绪，孩子没有必要为我的期待和情绪埋单，事实上他也埋不了单。我越是期待，他越是让我失望，直到有一天，我把劲儿使在自己身上，允许他走自己的路、犯自己的错，才猛然发现，孩子居然比我曾经期待的还要好。

曾经，我控制不住对孩子发脾气的时候，就会怨恨父母，因为他们对我的教育方式有问题，让我内心伤痕累累，所以我才会失去爱孩子的能力。

后来，当我走过了和父母和解之路，可以自由拥抱他们，轻松说“我爱你”时，我终于明白自己早已长大，就算父母当初做得不好，我现在长大了，也可以自我负责，自己爱自己，成为一百分的妈妈。这时候我才发现，并不是过去决定了现在和未来，而是我们如何看待现在，这决定了我们的过去和未来是什么样的。

曾经，我一直活在别人的眼光中，明明不喜欢理工科，却因为听说理工科好找工作而读到了工学硕士；明明讨厌北京的干燥气候，却为了别人羡慕的北京户口北漂十几年；明明不愿意去做那件事，却因为不好意思拒绝而委屈自己……

后来，我终于成功转型，做了自己喜欢的事业，也有勇气因为一个念头——在有山有水的地方生活——就铺开地图，选择离京。虽然搬去的那个地方，以前我从未听说过，也没有任何亲戚朋友，但当心无挂碍时，前行自然就变得容易。当这样的事情都变得容易的时候，拒绝别人还会困难吗？

曾经，我面对世界，总是非黑即白，偏激固执，凡事一定要争个是非对错。比如，参加学习先得把老师批到体无完肤，然后再慢慢被征服。

后来，我意识到，世事本无绝对的对错，唯有放空自己，以谦卑的态度面对，才能有空间接受新事物，才能让生命充满无限可能。人有空间，能容万物；海有空间，方纳百川。而当我改变的时候，我发现孩子也改变了，不再要求别人都听自己的，谁说话他都愿意聆听，和谁都能玩到一起去。

……

而这一切，都是孩子带来的，所以孩子才是老师，是我们成长路上的引路人。感恩我有一个如此可爱、如此聪慧的孩子，以至于我经常都会望着他的睡颜感叹：这么好的孩子怎么是我生的呢？我实在太幸运了！

是啊，愿有一天每一个父母都能感叹：我的孩子太好了！我太幸运了！每一个孩子都能感叹：我的父母太好了！我太幸运了！

记得有一个学员上完我的课程以后，买了一本《孩子的成长，妈妈的修行》，送给自己二十四岁的儿子，上面写了三个字："对不起！"

你们知道后面发生了什么吗？她儿子也买了一本《孩子的成长，妈妈的修行》送给了她，上面写了三个字："我爱您！"

是的，每一个父母都欠孩子一声"对不起"，只要父母愿意说"对不起"，孩子就愿意无条件地原谅父母所有的不完美。

每一个孩子都欠父母一声"谢谢您"，只要孩子心怀感恩，父母没有不甘之如饴的。

只要我们都愿意改变，距离那声"我爱你"还远吗？

我妈妈，一个六十多岁的农村老人，居然也学会了对我说"我爱你"，而这估计是她这辈子第一次开口说这三个字。何其有幸，我有愿意自我成长的妈妈；何其有幸，我自己也是愿意自我成长的妈妈……

育儿路是一条自我成长路，也是一条凤凰涅槃之路。豆豆成长的这八年，我的容貌、气质发生了巨大变化，连声音都变得甜美动人。可以说，此刻是我这一生最美的时光。最好的年华因你而来，感谢你，我的孩子！也感谢你们，我的每一位读者，愿你们和我一样，因孩子而走上自我成长之路，因孩子而余生每一刻都是最好的年华！

云香

2019 年 3 月 29 日于深圳

第 1 章　如何倾听年幼的孩子

第 2 章　如何教会年幼的孩子表达自我

第 3 章　如何给孩子高质量的爱

第 4 章　如何给孩子简化生活

第 5 章　浪漫，每个妈妈都可以做个艺术家

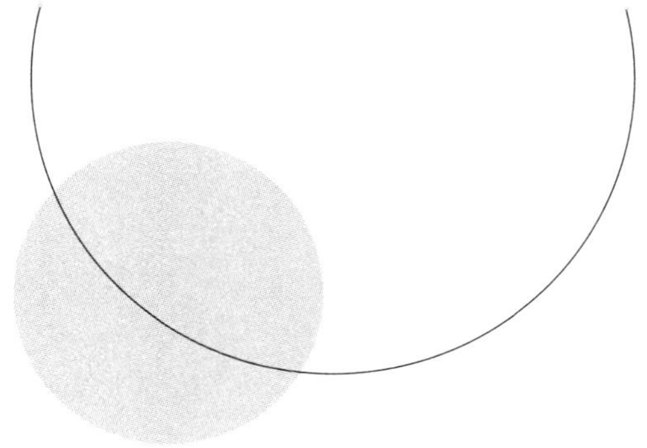

第 6 章　育儿先育己

第1章

如何倾听年幼的孩子

哭泣是年幼的孩子的表达方式，“不”是他们的口头禅，“立刻、马上、必须”是他们的要求，父母理解性的聆听能让他们产生安全感，聆听能让父母看见孩子行为背后的需要，真正看见孩子。

你看见孩子了吗
——关注“不良行为”发生的真正原因

爱是连接，爱是看见，爱是你在我面前，而我确实“看见”了你。

豆豆和强强（化名）在前面跑，我和强强妈在后面跟着，忽然强强发现了旁边的彩绘墙，大喊：“跳跳虎！”

墙上画了一只正在跳高的老虎，可不是一只跳跳虎嘛。我正想呼应他一句，豆豆在前面兴奋地喊起来：“妈妈，快来看大象哥哥！”

大象是豆豆最喜欢的动物，怪不得他这么兴奋。我赶快跑过去，和豆豆一起看大象。正在这时，那边的强强又喊又跳：“跳跳虎，妈妈，跳跳虎！”

强强妈随口“哦”了一声就继续往前走。

强强又喊我们：“阿姨、豆豆，跳跳虎！跳跳虎！”

豆豆忙着看大象，没工夫搭理他，我要陪豆豆看大象，所以也只是随口应了一句。

强强又喊："妈妈，跳跳虎！跳跳虎！"

强强妈边走边说："快点走，别磨蹭了。"

眼看着妈妈已经走过彩绘墙，强强急了，把手里攥着的一沓卡片狠狠地扔在地上，大哭起来。

强强妈莫名其妙地看着强强，走回来问："你怎么了？乱发脾气！"

我说："他想让你看那儿画了一只跳跳虎。"

强强妈随意看了一眼，说："哦，看到了。走啦！哎，你看前面谁来了？那不是隔壁张叔叔吗？强强赶紧叫张叔叔！"

强强哭着大喊："我不叫，我不叫！"

强强妈感觉很没面子，皱着眉头说："你看看你，怎么这么不懂礼貌！天天跟豆豆在一起，你怎么就没学到豆豆的好？你看看豆豆多有礼貌！"

说话的当口，豆豆自顾自地在地上捡强强扔掉的卡片。强强一看，急了，冲上来打豆豆："你让开，让开，还我卡片！"

强强妈感觉更没面子了，拉住强强就吼："你不要了，扔地上的，人家还不能捡？自私自利！妈妈天天教你要懂得和别人分享，你怎么就不长记性呢？你还想打人，你怎么遇到事情就喜欢动手呢？你没有嘴巴吗？不会说话吗？妈妈有没有说过打人是不对的行为？快，跟豆豆道歉！"

强强边挣扎边大哭，豆豆把卡片塞到强强手里，说："给你，我不捡了。"

豆豆的意思是，既然捡你的卡片你这么伤心，那我还给你，你就别哭了吧。

强强妈更生气了，数落强强："你看人家豆豆多懂事，你还比人家大呢，怎么就不能学着点？”

我特别不愿意掺和别人教育孩子的事情，但看到场面这样失控，只好走上前去，一手拉着豆豆，一手指着跳跳虎说：“我看到了一只跳跳虎，它穿着黄色的衣服！”

豆豆也说：“他在跳高，太好玩了！”

正在大哭大闹的强强忽然就像被施了魔法一样，马上就不哭了，跑过来说：“这是我先看见的，它是一只跳跳虎！”

说着，两个孩子开始嘻嘻哈哈地跳起来。强强妈叹口气说：“这孩子，没法教，累死我算了。”

强强妈以为自己的孩子难带，把一件本应该很开心的事情搞得跟世界大战一样，还给孩子贴了一堆标签：磨蹭、乱发脾气、不讲礼貌、自私自利、不会说话、不懂分享、喜欢打人、不懂事等。

她看见了孩子这么多的缺点，却唯独没有看见孩子为什么会忽然大发脾气。当孩子看见墙上画着一个自己最喜欢的小动物时，心里是多么欣喜呀，他毫无保留地想要和妈妈一起分享自己的喜悦，可是妈妈却看都不看一下就走了。他的高兴没有人分享，他是多么扫兴呀。

于是，他喊自己的好朋友豆豆来和自己分享，可是豆豆忙着自己玩，没有搭理他。他又喊妈妈，妈妈只是批评他“别磨蹭”，自顾自地走过去了，完全无视他的发现与欣喜。

他拼命喊妈妈，妈妈却没有回应。眼看妈妈就要走过去了，看不到跳跳虎了，强强想到最快能让妈妈注意到自己的方式就是“扔东西，大哭”。

果然，他成功吸引妈妈过来了，可是妈妈的注意力却变成了“跟隔壁的张叔叔打招呼”。可以说，这时强强心中是多么绝望呀。妈妈，我到底要做什么，你才能看见我？喊，没有用；叫，没有用；哭，没有用；动手，也没有用。我还这么小，我实在是没有更多的办法让你注意到我。你说，我到底要做什么，你才能看见我在关注什么；我到底要做什么，你才能看见我心里在想什么；我到底要做什么，你才能看见我的情感和需求。

写到这里，我的眼眶都忍不住有点湿润了。是啊，别说孩子，就是一个成年人面对这样的情况，也会有“叫天天不应，叫地地不灵”的绝望吧？

没有一个孩子生下来就是与“不良行为”相伴的，论起灵魂的纯真与善良，我们有几个人能比得上孩子？可以说，孩子的“不良行为”都是成年人给逼出来的，孩子所有的“不良行为”都是因为他有未被满足的需求，比如需要爱，比如需要关注。

孩子之所以可怜，就在于他没有办法明确地告诉你他的需要：“妈妈，我需要你爱我。”“妈妈，我需要你关注我。”如果他能说得出，那他就不是一个孩子了。身为孩子，他所想到的办法只有哭、闹、打人、摔东西等，而在大人眼里，这些无疑都是“不良行为”。遗憾的是，家长看到了所谓的“不良行为”，却没有看到这个“不良行为”背后孩子的真正需求。忽略这个真正需求，从某种程度上来说，就是忽略了孩子发出的求救信号。

然而，在现实生活中，我们常常会对孩子的行为做出各种预设，把那些本来好的行为也看成“不良行为”，更别说去看看孩子“不良行为”背后的需求了。这也导致我们根本看不到孩子行为背后的真正原因，也没办法真正去倾听孩子、理解孩子。

比如，有一天，我抱着豆豆上楼，走到三楼，我说："我累了，抱不动了。"

豆豆立马下来，一屁股坐在楼梯台阶上。我又累又饿，一下子就火了，他这是撒泼的节奏吗？

我压着火气，问："怎么坐下了？"

豆豆说："妈妈，你快坐下歇会儿。"说完还给我捶腿。

那一刻，我惭愧极了。孩子的心地是那样单纯、善良，而我没有问过他一句话，就凭我所看到的在心里给他贴上了"撒泼"的标签。

孩子的问题行为往往都是这样发展的：

给父母发信号得不到回应或者被否定，反复发了很多次信号以后，孩子变得烦躁易怒，经常大喊大叫；

愤怒的表达方式经常被父母打压，无法向外求助，只能向内压制，变得冷漠，不喜交流，开始逃避；

逃避的行为被禁止以后，开始自暴自弃，暴戾厌世；进一步被父母打压后，开始选择自残；

继续被父母"教育"，最后无路可走，自杀。

2013 年重庆摔婴女孩出现以后，大家都在怀疑她家里有人家暴，而她父亲却又竭力否认。我虽不敢确定这个女孩的父母是否对她进行过家暴，但我可以断定，她父母从来不曾看见过她，否则，她的心理不可能扭曲到这种地步。

每天，我们都看到孩子在我们面前晃悠，但又有几个父母真正看见孩子内心的渴求了呢?

有多少人如强强妈一样，只是看到孩子有这样或那样的“不良行为”，却没有看见孩子心里到底在想什么。又有多少人和我一样，看到孩子的行为之后，马上在心里给他贴了一个不良标签，而事实上孩子的本意却是善良的呢?

不曾真正关心孩子的所思所想，不去倾听孩子行为背后的原因，就无法与孩子建立连接。也就是说，我们看到的孩子其实只是我们以为的孩子，与真正的孩子没有关系。

有人可能会觉得我夸张：“孩子是我自己一把屎一把尿带大的，我那么关心他，恨不能全部心思都扑在他身上，从他一个表情我就知道他是不是饿了，从他一个动作我就知道他是不是想要尿尿，我怎么会没有看见孩子？你要说他大了，上学了，我有可能不太了解他，但现在他还这么小，在我面前，他这不跟透明人一样吗？”

孩子什么时候渴了饿了，这样的生理需求我们确实都能看到（事实上否定孩子生理需求的父母也为数不少，孩子明明不渴，大人却强迫他们喝水；孩子明明吃饱了，大人却说没吃饱，还能再吃），但是，他的心理需求你看见了吗?他虽然很小很小，但他也是一个独立的、有自己思想的个体，再完美的父母也不可能时时刻刻“看见”孩子。问题是，你确定你大部分时候都能看见他吗?

爱是什么？爱是连接，爱是看见，爱是你在我面前，而我确实“看见”了你。

为何总是打妹妹
——看见孩子行为背后的心理需要

做父母的，时刻都要想着孩子所谓的“不当行为”背后到底隐藏着什么样的心理需求。聆听孩子内心的声音，你会发现，其实每一个孩子都是那样可爱、善良。每一个孩子的心理需求都值得我们去尊重，都值得我们尽力去满足。

那是几年前的事情了，我和弟弟两家人都回家陪父母过春节，弟弟的女儿一岁了，由于是自己的亲侄女，我经常会按捺不住自己的喜爱之情，时不时地抱起她亲吻。当时我很明显地感觉到豆豆对我的这种做法很不满，但我并没有理解他的情绪，而是对他进行空洞的说教：“宝贝，涵涵是你的亲妹妹，跟外面看到的那些弟弟妹妹都不一样，所以妈妈要经常抱她。你放心，妈妈最喜欢的是你，第二喜欢的是涵涵。”

豆豆并没有把我的话听进去，反而开始动手打妹妹，尤其是当我在场的时候。他打起妹妹来毫不留情，边打还边斜眼看我，明显是一副要挑战的模样。

我很恼火，这孩子怎么这样？我不是跟你说清楚了吗？你也不打别的小朋友，怎么到了自己妹妹这里，就这样呢？你怎么这么自私呢？

无知的我冲着他喊：“不许打妹妹，听见没有！”

豆豆很委屈地自己去玩了，而我则愚蠢地抱着涵涵哄她别哭。

事情的爆发是在我独自带两个孩子的那天。那天家里人都有事出去了，只剩下我一人带着两个孩子。

一会儿豆豆要拉臭，一会儿涵涵哭着要找妈妈，我越忙越乱，真是恨不能生出三头六臂来。好不容易把两个孩子都哄好了，我停下来去喝水，忽然听到涵涵大哭，我吓得赶紧跑过去看，原来豆豆在用鞋子敲涵涵的头。

看见我了，豆豆不但没有停手，反而转了个优美的圈，然后用脚去踢涵涵。

我一下子气不打一处来，抓住豆豆就在他屁股上狠狠地拍了两下。拍完，自己猛然惊醒：我打孩子了！我第一次打孩子了！

看见两个孩子都在伤心地大哭，我瘫坐在地上，又是懊悔又是自责，真觉得自己废物到了极点。

事后，我只要想起这件事，就懊悔不已。我知道，我到了该学习的时候了，我的知识已经不足以支撑我成为一个合格的妈妈了。

我后来参加了 P.E.T. 父母效能训练、完形心理学、家庭系统排列等培训，学了更多心灵成长类课程，知道豆豆当时打妹妹纯粹是为了引起妈妈的关注，以便验证妈妈对他的爱，确定自己是妈妈最重要的孩子这个事实。当时，我没有发现这一点，把全部的精力都用在纠正孩子的行为上，而完全忽略了孩子行为背后的真正需求，怪不得豆豆会变本加厉地打妹妹。试想当时，孩子该有多委屈和伤心啊！

萨提亚有一个冰山理论，它指一个人的“自我”就像一座冰山一样，我们能看到的只是海平面上很少的一部分行为，而更大的内在世界却藏在更深层次，不为人所见。我们需要的，就是发现行为下面所隐藏的内心世界，这才是解决问题之道；否则，仅是纠正行为，治标不治本。

冰山分为七层，最上面的一层是我们能直接看见的，也就是孩子的行为，其他层次则隐藏在冰山以下，需要我们用心才能发觉。

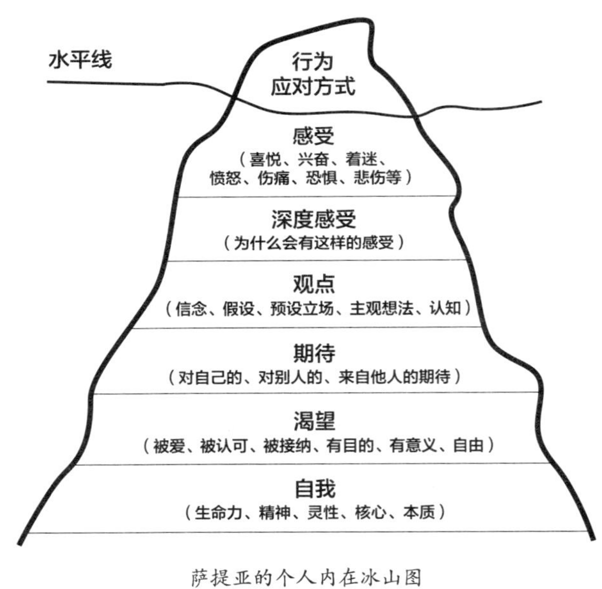

萨提亚的个人内在冰山图

就拿豆豆打妹妹这个事情来说，这七层依次是：

1. 行为：打妹妹。

应对方式：指责、攻击。

2. 感受：愤怒、恐惧。

3. 深度感受：担心。

4. 观点：如果没有妹妹，妈妈就会爱我。

5. 期待：我可以得到妈妈的关注。

6. 渴望：爱。

7. 自我：我是不重要的、不被爱的。

在我按照这个冰山图进行心理分析时，我的心又一次受到了震撼。如果不是仔细去体会、分析，我哪能想到豆豆一个简单的打人背后包含着这么多情绪和感受。我们常常说孩子不懂事、自私、不懂得分享，可我们何曾想过要用心去体会下面的“冰山”呢？不懂事的到底是大人还是孩子？

在孩子打架的问题上，我通常的做法是不干涉，孩子们爱打架打去，父母们哪儿凉快哪儿待着去，我相信孩子们能依靠自己的能力找到合适的相处模式。但是像豆豆这种因情绪问题引发的频繁打人问题，却是需要大人帮助解决的。

如果我们能真正看到孩子打人这个行为背后的真正原因（排除那种争夺玩具、发生口角引发的打架，因为这种是完全正常的，是孩子之间交往的一种方式），那么解决问题、满足孩子需求的办法也就会应运而生。

记得豆豆刚上幼儿园约半个月后，忽然开始频繁地打小朋友，争抢玩具时会打，没有任何征兆时也打，不管老师在与不在，他都照打不误，其他孩子自然也会对他的行为做出反应：孤立他，都不和他玩，给他起了个外号——“幼儿园里最爱打人的孩子”。

虽然每次他打了别人，老师都会抓住他的手告诉他：“小手喜欢做工作，不喜欢打人。”可是，豆豆打人的行为却更加严重。与此同时，在家里他也开始出现晚上反复做噩梦哭闹的情况。

所以，当老师请我去幼儿园谈话时，我心里是非常难受的。尤其是当我看到一群孩子围着豆豆喊：“豆豆，我们不喜欢你！你是幼儿园里最爱打人的孩子！”豆豆孤独无助而又倔强地站在中间，我心酸不已。让孩子独自面对这样的情况，这是做父母的失职啊。

当时老师建议我给豆豆讲故事，她们推荐了苏珊·佩罗的《故事知道怎么办》中的一个治疗孩子打人的故事《张牙舞爪的小螃蟹》，让我讲两个星期试试，看孩子的状态有没有改变。故事讲完了以后，豆豆打人的情况明显好转，我窃喜不已，以为从此就可以高枕无忧了。没想到几天后，老师又打来电话，说豆豆故态复萌，还是经常性地打小朋友，尤其是在老师看不见的时候。老师说：“故事应该是有用的，只是这个故事不是您自己编的，可能不适合您的孩子，我建议您自己给孩子编个故事疗愈一下孩子的这个行为。”

这可把我给难住了，虽然我之前经常给孩子编故事，但基本上都是没有任何目的性随口编的，真正的治疗性故事我还真没尝试过。

恰在那时，我正在参加“小巫艺术养育课程”的培训，有一天的课程是教我们编故事，小巫老师说，治疗性故事有三个层次：

第一个层次是针对孩子的某个行为编故事，比如孩子打人，我们就针对孩子打人这个行为编一个故事，将孩子的行为和解决方案全部编进去（比如，在《张牙舞爪的小螃蟹》中，抓人是行为，解决方案是戴手套）。这是头痛医头的做法，对五岁以下的孩子可能有效，也可能无效，但对五岁以上的孩子往往起不到作用。

第二个层次是针对行为背后的心理原因编故事，比如孩子打人，他为什么打人呢？是因为嫉妒妹妹，对吧？那就编一个不要嫉妒妹妹、兄弟姐妹和平友爱的故事。如果第一个层次是在部分叶子上洒水，那么第二个层次就是在所有的叶子上都洒上水，而真正有效的方法应该是在树根上洒水，这就是治疗性故事的第三个层次，也是最高层次。

第三个层次是我不管你的行为是什么，我就看你行为背后有什么样的心理需求，根据心理需求来编故事。

就比如豆豆在幼儿园打人这件事，他打人背后的心理需求是什么？为什么在入园约半个月后开始打人呢？

一种可能是他想赢得关注。豆豆是不是为了在新环境中赢得老师关注而打人呢？但我向老师了解后得知，不管老师在不在，他都会打人，老师不在的时候，甚至打得更厉害，因此，他应该不是为了得到老师的关注而打人的。

另一种可能是环境的变化，给孩子带来了心理压力。孩子不知道自己在这个集体中到底是个什么样的位置，也不知道老师和小朋友们是否真正接纳自己，他很想试探一下，看看大家到底对他怎么样。而对于一个三岁多的男孩来说，他能想到的试探手段就是打人。

我想到的第三种可能是，豆豆此时恰好三岁多，这正是男孩稍微有点力量的时候，这时的男孩经常会像公鸡一样骄傲，仿佛自己就是国王，就是大力士，因此他很想试验一下自己的力量，更想让别人承认自己的力量。可是他又不知道用什么样的方式把这种力量展示出来，于是他就开始打人了。

弄清楚孩子打人背后的心理需求后，编故事就容易了。在小巫老师的指导下，我和同组的乔瓦娜、杨莹一起现场编了这个故事（在这里我要感谢我的老师小巫的指点和两位同学的通力合作，尤其是乔瓦娜对故事的整理）：

寻找光明的小王子

口述：乔瓦娜、杨莹、云香；指导：小巫

很久很久以前，有一个王国。王国里住着国王、王后和一个快乐的小王子。小王子最喜欢佩着一把又漂亮又锋利的宝剑在森林里玩耍。他过着无忧无虑的生活，一天天地长大了。

有一天早上，小王子睡醒了，发现天空布满了厚厚的乌云，乌云挡住了太阳，还把蓝天遮得严严实实的，一丝缝儿也不露。整个王国见不到太阳，白天像晚上一样昏暗，夏天像冬天一样阴冷。时间长了，树叶开始凋谢，花草也枯萎了，庄稼不再生长，动物们奄奄一息，连国家的子民们也变得没精打采、瘦弱无力，许多人都生病了。

国王很着急，每天都在和大臣们讨论救助国家的良策，却始终没有找到解决办法。国王与王后愁容满面、唉声叹气，急得头发都白了。小王子看到了，很想为他们排忧解难。他看着阴云密布的天空，真想用手中的宝剑把乌云劈开！他一口气跑到森林里，冲着遮挡天空的树冠拼命地劈、砍，大树上的树枝、树叶在利刃之下纷纷折断、掉落。他不停地劈啊砍啊，连着砍了七天七夜，一大片树都被他砍得光秃秃的，天空却还没有晴朗起来。

小王子又累又气，终于躺在一地厚厚的枝叶上睡着了。不知道睡了多久，他突然在梦里听到了一个声音：

“在那乌云最深最重的天边，有你想要的答案！”

小王子被这声音惊醒了，他左看右看，并没有找到说话的人。他决定不管那么多了，站起身来按照那声音的指引，朝着乌云最深最重的天边走去。

天边可真远啊！小王子在森林中不停地走着，累了就歇歇脚，饿了就吃点果实。

他走着走着，遇到了一大片荆棘，又密又尖的刺挡住了去路，他便用宝剑把它们砍断，继续前行。

他走着走着，遇到一条大河，水流又深又急，把道路分成了两段，他便用宝剑砍掉一些粗树枝，扎成木筏乘着过河。

他走着走着，遇到许多豺狼虎豹亮出牙齿和利爪，他就举起手中的宝剑把它们杀退，继续向天边走去……

越走，云雾就越浓重；越走，道路就越迷茫。小王子一口气走到了云雾的深处，那里已经黑得看不到自己的手指了！小王子跌跌撞撞地往前走，突然，他绊了一跤，扑到了什么人的身上。

“你来了，我的孩子！”一个威严又和善的声音突然响起，小王子拔出宝剑，手中的宝剑放射出耀眼的光芒，把四周照亮了。小王子一看，面前站着一位老人，老人被粗重的锁链绑在石柱上。

“你是谁？”

“光明之神！”

“你为什么被绑在这里？我们需要你！”小王子说着，举起宝剑拼命去砍那锁链，宝剑与锁链相击，迸射出无数火花，闪烁着寒光。锁链太结实了，小王子的手都被震疼了，但无论如何都砍不断那锁链。

光明之神一直耐心地等着小王子：“这样砍是砍不断锁链的，请你把宝剑插到锁链中间试试看。”小王子照做了，只听“铛”的一声，锁链重重地落在地上。

光明之神恢复了自由，他拿起小王子的宝剑说：“这本是我的光明之杖，有一天它丢失了，我就被黑暗困在这里。现在，它回来了。谢谢你把它送了回来。”话音刚落，宝剑就回到了光明之神手里，变成了光明之杖原来的模样。

光明之神举起失而复得的光明之杖，指向天空，只见浓雾聚集，乌云翻滚，一瞬间电闪雷鸣，下起了倾盆大雨。雨点越来越小，天空渐渐晴朗起来。不一会儿，风停雨住，河水奔流，枝叶繁密茂盛，花草郁郁葱葱。

接着云雾散开，一束金色的阳光照射着大地，天空出现两道美丽的彩虹。小王子与光明之神告别，向自己的王国走去。他回过头望了望光明之神所在的方向，看到了太阳的光辉，那是光明之杖发出的金色光芒。

这个故事我给豆豆讲了两个晚上，从第三天开始，神奇的事情发生了，豆豆不再主动打人了。很快，他在幼儿园的被动状况也有所改善，再也没有孩子说豆豆是“幼儿园里最爱打人的孩子”了。无独有偶，当时和我有同样困扰的乔瓦娜对自己的儿子讲完这个故事后，也收到了同样的效果。

这个故事之所以能有效解决豆豆在幼儿园打人的问题，原因就在于它是对症下药的，针对的正是豆豆打人行为背后的心理需求。相反，如果我没有分析豆豆打人背后的真正需求，而直接头痛医头，脚痛医脚的话，故事是不可能起到这样的疗愈作用的。

我分享这个故事，不是要告诉大家一个放之四海而皆准的治疗孩子打人的方法，而是给大家提供了一个解决问题的思路。由于每个孩子打人的原因不同，打人行为背后的心理需求也会不一样，所以不能使用同样的故事。找到孩子打人行为背后的心理原因，是帮助孩子解决问题的关键。

做父母的，时刻都要想着孩子所谓的“不当行为”背后到底隐藏着什么样的心理需求。聆听孩子内心的声音，你会发现，其实每一个孩子都是那么可爱、善良，每一个孩子的心理需求都值得我们去尊重，我们都应该尽力去满足。

我不想吃饭了
——培养孩子的好习惯与接纳他的情绪不矛盾

孩子好的生活习惯需要培养，但更需要示范。只有父母自己拥有良好的生活习惯并满心欢喜地过好每一天，孩子才有可能真正具有良好的生活习惯。

在孩子吃饭这个问题上我犯过很多错，和很多妈妈一样，我也曾担心如果由着孩子的性子，他想怎么样就怎么样的话，那么孩子就不能养成好的习惯。下面的一个例子就可以说明当年的我有多僵化和不通情理。

豆豆两岁多时，我带他到我的高中同学家里做客。吃饭时，豆豆很是兴奋，不断想加入大人们的谈话中，可是大人们往往敷衍了他几句之后又继续聊天，这让豆豆很是郁闷。于是，豆豆干脆不吃饭，大声唱歌：“阿门阿前一棵葡萄树……”

叔叔阿姨们赶紧说：“哇，豆豆唱得真好，赶紧吃饭吧，吃完接着唱。”

这种表扬自然是言不由衷的，其目的是后面一句“赶紧吃饭”，豆豆怎么不明白？所以，豆豆根本不理，用更大的声音唱歌，这样一来，我们谁也没办法聊天了，谈话声全被豆豆的歌声盖住了。

我自以为是地跟大家说："没事，我们都吃饭吧，他唱到没劲儿也就不唱了。"

于是，大人们继续吃饭，豆豆无奈地唱了几句，果然不唱了，但他又开始换花样来吸引大家的注意力：玩弄饭菜，故意捣乱，抢我筷子，让我吃不好饭，还以一副狡黠的表情看着我，那意思是看我怎么办。

我说："豆豆，等我吃完饭，我会等你五分钟，如果到时候你的饭还没有吃完，我就要收碗了。"

豆豆丝毫不为所动，变着花样地玩。五分钟过去了，看我真的要收碗，豆豆急了，大喊："我还要吃呢。"

"还要吃？那好吧，我就再等等你。"

豆豆一看我停下来等他，就兴奋了，站在凳子上跳起舞来。

我说："时间到了，我收碗了。"

于是，我在豆豆的大哭声中直接将饭菜倒进了垃圾桶。那天，豆豆哭了20分钟才停止；那天，我以为自己做得很好，既温柔又坚决；那天，我的同学说她看到了我有史以来最冷漠的一面。

当我的同学告诉我她的看法时，我大吃一惊："我冷漠？我不是很尊重孩子吗？我做每一步都事先跟豆豆说了啊？最后倒掉饭菜那不是应该的吗？不然他以后吃饭总是这样，我该怎么办？"

同学还没有孩子，她也没办法提出好的建议，只是说："如果你站在孩子的角度，你就会知道你今天的做法有多冷漠了。作为一个旁观者，我都受不了。

对一个孩子，有必要那么冷酷吗？”

那是第一次有人对我的这种做法提出异议，要知道我之前对此都是深信不疑的，因为好多书上都是这么写的。

那时我已经学了心理学方面的知识，也知道如何进行角色扮演。于是，我请我同学两口子和我一起进行角色扮演，演豆豆的就是我自己。我细细体味着豆豆当时的心境：希望得到大家尤其是妈妈的关注，可他们每一个人都毫不在意，兴高采烈地交谈着，仿佛我就是一个多余的人，似乎让我坐在这里仅仅是因为我要吃饭一样。这让我太愤怒了！我偏不吃饭，看你们能把我怎么样！好不容易妈妈注意到我了，她居然严令我在五分钟内吃完，她怎么不想想我有多生气？最后她居然把我的饭给倒掉了，她怎么可以这样对我？我还是她的孩子吗？她实在是太冷漠、太冷酷了！我太生气、太委屈了！

角色扮演的结果把我吓了一跳，原来孩子不吃饭的背后有这么多的心理活动，而我完全没有关注到这些。我所想的仅仅是要让孩子养成好习惯，可是我的这种做法除了让孩子感到冷漠和失望以外，还有其他作用吗？

第二天，再在同学家吃饭时，豆豆故技重演，大家说话时他也大声说，这时我会安静地倾听豆豆在说什么，并不时回应他。当豆豆又试探性地唱歌时，我说：“大家都安静一下，豆豆要唱歌了。”

豆豆很高兴，唱了好几首，我们边吃边听。等他唱完歌，见我们都已经吃完饭了，就说：“我要吃饭了，等我啊，不能把我的饭倒掉！”

我真诚地说：“昨天把你的饭倒掉是妈妈做错了，对不起，你想吃到什么时候就吃到什么时候，我们先去洗碗了。等你吃完，把碗送到洗碗池里来吧。”

豆豆很快把饭吃完，哼着小曲把碗送过来，看着心情非常好。当然，心情好的还有我，同学们也都笑盈盈的。原来放下妄念，轻松的不光是我自己。这次事件对我来说是一个转折点，自那以后，在孩子吃饭的问题上，我不再纠结于形式，而是更多地去想孩子当时心里需要的是什么，我怎么做才是一个母亲出于本能的做法，才是真正爱孩子的做法。

从同学家回来以后，我们家开始全面放开吃饭这件事，当我不再执着于培养孩子所谓的好习惯时，我发现孩子其实非常会自我管理。原来真正好的生活习惯，只要父母做到，孩子就能看到，更能学到。

比如以前，我会要求必须在餐桌上吃饭，没吃完就不可以离开餐桌，每次豆豆吃到一半就跑掉了，我会立马把他抱回来吃。他如果还是要离开，等我们都吃完，他就没有饭吃了。可以说，每次他跑去玩时都是很不专心的，不断关注着我们有没有倒掉他的饭菜。如果我们倒掉他的饭菜，他就会不依不饶地哭个不停，可是下次他还是会吃到一半就跑去玩。时间长了，我发现表面上我们是在争夺一碗饭菜，实际上我们在进行一场权力之争，看到底谁说了算。

于是，我决定放下心中的妄念，随孩子自己的意愿。谁说一个吃饭吃到一半跑去玩的孩子就一定会养成所谓的坏习惯呢？难道我还担心他一辈子吃饭都是吃到一半就跑去玩吗？当我真正放松下来，豆豆反倒很少离开餐桌去玩了。偶尔他吃到一半想起有什么好玩的游戏还没玩够，于是就跑去玩了，我都不会干涉，我会继续把饭留在餐桌上，他什么时候回来吃都可以。事实上，我越放松，他就越容易安静地把一顿饭吃完再离开餐桌。

我有一个朋友，有段时间有类似的困扰：她的大女儿总是吃饭吃到一半就跑去玩。朋友想了很多办法：把孩子抱回来、说教、威胁……都没有用。有一天，她忽然找到了孩子这样做的真正原因，原来她家有两个女儿，吃饭时大女儿坐的位置是靠近爸爸的，而妈妈的心思则更多地放在年龄较小的小女儿身上，恰巧他们家儿童游戏区的位置是正对着妈妈的视线的，也就是说，这个孩子想要妈妈关注自己、正眼看着自己，那她只有两个选择：一是坐妹妹的位置；二是跑到游戏区。找到真正的原因后，问题也就迎刃而解了，朋友调整了家人在餐桌上的座位，之后大女儿再也没有出现过类似的情况。

记得豆豆刚出生时，我曾经在书上看到这样一段话："（我们要保证）孩子饿了就有食物吃，但当他们不饿的时候，也不能强迫他们吃。"那时我将这句话奉为《圣经》，在母乳喂养、添加辅食的过程中时刻牢记，可是当孩子逐渐长大，我却因为心中的种种恐惧、焦虑慢慢地忘记了这句话，开始陷入我和孩子的权力之争中。

我们常常说要培养孩子良好的生活习惯，但这个习惯怎么培养，我们却很少去想。我们自以为培养好的习惯，就是要求他们把现在的一切做好，却没有考虑过依照孩子的个性和心理发展水平，我们的要求他们到底能不能做得到。难道每一件小事都做好的孩子就真的拥有良好的生活习惯吗？当习惯变成僵化的规则时，当关心变成冷漠时，我们可知，孩子接收到的不仅是我们的要求，更多的是我们的态度。

尤其是当孩子有情绪、明显不高兴时，如果我们依然想着僵化的规则和培养所谓良好的生活习惯，就显得更不合情理。谁没有不高兴吃不下去饭的时候呢？这时候，倾听孩子、接纳孩子的情绪远比要孩子吃饭来得重要。

有一个妈妈属于平时严格要求孩子的类型，她看到我的一篇文章，学到了如何通过倾听了解孩子行为背后的心理需求。这一天，她十二岁的女儿不吃饭，要是在以前，她会很强硬地要求孩子吃饭，但这次她决定改变一下自己的做法。于是，当孩子说“又是这几个菜，看着都腻了，我不吃了”时，她说道：“你不想吃这些菜吗？”孩子吃惊地瞪着她，半天说不上话，还以为她吃错药了呢。孩子没再说别的话，自己就去盛饭吃了。当时她特别惊讶，事后给我发微信说：“原来我女儿只是想要我听她抱怨而已，而我以前居然因为这个跟她讲半天忆苦思甜的道理，最后还不欢而散。”

是啊，孩子不过是想抱怨一句而已，哪有我们心中想的那么多的条条框框！又是生活习惯，又是娇生惯养，犯得着拔到那样的高度吗？

还有一个妈妈也碰到过类似的情况。她儿子打完球回来，气呼呼地说：“晚饭我不吃了，不要管我。”

她及时控制住自己想要说教的冲动，开始和儿子共情[①]：“你心情不好，连饭都不想吃了。”

她儿子说：“是啊，那个 ××× 太可气了，自己打球打不好还推人，气死我了……”

你看，这还是一碗饭的事吗？孩子在外面受了委屈回来，不过是想发泄一下，说句气话而已，做母亲的如果想到的只是自己的辛苦，开始唠叨孩子：“我做

① 共情（empathy）：是由人本主义创始人卡尔·罗杰斯提出的心理学术语，指体验别人内心世界的能力。

饭容易吗？你说不吃就不吃！我活该累死累活吗？你就和你爸一样，你爸……”

面对这样的妈妈，孩子想不关闭心门都难。这也是为什么那么多家长在孩子稍微大一些以后束手无策，不知道怎么教育他。你都不了解孩子的喜怒哀乐，你怎么教育他？怎么帮助他？

有人曾跟我说：“你这种做法会把孩子惯坏的，他一顿饭不好好吃，就知道了以后每顿饭都可以不好好吃，那不就乱套了吗？没有规矩，不成方圆，以后这个孩子无法无天，那就完蛋了。”

仔细想想，这个推论其实是过于简单粗暴。一顿饭没吃，就代表以后每顿饭都不好好吃了吗？吃饭是什么？是痛苦的折磨吗？是刑罚吗？一定要有人提着那虚拟的皮鞭跟在自己屁股后面，孩子才不会逃避吃饭这场苦难吗？不好好吃饭就代表着无法无天、会完蛋吗？

别逗了，要是这样就完蛋了，那世界上的孩子都完蛋了。本来孩子的行为不是问题，一旦我们把这个行为当作问题，并贴上问题标签，就有可能让孩子的行为真正成为一个问题。这种满心怀着恐惧、生怕失去对孩子的控制力的家长真是孩子的噩梦啊。

孩子好的生活习惯需要培养，但更需要示范。只有父母自己拥有良好的生活习惯并满心欢喜地过好每一天，孩子才有可能真正具有良好的生活习惯。接纳孩子的情绪、满足孩子行为背后的心理需求与培养好的习惯并不矛盾，甚至可以这么说，只有先接纳了孩子的情绪，才有可能培养孩子的好习惯。所以，当我们因为孩子一顿饭不吃就慌慌张张时，我们需要考虑的是我们自己：我们在紧张什么？我们在焦虑什么？我们内心又有什么样的需求没有得到满足？说到底，教养孩子就是我们重新面对自己的过程，就是我们重新成长、自我修炼的过程，只有当我们心中没有恐惧、能够坦然面对生活时，教育才能成为真正的教育，养育才能成为富有诗意的旅程。

打碎瓶子的小豆豆
——接纳情绪比追究责任更重要

不指责、不评价、不讲大道理，将处理事件的责任还给孩子，信任孩子解决问题的能力，那么，孩子也必定能成长为一个有责任、有能力、有担当的人。

吃早餐时，豆豆一手拿着酸奶瓶，一手插吸管，由于用劲过度，一不小心瓶子滑出桌面，摔在地上，一时间玻璃四溅。

豆豆看着碎玻璃发愣，眼睛噙满泪水，我轻轻握着他的手说：“刚才吓了一跳吧？”

豆豆“哇”地哭出了声，边哭边喊：“我要把瓶子装起来！我要把瓶子装起来！”

我把他抱到沙发上，安静地倾听他说话。

豆豆一直哭喊：“我要你重新给我买一瓶新的！”

我：“你希望妈妈给你买一瓶新的没摔破的酸奶。”

豆豆："你去买，我在家等你，然后重新起床，重新吃早餐！"

我："如果能重新来一次就好了。"

豆豆哭得上气不接下气："要重新来，重新起床，重新吃。你去买啊，你去啊！"

我："你很希望重新再吃一次早餐，这样，你可能就不会打碎瓶子了。我也很想帮你，但我做不到，因为奶奶那儿已经没有新的酸奶了。"（我们订的是新鲜酸奶，每天送的那种，即使下楼，也不可能再买到。）

豆豆大哭："你要不帮我，我就不理你了。"

我："嗯。"

豆豆："你快去啊！"

我："嗯，希望妈妈快去。"

……

豆豆一直哭，我一直抱着他倾听。

转眼间，他哭了半个小时，哭着哭着，他的声音开始发生了变化，变成那种撒娇式的哭泣，最后开始自己编歌："装，装，装酸奶，装一个酸奶重新喝，哎呀哎呀哎呀呀……"

我好笑地看着他，能把一场哭闹编成一首歌来唱，这娃也够好玩的啊。这时，我站起身来想要去厕所，豆豆连忙说："妈妈，地上有碎玻璃，你要小心，不要把脚给划破了，要穿好鞋。"

我说："好，地上的碎玻璃需要收拾一下。"

豆豆："没事，我来吧，我自己能扫。"

豆豆跑到厨房拿来扫把和簸箕，把地上的碎玻璃"仔细"扫了一遍，我在一旁指导他如何做才能避免被玻璃扎到。扫完后，我们又一起把碎玻璃装进厚纸袋里，上面贴上“内装碎玻璃，小心”的标签（防止捡垃圾的人不小心扎到手），豆豆还在标签上画了一幅碎玻璃的画。做好后，豆豆告诉我：“好啦，没有碎玻璃啦，我再拖拖地吧，你把这个地弄得太脏了。”（你这小家伙也太颠倒黑白了吧，明明是你自己洒了酸奶弄脏的，怎么变成我弄脏地了？算了，咱大人有大量，不和你计较了。）

豆豆拖完地（画“大”字一般），自己回到餐桌上把剩下的早餐吃完，再没提酸奶的事情。我没有表扬他扫地，也没有批评他扫得不干净。只是等他和爸爸出去玩以后，又仔细地打扫了一遍。

孩子打碎东西或者做错事情以后，内心往往是很恐慌、很紧张的，这时我们需要做的第一件事应该是安抚孩子的情绪。因为我们是在养孩子，而不是在养物品，不管摔碎的是什么物品，在那个当下，最重要的是孩子，而不是物品。

遗憾的是，这个浅显的道理大部分家长却不懂，在孩子打碎东西（或做错事情）时，我们的关注点立马集中到东西或者责任上了：“你怎么就这么不小心呢？我都跟你说过多少次了，要小心一点，你怎么就不上心呢？”

孩子打碎东西以后，自己必定也被吓了一跳，心里也懊悔得不行：“我刚才怎么就不小心呢？如果刚才我换种方式拿瓶子，那就不会摔碎了。唉，我怎么这么笨呢？”

这也是为什么豆豆在打碎酸奶瓶后，哭着喊着要重新来一次（注意这里，他的要求不光是要买一瓶新的酸奶，而且是要重新起床，重新吃早餐，一切都重新开始，这也是处于追求完美敏感期的孩子的典型表现）。孩子非常懊悔，他自己也懵懵懂懂的，不知道怎么回事就把瓶子打碎了，他真想重新来一次，这样瓶子就不会破了。此时，豆豆的这种表现看似无理取闹，但事实上背后有其深刻的心理原因。因为我对他很宽松，我一直在倾听他（我为了避免孩子过早体验到“懊悔”这种描述细微情感的词语，倾听时并没有直接说：“你很后悔打碎了瓶子。”），所以，他有足够的自由可以喊出这句话：“我要重新来一次。”喊出来，他也就释放了，因为他知道他是被理解接纳的。

相反，在他懊悔伤心的时候，如果再被人指责，那么必然会减少他这种内省的力量，这时往往会出现两种情况：一种是孩子会想方设法替自己找借口：“瓶子太滑了，不是我不小心！”“你上次不也打破了一个碗吗，你怎么不说自己呢？真不公平！”（当然，大部分孩子是没有胆量说出来的，他只能在心里不服气而已。）另一种则是孩子更加畏惧，由于情绪无法外流，那便只好向内压，进入潜意识中。

记得有一次在公园里，我看见有一个妈妈和自己的孩子一起吹泡泡，孩子很想自己拿泡泡瓶子（这是太正常的情况了，哪个孩子没有提过这种要求呢），由于吹泡泡时瓶子不能盖上盖子，妈妈担心孩子拿不稳，把泡泡液洒出来，就不同意，孩子就哭啊求啊。终于，妈妈拗不过孩子，把瓶子给了孩子。果不其然，孩子拿到瓶子刚玩了一小会儿，一不小心瓶子一倾斜，泡泡液倒出了一大半。

孩子吓坏了，因为妈妈提醒过他的呀，他呆呆地看着妈妈，而妈妈严厉地大声指责：“你看，我都说过了，让你不要拿，你非要拿，现在洒了吧？叫你不听话，别玩了！”

孩子乖乖地把剩下的小半瓶泡泡液交给妈妈。妈妈不解气，继续指责：“你看，你都倒掉了，泡泡都没有了！”

孩子小声说：“还有一点。”

妈妈吼：“这一点能干什么啊？还能吹吗？”

孩子慌忙蹲下去，寻找刚才泡泡液洒了的地方，怯怯地说：“我把地上的扫起来，还可以玩！”

妈妈更生气了：“你扫啊，你扫啊，你有本事就扫起来！都洒成这样了，你还想玩！”她一赌气，把瓶子又扔给孩子，“你玩，你玩，你玩吧！我不管你了，我不管你了！”

孩子眼泪汪汪地拉妈妈：“妈妈，我错了，我不玩了，你管我啊，你管我啊！”

……

看着这一幕，我心里非常不是滋味，这个孩子在自己已经非常懊悔、非常难受的情况下还要兼顾妈妈的情绪：当妈妈说泡泡液没有了的时候，他赶紧指着瓶子安慰妈妈“还有一点”；当妈妈说泡泡液太少了不能吹的时候，他慌慌张张地想要把洒了的扫起来；当妈妈说不管他的时候，他赶紧认错，求妈妈管他。

这个孩子只有两三岁的样子，却是这样懂事，他有着一种超越他年龄的成熟，为什么？因为他的妈妈不成熟，他的妈妈没有能力管理自己的情绪，孩子不得不承担照顾妈妈情绪的责任。这种成熟、这种懂事实际上是孩子扼杀了自己天性的外在表现。表面上他只是一个孩子，但实际在心理上，他已经做了他妈妈的妈妈，承担了他不该承担的责任。

为人父母的，千万不要以为孩子这样的懂事是好事。孩子为了安慰母亲，压制了自己正常的情绪，那么他的懊悔、委屈、伤心等情绪都到哪儿去了呢？

不能外流，就必然内化，他的这些负面情绪全部被压到了潜意识中，将来一定会以各种扭曲的形式再表现出来。

有人说："我知道该理解孩子的情绪，可是我当时都被气死了，哪里还顾得上那么多！"试想一下，如果孩子在打碎瓶子的同时不小心扎到了脚，你会怎么做？只怕你会忙不迭地处理伤口吧。再糟糕的情况也有更糟糕的可能性，孩子只是打碎瓶子但并没有扎到脚，从这个角度想，该是多么庆幸啊。

再说了，管理自己的情绪是为人父母一项重要的功课，而养育孩子其实就是一个自我修炼的过程。当我们忍不住想要发火的时候，当然我们可以发火，但同时也需要自我觉察一下："我到底为什么发脾气呢？真的仅仅是因为孩子这件事做得不对吗，还是我有什么内心的隐痛在作祟？"这样的觉察本身就是一种疗愈，当我们时时刻刻去自我觉察的时候，就会发现，孩子的行为本身并没有那样容易让人生气。

也有人会担心这样接纳孩子的情绪，孩子就不知道这件事是他的责任，就没办法学会对事情负责了。事实上，这是对儿童心理的巨大误会。当事情发生以后，无须任何人提醒，孩子立马就会知道自己错在哪里，也知道吸取教训，下次不再犯了（当然，当这个教训与孩子的天性相违背时，孩子是不会吸取的。比如，跑有可能会摔倒，但孩子能不跑吗？他只是会在跑的时候更注意一些，却不可能保证以后不再摔倒），而且这个教训是他自己总结出来的，这要比成人硬塞给他的道理好得多。

至于对自己做的事情负责，每一个孩子都有被人认可的需要，也都有能力处理和解决自己的事情。当你理解了他的情绪以后，他自然会对整件事情负起责任来，而且他会比被指责的情况下更有能力负责。

当孩子被指责时，他的内在力量是分散的，他需要拿出自己的大部分能量来应对你的指责；相反，当孩子的情绪被接纳、被理解的时候，他的力量是集中的，他只需要解决自己内在的问题即可，不需要想办法应付成人的指责。当他的情绪完全表达出来以后，他也就有足够的能力为这件事情负责了。这也是为什么文章的开头说小豆豆在大哭过后，根本不需要我提醒就知道要自己打扫卫生。

不指责、不评价、不讲大道理，将处理事件的责任还给孩子，信任孩子解决问题的能力，那么，孩子也必定能成长为一个有责任、有能力、有担当的人。

孩子摔倒了
——如何抚慰受伤的孩子

时刻关注，绝不越界。只要你需要，我就在你的身边，不离不弃；如果你不需要，我选择放手，并远远地看着。

孩子摔倒，父母该如何做，这是一个老生常谈的话题了。有人说要让孩子自己勇敢地站起来，也有人说要赶紧抱起来，还有人说要安慰孩子，同时让孩子学会安慰让自己摔倒的地板……各种说法都有，各种做法也都有，可是，还是有人会产生各种疑问：“我这样做对吗？会不会显得太冷血？”“我这样做会不会惯坏了孩子？”“我这样做是不是太矫情了？这样养育男孩子合适吗？”

一个简单的养育行为背后隐藏了父母无数的担心和焦虑，大家想到了这些想到了那些，甚至想到孩子成年以后的事情，唯独没有想到的是此刻孩子最需要的是什么。在孩子摔倒时，他需要什么？如果他需要父母的安抚，那么父母就应该过去安抚；如果他不需要父母关注这件事，那么父母就应该淡然处之。也就是说，孩子摔倒后父母怎么办，不是由父母决定的，而是由孩子的心理需要决定的。

每次我跟人讲这个观点时，都有父母大吃一惊，有种对孩子失去控制的感觉："什么？我抱不抱孩子是由孩子决定的？那孩子还不反了天了？那他还不被惯坏了？"

孩子到底会不会因为父母听从了自己的心理需要而被惯坏呢？我们分析一下孩子在摔倒的时候可能有什么样的心理需求。

孩子摔倒后，第一种需要是关心和爱。

孩子摔得很痛，这时候他本能的反应就是找妈妈，想要妈妈来安抚自己。如果妈妈看到他摔倒了，非常关切地把他抱起来，给了他关心和爱，孩子会很满足，也不觉得那么痛了。这时候孩子处在一种满足、快乐的状态，这个内心得到满足的孩子有了足够的力量继续探索世界。

相反，如果这时妈妈不顾孩子的需要，非要让孩子自己站起来，或者冷血地任由孩子哭泣，孩子内心的需要得不到满足，他就会怀疑妈妈到底是不是爱他的。孩子接下来做出的一个举动必定就是"索爱"，通过哭泣、求抱来赢得父母的关注。如果父母还是严厉要求他或者漠视他，不给予他所需要的关心和爱，那么孩子下一步就会通过所谓的"不当行为"来试探父母了，比如打架、扔东西，或者黏妈妈。事实上这些都是孩子在告诉你们："我需要你们爱我，我需要安全感。"遗憾的是，孩子的这些行为越是发展，就越难赢得父母真正的关注，孩子的心理饥渴也就越严重。

也有妈妈反映，自己的孩子真的只是小小地绊了一下，可他就是要妈妈抱着，而且抱着就不下来了。这个妈妈认为，这种行为如果出现一次两次，可以说是孩子在撒娇，可是如果他每次都是这样，恨不能像个八爪鱼一样缠着妈妈，那可不就是被惯坏了吗？

这种孩子是被惯坏了吗？一个孩子想要妈妈抱，不能随时提出来，不能随时得到满足，居然要通过摔跤、黏妈妈来得到满足，成人不应该反思吗？摔跤，然后借摔跤之机求得梦寐以求的拥抱，即使妈妈厉声呵斥也不撒手，这个孩子的心理饥渴是多么严重啊！妈妈应该感谢孩子给了自己这样一个弥补的机会，应该好好反思一下自己的养育方式中存在的问题，而不是一有问题就贴上标签，说孩子被“惯坏了”。

孩子摔倒后，第二种需要是自己的空间。

有些孩子摔得并不严重，或者是即使很痛，但他的注意力却在别的事情上面，他根本就没有把摔倒当回事，那么这时候他需要的就是自己的空间，而不需要别人去关注他摔倒这个事情。

这时候父母顺其自然，不理会孩子摔倒，会把孩子惯坏吗？这个担心应该是很荒谬的吧？

顺其自然，对孩子放手，这个看起来容易，做起来却不易，有很多家长就做不到。不信你可以观察一下，多少父母在孩子摔倒后，即使知道孩子没事，知道孩子不想听自己唠叨，却还是控制不住要唠叨孩子：“叫你慢点跑，你看你摔倒了吧！”哪怕孩子已经跑远了，依然能听到父母的喊声：“你慢点，别又摔倒了！”仿佛只要说了这句话就算是尽到了做父母的义务，也仿佛只要说了这句话，孩子就会因自己的提醒而不再摔跤。

还有些妈妈走到了另一个极端，当孩子摔倒后，不管孩子需要不需要，第一件事就是冲上去抱着，用无比悲伤的语气安慰孩子。我曾看见有个妈妈在孩子摔倒又爬起来跑掉以后，一个劲儿地追上去问："你要不要紧？要不要我抱抱？来，我抱抱。哎呀，心疼死我了，宝贝，妈妈爱你啊！你可不能有事啊！"

孩子不耐烦地想要挣脱她，可是这个妈妈沉浸在自导自演的场景剧中不能自拔。这时候，拥抱对于孩子而言就是一道枷锁，这种拥抱完全是妈妈自己的需要。可以说这个妈妈爱的不是站在她眼前这个真实的孩子，而是她想象中那个受伤的孩子。

从孩子的这两种心理需求来说，无论我们顺应他们的哪种需求，都不可能把孩子惯坏。事实上，孩子不会因为父母满足了自己的心理需要而被惯坏的。那些所谓被惯坏了的孩子，都是长期被父母忽略了心理需求的孩子。父母因为忽略了孩子的心理需求，出于愧疚，又通过各种物质产品和无原则的迁就来补偿，这样，孩子长期处于心理饥渴当中，学会了利用父母的愧疚进行各种索取，这才有可能被惯坏。

在对待孩子摔倒的问题上，我也走过弯路，我一度使用"选择性忽略"的方法对待，当孩子摔得不严重时，我会假装看不见；如果孩子哭出了声或者是眼神和我对上了，我就会过去安慰他。因为我当时的想法是要让孩子知道：妈妈很爱你，如果看到你摔倒，妈妈会第一时间给你安慰的，但妈妈不能时刻跟在你身边，如果你摔倒时妈妈没看见的话，你需要自己爬起来，安抚好自己的情绪，继续前行。

其实这也是我自己的恐惧在作祟，我担心孩子缺少独自面对伤害的机会。事实上，孩子在成长的过程中独自面对伤害的时间很多，我们不怕孩子经历挫折，但也不需要刻意给孩子制造挫折。再说了，在孩子面前装，一次两次还行，装多了，总有一天会被孩子识破，到时候孩子会怎么想呢？只怕他也会给妈妈贴上“冷漠”“虚伪”的标签吧。

那么，当孩子摔倒需要我们安抚时，我们应该如何安抚呢？

首先，接受孩子的各种情绪表达，包括哭泣。

哭是孩子表达自己的语言，如果孩子摔得很疼，大哭不止，请不要说“别哭了，不痛啦”，也不要说“不要哭，男子汉哭什么哭”等话语，更不能通过转移注意力的方法让他停止哭泣。

哭是一种正常的情绪宣泄、一种能量的流动，当孩子哭的时候，他的能量是完全向外流动的，如果我们非要将这股能量给堵住，逼着它往内收，那么伤害的将是孩子的心灵。还有的妈妈会在孩子哭的时候说：“你可以哭，不过哭也一样疼。”这种话同样表达的是一种不接纳。什么叫“你可以哭”？孩子不是正在哭吗？哭是孩子的权利，他需要被人允许吗？如果父母真的接纳，就不应该否定孩子的情绪表达，更不宜用这种大话套话来说教。

其次，接受孩子的语言表达，不否定，也不评价。

比如孩子哭着说“好痛”，大人不要随意打断，更不能直接说：“不痛不痛，男子汉这点痛怕什么。”

孩子感觉很痛，这是事实，如果大人偏偏要说不痛，说明大人根本就不理解他的感受，这会让孩子产生自己被忽视、被否定的感觉，也有可能让孩子产生愤怒：“我就是很痛，你怎么可以说不痛？摔倒的是你吗？”

再次，不要给孩子总结经验教训，试图讲一番道理。

当孩子处在情绪状态中时，他需要的是我们的理解和抚慰，而不是我们高高在上地给他讲道理。这时候你告诉他摔倒的原因，无异于一种变相的指责：“你就是因为没有按我说的做，所以才摔倒的。”“你就是因为不懂我说的道理才摔倒的。”这是处在情绪状态中的孩子不愿意听到的。因为不愿意听，所以他根本就听不进去。

要知道，孩子摔倒后自己会总结原因，不需要我们说，孩子天生就会。即使我们有一肚子大道理，不吐不快，那也不应该在孩子摔倒的当下说，而应该在孩子情绪完全恢复正常以后再说。

最后，安抚要有度。

妈妈要随时观察孩子的情绪和状态，如果孩子已经完全好了，不需要我们再抱着他安慰了，那么我们应该及时松手，让孩子自己去探索；否则，孩子的情绪早就稳定了，妈妈还陷在里面出不来。

那天豆豆不小心摔了一跤，咬破了嘴唇，满嘴都是血，他爬起来张开“血盆大口”说：“没事没事，有一点点痛，不是很痛。”

实话讲，我当时很想抱抱他，可是他不需要，他赶快漱漱口，继续跑去和孩子们玩了。当时有人说：“豆豆怎么这么勇敢？”

我想，他不是勇敢，而是知道，任何时候，只要他需要，妈妈都在他的身边，所以，他完全不需要利用受伤来求得妈妈的同情和爱抚，他更不需要费力去确认妈妈是否爱他。也正因为如此，当他有更重要的事情要去做时，他就能毫无后顾之忧地去做。

对于孩子摔倒这件事，我的态度是：时刻关注，绝不越界。只要你需要，我就在你的身边，不离不弃；如果你不需要，我选择放手，并远远地看着。

入园焦虑期
——如何听到孩子真实的想法

真正的倾听是不带任何猜测和预设的。我不知道你为什么哭，但我愿意聆听你、跟随你，结果是什么样，我不做假设，这样才是真正有效的倾听，也只有这样，我们才能真正走进孩子的心里，知道孩子内心真正的想法。

豆豆入园非常顺利，从表面上看，他并没有出现明显的分离焦虑，在幼儿园该玩耍时玩耍，该睡觉时睡觉，从来不曾因此哭过，好像并没有特别的反应。但我知道，他还是很焦虑，因为我发现，他回到家时不如从前那样高兴，虽然也会笑，但不是那种由心而发的喜悦。下面这件事就是在他入园第三天晚上发生的，这也是他真正度过分离焦虑期的转折点：

晚上临睡时，豆豆忽然想起自己将Y车（一个巧克力盒子，他很喜欢，拿来当车玩，并叫它“Y车”）落在幼儿园了，于是问我：“妈妈，我的Y车呢？”

我：“我不知道，你早上不是带到幼儿园去了吗？”

豆豆：“那现在车在哪儿？”

我："是不是在书包里？"

豆豆看了看，没有。

我："书包里没有。"

豆豆："我忘在幼儿园了。我现在就要，你给我拿回来。"（后来录音回放，我才发现他实际上说的是：我要你陪我去把车拿回来，而我当时则自动过滤成：你给我把车拿回来。）

我："我没办法拿回来，幼儿园关门了。"

豆豆："可是我现在就要，你马上给我拿回来。"

我："你可以打电话问问房老师，看能不能拿回来。"

豆豆打通了房老师的电话，房老师告诉他："你的车今晚想在幼儿园住，姥姥（园长的妈妈）会好好照顾它的，你明天放学后再带回家好吗？"

听完房老师的话，豆豆安静了一小会儿，然后又找到我："妈妈，你现在陪我去把车拿回来！"

我："你真的很想让你的Y车回来，我也很想帮助你，但我没办法，姥姥睡觉了，幼儿园关门了。"

豆豆开始哭："咱们去拿呀，敲门，让姥姥开门！"

我："你好希望你的Y车马上回来。"

豆豆："那快去呀，快去呀！"

我："你很想让你的车回来，我也很想帮助你，但是没办法，姥姥睡觉了，我也要睡觉了，我们都要睡觉了。"

豆豆大哭："现在去，马上去！"

我："你希望我马上去帮你拿车。"

豆豆："去呀，去呀。"

我："这个车对你很重要，你恨不能马上就拿到它。"

豆豆："你去拿呀，去呀！"

我："我确实很想帮助你，但我没办法，因为我要睡觉了。"

豆豆哭得更伤心了："你陪我去拿呀，去拿呀。"

按照 P.E.T. 父母效能训练的理论，孩子提出一个问题时，往往他真正要表达的不是这个问题（俗称洋葱皮），而是隐藏在这个问题背后的其他问题（洋葱核），如果我们仅仅解决表面上的这个问题的话，那我们就没有真正理解孩子的意图。比如，曾经有个妈妈找我咨询，说她八岁的孩子每天早上为了上学的事情而哭泣，她百思不得其解，还以为孩子在学校受了什么委屈。后来她听取了我的建议，倾听孩子，才知道原来孩子是担心自己不在家的时候，小弟弟（刚出生的老二）把妈妈独占了，从此妈妈就不爱自己了。在这个案例中，洋葱皮就是不上学，洋葱核就是害怕失去妈妈。因为找到了洋葱核，问题也就迎刃而解了：妈妈答应大孩子，每天单独送她去上学，把小弟弟留在家里让爸爸来照顾，这样，不管是大孩子还是小孩子，每天都有和妈妈单独相处的时光了。自那以后，上学反而成了母女相处的幸福时光了，孩子哪里还会因为上学而哭闹呢。

那么，在我们这件事里，豆豆让我帮他把车拿回来只是一个洋葱皮，真正的洋葱核是什么，我还没有半点头绪，因为我一直在洋葱皮上转圈，根本就没有摸着门。作为一个女中阿甘，我不抛弃、不放弃，继续努力！

我："你希望自己放学的时候就把 Y 车一起带回来。"

豆豆平静了很多，说：“我上午还记得要带回来的，下午走的时候就忘了。”

说着，豆豆又开始哭：“那现在去拿呀！去呀！”

我：“你希望放学时没忘记就好了。”

豆豆：“妈妈，你变魔法把车变出来吧。”

我：“你希望妈妈有魔法能把车变出来。”

豆豆：“你用绳子变！”

我：“我变不出来。”

当时我在想要不要用绳子变一个试试，但事实上是不可能变出来的，我怕这又给他无谓的希望，随后势必让他失望，所以没去尝试。

豆豆：“你把绳子拐弯呀！”

我：“拐弯我也变不出来。”

豆豆：“那你用纸变呀。”

我：“你希望我用一个东西把车变出来。”

豆豆：“变！变！你快变！”

我：“不管用什么，我都没办法变出来。我也好希望能变出你的车来，但是我做不到。”

豆豆开始撕心裂肺地大哭：“你变，你变，你快变！”

我：“你真的很希望我能变出来。”

豆豆：“是的，是的，你快变。”

我沉默了。

这时，豆豆爸爸来了，说：“豆豆，我们去开车吧，我帮你变，不光变Y车，还变 X 车、变 Z 车。”

豆豆一下子高兴起来，两个人去玩车了，事实上也没再提变 Y 车的事。

豆豆睡着以后，豆豆爸爸跟我说：“你看，孩子给你这么好的练习机会，你都搞不定，最后不是还得我出马！”

的确，在这件事中，豆豆爸采用转移注意力的办法取得了一定的效果，但依然没有从根本上找到孩子哭闹的真正原因。

我百思不得其解，到底为什么我的倾听会失败呢？明明在我说“你希望自己放学的时候就把 Y 车一起带回来”这句话时，仿佛洋葱皮就要剥开了，但不知道怎么回事又绕回去了。

本来以为此事就到此为止了，豆豆爸爸也以为自己转移注意力的方法很有效，但突然卧室传来一阵撕心裂肺的哭声，豆豆从梦中惊醒，哭喊：“我要你陪我去把车拿回来，我要呀！”

我赶紧跑过去，想要抱抱他。

豆豆不让我抱，还拳打脚踢，动作非常激烈，哭得上气不接下气。

我怎么哄也不管用，无奈之际，我脑海里闪过一个念头：梦中惊醒的孩子可以倾听吗？

无意识的我说出了一句我刚才认为可能会管用的话：“你不知道怎么回事就忘了把车拿回来了。”

你知道吗？就是这一句话，像魔法一样，让豆豆马上不挣扎了，开始小声地抽泣。

我抱着他，一声不敢吭，生怕多说了一个字。

过了几分钟，豆豆又开始大哭，我又赶紧重复:“你忘了把车拿回来，好难过。”

豆豆抽泣着说：“我要你陪我去把车拿回来。”

我说：“你希望我陪着你去把车拿回来。”

豆豆声音一下子小了，继续哭。

忽然，豆豆来了句：“把书房的灯关了。”

我忙不迭地说：“好，我去关，我现在就去。”

豆豆大哭：“我要爸爸去关。”

我：“好，爸爸去关灯，我在这里陪着你。”

豆豆平静了很多，不哭了。我脑中灵光一闪，洋葱核可能是“我要你陪我”，于是我试探着说了句：“你要妈妈陪着你。”

豆豆紧绷的身体一下子就柔软了，抽泣着开始入睡。

快睡着时，他又开始抽泣，想要大哭，我赶紧握着他的手，轻轻地在他耳边说:“妈妈陪着你，妈妈在你身边。”

重复几次之后，豆豆终于进入了梦乡。可能这件事印象太深刻，他梦里时不时就会惊醒，而每次在他将要哭时我就赶快把洋葱核送上：“你要妈妈陪着你，你要和妈妈在一起。”然后他就能安然入睡。

第二天早上，我以为他前一天晚上哭得声嘶力竭，眼睛都肿了，情绪会不好，没想到，他早上醒来特别高兴，搂着我说：“妈妈，我真是太喜欢你了！”

随后，就哼着自己编的小曲去尿尿了。送他上幼儿园的路上，他也是一路阳光灿烂，这是他入园这三四天以来第一次这样高兴。经过这次深度倾听，豆豆仿佛一下子释放了自己入园焦虑的情绪，真正开心地享受起幼儿园的生活了。

听了这么久，我终于搞清楚孩子哭闹其实只有一个原因：他把车忘在幼儿园了，非常难过，这种难过想要妈妈的陪伴来缓解，当然也可以说还有另一层意思，就是希望妈妈陪着他，一直陪着他，包括上幼儿园。

这个说起来很简单的原因，我却用了好几个小时才搞清楚（文中记录的仅仅是倾听过程中重要的部分），可见倾听有多么困难。常常有人想要快速弄懂孩子的意思，就肆意猜测孩子的想法，甚至弄出了一些例句来套用：“妈妈看得出来，你现在觉得 ______（感觉词汇），是因为 ______（孩子相信的原因）。我猜，你但愿 ______（孩子的愿望）。”

这不是倾听，是妈妈先入为主的猜测，尤其是用“妈妈看得出来”这种说法，非常容易堵住孩子倾诉的通道。你都看出来了，那我还说什么呢？尤其是，你明明说得不对，我不是这样想的，你却自信满满地告诉我“你看得出来”。表面上看是尊重，实际上却能把人给憋死。

就像在豆豆这个案例中，如果我也使用上面的例句：“妈妈看得出来，你现在觉得很难过，是因为你把车忘在幼儿园了，我猜，你但愿车马上就出现在你面前。”这真的是孩子真实的想法吗？这话这样居高临下、悲天悯人，仿佛在说：“我什么都知道了，我这样慈悲，你也不要再哭了吧！”孩子哪里还有机会说出自己的真实想法呢？

说到底，不管是成人还是孩子，我们都需要被理解，而不是被看透。因此，“我知道”这三个字不要轻易说出口，别人的心思我们不知道，也不可能完全知道。

记得有一次，我跟豆爸生气，我很希望他能跟我道歉，但他没有，我很郁闷，就不睡觉，一直看电视。豆爸（他也学过很多沟通理论）在劝说我不要看电视未果的情况下说：“你现在觉得很愤怒，因为你想看电视而我却让你去睡觉，我猜，你但愿没有人管你，你可以一直看电视，想几点睡就几点睡。”

当时我听到这话，真是气得半死。什么叫我希望一直看电视？你懂我为什么看电视吗？你知道什么呀？我告诉你，我最大的希望就是抽你！

当然，在豆豆这个案例中，最初我就犯了一个错误，那就是我带了预设。当时，我一直在想，他是不是因为入园焦虑？他是不是不想去幼儿园？我该怎么把这个话引出来？因为想了太多的问题和技巧，我真的没有做到全然跟随，所以当他反复说“我要你陪我去把车拿回来”时，我根本就没有听到他前面说的几个字“我要你陪我”，而把注意力集中在后面几个字“把车拿回来”上面。相反，当他夜里闹觉时，我当时认为半梦半醒的孩子是不能进行倾听的，所以无意识地、不带预设地说出的话反而真正对孩子有了帮助。

其实真正的倾听是不带任何猜测和预设的。我不知道你为什么哭，但我愿意聆听你、跟随你，结果是什么样，我不做假设，这样才是真正有效的倾听，也只有这样，我们才能真正走进孩子的心里，知道孩子内心真正的想法。

真正的倾听是非常困难的，你要做到无我，把自己交给孩子，任由孩子带着你的思路走。这需要很多的练习和学习，更需要清空自己。就比如我，在刚开始练习倾听的那段日子，随时准备开录音笔，录下自己的每一个成功或者不成功的案例，反复揣摩，慢慢修炼。我发现虽然刚开始时我经常倾听不成功，但是这样的聆听却仍然让我和我的家人受益匪浅，让我们家每一个人都倍感幸福。

的确，当一个人愿意花时间听你说话，愿意真正爱你，愿意不带预设、不带揣测地紧紧跟随你的时候，那该是一种多大的幸福！反过来说，当我们愿意去花时间听一个人说话，愿意真正爱这个人，愿意不带预设、不带揣测地陪伴这个人时，我们又该多幸福！

所以，即使你还不太懂得倾听，即使你经常听不到孩子心里真正的想法，只要你愿意蹲下来听，就会给你们的亲子关系乃至家庭关系带来巨大的改变。甚至可以说，倾听适用于一切关系。

我可以吃糖吗
——如何把握倾听的时机

只要你真的用心去听了，你会发现，孩子能很快感知到你的这种用心和爱心，他也会愿意和你敞开心扉，亲子关系将会变得融洽很多。

一位妈妈在微信上看了关于倾听的文章以后，如获至宝，回家即对孩子进行倾听。结果，她发现自己对孩子的倾听不但没有让孩子情绪的温度下降，反而使孩子越来越烦躁。她百思不得其解，于是跑到群里向大家求助。下面是她的倾听过程：

孩子："妈妈，我可以吃糖吗？"

妈妈："听起来你很想吃糖。"

孩子："那我可以吃吗？"

妈妈："你真的很想吃。"

孩子直接拿了一颗糖给她：“你剥开给我吃。”

妈妈：“你希望我剥开给你吃。”

孩子：“你剥啊，快点！”

妈妈：“你希望马上就吃到糖。”

孩子（开始哭）：“你剥啊，你剥啊！”

妈妈：“你希望我马上给你剥开糖纸。”

孩子开始疯狂地喊：“妈妈打开！妈妈打开！”

妈妈：“你很生气，希望妈妈马上就打开！”

孩子崩溃地大哭：“快打开啊，快打开啊！”

妈妈崩溃……

这个案例看得我又着急又好笑，孩子想吃糖，你直接告诉他可以吃还是不可以吃就得了，说了半天，一直没给孩子答案。孩子本来没有情绪，最后也被搞崩溃了。就好比说一个人走来向你问路：“请问国贸怎么走？”你回答：“听起来你很想去国贸。”

这不是倾听！用这种病态的说话方式，没问题也会搞出问题。孩子问能不能吃糖，希望得到的就是一个答案，而不是希望你去倾听。也就是说，倾听要有选择，别人需要你倾听时，你才去倾听；别人不需要时，不要随便倾听。

那么什么时候应该倾听，什么时候不应该倾听呢？我个人的总结是，倾听的原则是“四有一无”：（孩子）有需（要），（父母）有时（间），（父母）有心（情），（倾听要）有度，（倾听）无预设。

“有需”：孩子有被倾听和被理解的需要。这里一定要清楚的一点就是，必须是孩子有需要，而不是父母自己想要倾听。

记得豆爸刚学心理学上的倾听课程时，总喜欢抓着孩子进行倾听，结果当然是失败而归。我特纳闷，问他：“刚才孩子明明不需要你倾听，你干吗抓着他倾听啊？”

豆爸理直气壮地回答：“我想要倾听他啊，不然我学了这技术干吗使？”

那么，如何判断孩子有需要呢？主要看孩子的情绪状态，如果孩子有情绪，孩子就有被倾听的需要。如果你从孩子身上并未发现孩子遇到问题的任何线索或者暗示，或者很明显，孩子仅仅是想要一个信息或一个答案的话，那么这时候的倾听就是很不恰当的，甚至可能会制造问题。就比如前面说的那个吃糖的例子，最后让孩子和妈妈都崩溃了。因为妈妈答非所问，给了孩子不需要的答案。

因此，倾听的人要非常善于捕捉对方的情绪状态，这样才能清楚何时适合倾听。

比如，有一次豆豆问我：“妈妈，明天你能陪我去公园吗？”（这时他没有任何情绪，他需要的仅仅是一个答案。）

我:“抱歉，我不能陪你去，因为我明天要工作。不过，爸爸可以陪你去公园。”

豆豆：“为什么你总是要工作而不能陪我？”（这时候他已经有情绪了，需要倾听。）

我：“你希望妈妈能多陪陪你。”

豆豆：“你为什么不能陪我玩，回来再工作？”（他还处在情绪区，还需要倾听。）

我："你希望妈妈先陪你玩，后工作。"

豆豆："是啊，等你工作忙完以后，你可以陪我去公园吗？"（他已经出了情绪区，又变成只需要答案了。）

我："没问题！"

豆豆高兴地跑走了。

"有时"：父母要有时间，才能进行倾听。

如果父母本来忙着赶时间，倾听不了两句就半途而废，孩子刚把心门打开，"啪"的一声又合上了，父母走了，孩子却憋在那儿了，这样的倾听还不如干脆就不要开始。如果这种情况出现几次，以后孩子还敢相信你是真心在倾听他吗？倾听有时候是需要花费很多时间的，只有在时间地点合适的情况下，才能够进行倾听；相反，没有时间，倾听是不可能真正实现的。有几个人能一边看着电视一边倾听你？你会感受到自己被重视吗？全身心的倾听本身就是一种陪伴，表达的是一种爱：我愿意花时间听你说话，我愿意花时间和你在一起，我愿意全身心地陪伴你。

"有心"：父母要心情愉快，才能去倾听孩子。

如果你本身的问题已经很困扰你，或者是孩子此刻的行为让你感觉很生气，那么此时你再勉强自己去关注孩子的问题，倾听也是不可能实现的。倾听本身就是一种连接，如果你本身被情绪困扰，你连和自己对话都没做好，还怎么和孩子对话？

加上需要被倾听的孩子此时处在情绪中，说出来的话自然不会很好听，有几个父母能在自己烦得要死的情况下，耐着性子一直倾听下去？同时，孩子也会感觉到父母的情绪，一看妈妈不高兴，他敢倾诉自己吗？

“有度”：倾听一定要适度，当孩子有情绪时，我们倾听；当孩子出了情绪区以后，我们就要适时地闭上嘴巴，不要意犹未尽地画蛇添足。

曾经有个妈妈倾听的案例是这样的：她女儿想买 iPad，她不同意，然后孩子就有了情绪，不高兴了。这个妈妈开始倾听，听着听着，她听出名堂来了，原来女儿是因为新做了班长，还无法让大家都服从自己，她想买个 iPad 和同学一起玩，缓和一下紧张的关系。倾听到了这里，其实已经可以结束了，因为问题的根源已经被孩子说出来了。孩子此时也不再提买 iPad 的事儿了，想必她自己心里已经知道该怎么做了。可是这个妈妈意犹未尽，虽然女儿有点厌烦了，她还是追着去倾听，想要了解女儿班里的情况。女儿烦了，甩给她一句：“你怎么那么八卦啊？我的事儿你少管！”

这个妈妈当时气得不行，来跟我说：“倾听有什么好的，把孩子都惯坏了！”

事实上不是孩子被惯坏了，而是孩子被妈妈给搞烦了。其实刚开始学习倾听时，我自己也有这样的感觉，正在倾听得带劲的时候，孩子出了情绪区，不想和我就这个问题再探讨了，而我还是意犹未尽，想要继续下去。那么这时候，控制自己的嘴巴就显得尤为重要。

倾听要有度的另外一层含义是，跟孩子共情时，用词要有度。

倾听中最常用的句式是“事实 + 感受”，比如“爸爸说好了周末陪你玩的，结果他却要加班，这让你很失落”，这个句式对于大孩子是适用的，但对于学龄前孩子而言，则不是很合适。因为小孩子还没有能力理解一些细微感受的词，比如“懊恼”“懊悔”“失落”“失望”等，当成人说他懊恼，他可能会点头，认为这种情绪就是懊恼；当成人说他懊悔，他也可能会点头，认为这种情绪就是懊悔。也就是说，我们剥夺了孩子细细体验自己情绪的机会，过早地将这种形容情绪的词语灌输到了孩子的心里。从华德福教育的角度来讲，这就是一种唤醒。

因此，倾听幼小的孩子时，尽量不要使用形容细微感受的词，你只需要说事实就可以了。如果实在需要使用感受的词，那么就用那些宽泛的词，比如“高兴”“难过”。比如上面这个例子，你可以这么说：“爸爸说好了周末陪你玩的，结果他却要加班，这让你很不高兴。”

“无预设”：倾听需要不带预设地跟随。

这句话的意思是说，我们倾听仅仅是为了听而听，而不是为了控制孩子或者找出解决问题的办法。

很早之前，我就学过心理学，学过如何进行倾听，因此，我也会去倾听孩子，会去找孩子的感受，与他共情，但那都是有目的的，都是为了找到解决问题的办法而做的努力。孩子太聪明了，他很快就意识到原来妈妈是带着目的来聆听的，于是他更多的时候回答“不知道”，甚至不愿意多说。可以说，这种以我为主导的倾听，从一开始就注定了要失败。

真正的聆听是倾听者放下心中所有，真正地跟随孩子，让孩子带着自己走，这种走甚至可能根本找不到答案所在，但没有关系，只要我们真正去听了，孩子也就感觉被理解了。

而事实上，也只有不带预设的跟随才能听到孩子真正遇到了什么样的问题，因为往往事情的真相是完全出乎你的意料的。比如，曾经有一次，我所带领的班级有个男孩在周五清洁日时不愿清洁玩具，当时我没有强迫他马上去工作，而是将工作留在放学后让他去做，结果放学后这个孩子愤怒地扔掉抹布，气得哭了起来。我抱着他，对他进行了一次非常有效的倾听。

孩子："我不想擦玩具，我什么工作都不想做，我只想玩，一直玩！"

我："你不想擦玩具，但是老师非要让你擦，这让你很不高兴。"

孩子："我不擦，我以后永远也不擦，我不上幼儿园了。"

我轻轻地"嗯"了一声，静静地抱着他。

过了好一会儿，这个孩子说："为什么每个人的工作都不一样？如果我这样对你，你高兴吗？"

我："你觉得这样很不公平。"（这个孩子是班级里最大的孩子，因此擦玩具的工作他会承担得比较多一些。但是此刻不讲道理是最重要的，孩子有情绪，你跟他讲道理没有任何作用，反而会让他越来越愤怒。）

孩子："是的，实在是太不公平了。我这样对你，你高兴吗？"

我："嗯，该让老师也尝尝被不公平对待的滋味。"

孩子沉默了一会儿，说："告诉你，今天一天我都不高兴，从早上来我就不高兴。"

我："今天一天你都过得很不愉快。"

孩子：“是，下午我妈妈又不来接我。”

我：“妈妈不能来接你，让你更不高兴了。”

孩子：“明天我还不知道谁带我，我妈妈要工作，我爸爸也要工作，我阿姨如果走了，我就不知道去哪儿了。”

我：“你担心明天没有大人带你。”（第二天是周六。）

孩子：“我妈妈工作的地方贝贝可以去，我却不可以去，太不公平了！”（贝贝是妈妈公司老板的孩子。）

我：“真的啊，那真是不公平，凭什么贝贝可以去，你不可以去！”

孩子：“贝贝去了，我妈妈肯定会和他玩，可我妈妈从来都不和我玩！”

我：“妈妈不和你玩，却和贝贝玩，太不公平了，到底谁是她的孩子啊！”（这里不是评价，而是站在孩子的立场与他进行共情。）

孩子：“我妈妈昨晚也不给我讲故事，她都给别的小朋友讲过！”

我：“哎呀，那真是不公平，怎么可以这样呢？不给自己的宝宝讲故事，却给别人的孩子讲，太不应该了！”

孩子沉默了一会儿，忽然高兴起来：“老师，我要去擦玩具啦！周末愉快哦！”

孩子从不擦玩具到认为老师不公平，再到找到问题真正的核心“妈妈不公平”，你看这个倾听的结果是不是非常出人意料。如果我之前心中就有预设，将所有问题定位在一定要让孩子遵守擦玩具的规则，或者是说服孩子接受我的道理，那么我还能真正听到问题的所在吗？听不到真正的核心问题，帮助孩子就无从谈起。

那是不是我们只要遵守“四有一无”，倾听就一定能够成功呢？当然不是，倾听受亲子双方的共同影响，父母自身的修为、孩子此刻的状态、父母对倾听的把握程度等，都会影响到倾听的效果。但是，只要你真的用心去听了，你会发现，孩子能很快感知到你的这种用心和爱心，他也会愿意和你敞开心扉，亲子关系将会变得融洽很多。

如何听，如何说
——在真实中连接孩子

与其强调接纳孩子，不如强调了解孩子，只有了解才能真正地接纳。正所谓“因为懂得，所以慈悲”，而我们通过倾听孩子、向孩子表达等，可以更多地了解孩子，也让孩子更加了解我们，甚至可以让我们更加了解自己。而只有这样，才能在真实中真正连接孩子，帮助孩子。

怎样才能真正帮助孩子呢？

常常有人问我：“我的孩子不听话，怎么办？”“我的孩子不好好吃饭，怎么办？”“我的孩子娇气爱哭，怎么办？”……

这些每个家庭普遍存在的问题，也是我在工作中常常被问到的问题。孩子不听话怎么办？说实话，我也不知道怎么办，因为这些问题太泛太大，让人无从解答。不听话的具体含义是什么呢？是你让他回家，他不愿意，还是冬天她要穿夏天的裙子，抑或是你让他往东，他偏偏往西？

有一千个读者，就有一千个哈姆雷特；有一千个父母，对于“不听话”就有一千种不同的解读，这个父母觉得所谓“不听话”的行为就是孩子和小朋友打架，而那个父母觉得所谓“不听话”的行为就是孩子不按时睡觉……因此，仅仅用一个“不听话”的标签来概括孩子，并企图寻求解决问题的方法，那是不可能实现的。

而我们要真正帮助孩子，就不能给孩子贴上标签，而是应该针对具体场景里的特定行为来使用不同方法。比如，孩子到了十一点还不睡觉，我们能做什么？我们可以从环境、睡前游戏、故事、规则等方面去考虑，这样解决问题比去贴一个让人抓瞎的“不听话”的标签更有方向性，也更明确、具体。

那么，到底什么是行为呢？它和标签有什么样的区别呢？

行为是看得见、摸得着、感受得到的，是能用照相机拍下来或者用录音笔录下来的真实场景。而标签则是我们对孩子的评判、认定，是一种主观判断。就比如下表，左边一栏是具体而清晰的行为，右边则是我们贴的标签。

行为	**标签**
孩子把玩具让给妹妹玩	孩子懂得分享
孩子跟邻居打招呼，叫“叔叔”	孩子懂礼貌
孩子摔倒后自己爬起来	孩子很勇敢
孩子吃饭吃到一半跑下餐桌	孩子不好好吃饭
孩子到点不睡觉	孩子不听话
孩子想让妈妈抱	孩子黏妈妈

如果我们给孩子贴上各种标签（包括好标签），等于给孩子下了定义，这样的定义，会给孩子极大的暗示力量，让他向着那样的方向发展。贴不好的标签当然不好，那么，给孩子贴上好的标签，是不是就代表很好呢？事实上，当我们给孩子贴一个好的标签时，也是在给孩子压力。比如，孩子今天把玩具让给妹妹玩，我就说他懂得分享，那要是明天他不想给妹妹玩了，是不是就说明他不懂得分享了呢？哪个孩子能保证总是把玩具让给别人玩呢？

与此同时，这样的标签也让我们陷入了自己对孩子的认定里，认为所有的问题都出在孩子身上，从而对孩子的成长产生焦虑，让我们情不自禁地想要去改变孩子。我们会觉得："他就是这样一个……的孩子，我该怎么办？""我怎么把孩子养成这样了呢？"

因此，要想真正帮助孩子，就要客观地观察孩子的行为，只看具体场景下孩子的具体行为和真实发生的事实。那么，如果我们观察到了具体场景中的具体行为，又该如何帮助孩子呢？在这里，我想和大家分享 P.E.T. 父母效能训练创始人托马斯·戈登博士独创的"行为四角形"，我将其简单概括为下面的表格：

<table>
<tr><td rowspan="2">可接纳的行为</td><td>孩子处在问题区</td></tr>
<tr><td>无问题区</td></tr>
<tr><td rowspan="2">不可接纳的行为</td><td>父母处在问题区</td></tr>
<tr><td>双方处在问题区</td></tr>
</table>

从这个表中我们可以看出，托马斯·戈登博士将孩子的行为分为两类：一类是我们可以接纳的行为；一类是我们不可以接纳的行为。比如，孩子去厕所尿尿，这是可接纳的行为，而孩子故意尿在客厅里，这是大部分父母不可接纳的行为。

同样，如果我们接纳孩子的行为，也可以分为两种情况：一种是孩子处在问题区。什么叫问题区呢？所谓的问题区，不是指这样的行为有问题，而是说当事人此刻有情绪，有未被满足的需求，不高兴了，我们就说他处在问题区了。比如，孩子从幼儿园回来，很不高兴地说今天他的玩具被人抢了，这时候他就处在问题区。另一种是孩子很高兴，没有情绪，亲子双方都不处在问题区。比如，孩子从幼儿园放学回来，说："妈妈，今天老师亲我了。"两种不同的情况，处理方式也不一样。第一种情况，孩子处在问题区，父母需要倾听；第二种情况，双方都不处在问题区，可使用一些增进双方关系的技巧，也可以什么都不做。

而不可接纳的行为也分为两种：一种是父母处在问题区，孩子没有问题，比如孩子不吃饭跑去玩，父母不接受，但孩子很高兴，这时候需要用到"面质性我信息[①]"，父母要表达自己的需求；另一种是父母和孩子都处在问题区，父母既要倾听，又要表达，甚至有时候是因为价值观不同而造成的，这就需要改变环境、调整自我，或者采用其他方法了。

不管孩子有什么样的行为，我们要么是接纳，要么是不接纳，不可能出现既接纳又不接纳的情况。可能有些父母接纳度高，对孩子的很多行为都能接纳，

① 面质性我信息：心理学术语，由行为、感受、影响三部分组成。

但即使接纳度再高的父母，也不可能接纳孩子的所有行为。因此，是否接纳孩子的行为不重要，重要的是，接纳的时候我们是怎么做的，不接纳的时候我们又是怎么做的。

而且，与其强调接纳孩子，不如强调了解孩子，只有了解才能真正地接纳。正所谓“因为懂得，所以慈悲”，而我们通过倾听孩子、向孩子表达等，可以更多地了解孩子，也让孩子更加了解我们，甚至可以让我们更加了解自己。而只有这样，才能在真实中真正连接孩子，帮助孩子。

如何听？

虽然我们每天都会听到很多人说话，但并不表示我们就会听别人说话，尤其是当别人有情绪、处在问题区时，倾听就变得尤为重要。曾经我听到这样一段对话：

甲：“我今天和我爸吵架了，他大发脾气，差点动手打我，我都快被气死了。”

乙：“你和你爸较什么劲儿？他都多大年纪了，你得让着他啊，万一你把他气出个好歹，怎么办？”

甲：“……”

乙真的会听人说话吗？他的几句大道理就把甲的话都堵在心里了。到底甲为什么和他爸吵架？甲心里有多少委屈？乙其实根本就没有听见。长此以往，甲即使有什么委屈，也不会再跟他倾诉了。

对于孩子也是这样，如果孩子处在问题区，感觉不高兴时，不恰当的回应会立马堵住孩子的嘴，让孩子无话可说，最后和父母变成最熟悉的陌生人。那么，到底应该怎样听身处问题区的孩子说话呢?

首先，要专注。你要听别人说话，就要有听的样子，而不能一边忙着干自己的事情，一边心不在焉地听着。当孩子伤心的时候，父母可以运用肢体语言表达自己的关心，比如和孩子坐在一起，在孩子不抗拒的情况下握着孩子的小手，倾身向前，保持眼神交流等，这让孩子感受到自己被重视，他知道你是真的关心他，真的想听。

其次，善用被动倾听。比如适时地保持沉默，用简短的语言回应孩子："嗯""哦""这样啊"；或者用引导性的语言："然后呢""你想谈谈吗""我想听听你的看法"。

再次，适时使用积极倾听。积极倾听的完整句式是"事实+感受"，比如："你磕到膝盖了，很疼""你想要这个玩具，妈妈却不同意买，这让你感觉很不高兴"。但这不是一个公式，我们可以放松，自然地倾听，也可以只说其中一部分，比如，只倾听孩子的感受："你觉得很委屈""你觉得很不高兴"；或者只倾听事实："你坐在那里玩得正高兴，他就过来抢走了你的玩具""你在幼儿园一直等爸爸来接，可是别的小朋友都被接走了，爸爸却没来"。

最后，倾听要做到跟随。很多人认为倾听是在引导孩子，其实这是对倾听的误解，真正的倾听是无我的，我怎么想不重要，重要的是孩子是怎么想的，因为对于此时的孩子来说，他需要的是一双耳朵，而不是一张嘴巴。如果孩子真的询问父母的意见时，父母可以分享自己的经验，而且仅仅是分享。不要轻易给孩子建议和意见，尤其是不要给身处问题区的孩子建议，因为他是听不进去的。更不要随意评判孩子，因为再多的对和错、好和坏，都没有眼前的孩子重要，我们要信任孩子自己体验人生的能力。任何人都有属于自己的生命过往，我们不可能代替孩子生活，更不可能让孩子一点错都不出就过完整个人生。我们只能知道对我们自己来说什么是最好的，却无法知道对孩子来说什么是最好的，因为他是带着不同于我们的使命来到这个世界的，他将拥有的是与我们不同的人生轨迹。

如何说?

当我们自己处在问题区，想要对孩子表达时，我们该如何去说呢?比如，孩子吃饭吃到一半就跑下餐桌玩，父母常见的表达是：“你怎么这样?吃饭也不好好吃！”“你这个孩子怎么这样不听话！叫你回来吃饭，你听不见吗?”“赶快回来吃饭，不然我就……”

这些语言往往很难有效，原因就在于这是一种指责性的表达，要么给孩子下了定义，要么威胁孩子要采取某种行动，而孩子听到这样的话，虽然有时候会屈服，但大部分时候会对着干。

真正有效的表达是从“我”的角度出发进行陈述：“你吃饭吃到一半就跑下餐桌，我很担心饭凉了，这样你再回来吃饭，我就要去热饭，那样会很麻烦。”也就是说，我们的表达是向内的，陈述的是此事对我本人的影响，而不是指责孩子怎样怎样。这种表达方式在P.E.T.父母效能训练理论中被称为“面质性我信息”。

“面质性我信息”由三个部分组成：行为、感受、影响，即对给父母带来困扰的孩子的言行进行非责备性描述；描述孩子的行为给父母带来的具体、明确的影响；描述父母对孩子的行为给自己带来不利影响的感受。

比如，“你把衣服扔在客厅地上，我担心衣服会被踩脏，这样我就需要洗更多的衣服”“当我看到你的玩具放在客厅、厨房的地上，我担心会摔倒”。

“面质性我信息”能够在避免责骂孩子的情况下，让孩子知道自己的行为如何伤害了父母，以及父母希望自己能够对此事负责。

同样，在孩子和父母都不处在问题区时，我们也可以通过“我信息”表达自己的想法或者计划。比如，预防性我信息，提前告诉孩子即将发生的事情或者计划：“周末我要加班，爸爸会在家照顾你”“明天我们要去打预防针，可能会有点疼”；表白性我信息，表达自己的观点或者看法：“我喜欢在天气好的时候和你一起散步”“我不喜欢被人催促”；肯定性我信息，描述对孩子的肯定感受：“我爱你”“我回来看见你把地板拖干净了，这节省了我很多时间，谢谢你”。

如何听、如何说，表面上看是一个技术性的问题，实际上是一个自我修炼的过程。因为当我们在倾听孩子的时候，我们是在清空自己，使自己像个容器一样包容孩子；而当我们表达自己的时候，实际上又是一个我们倾听自己的过程，两者加在一起就是一个连接孩子、连接自我的过程。

做父母的如果不注重自我成长的话，即使知道了倾听的公式、表达的技巧，也是很难运用的，因为他们无法连接到自己，更无法连接到孩子。就好比人是人、剑是剑，送你倚天屠龙，你也无法笑傲江湖。

当然，我本人也远没有达到笑傲江湖的程度，本书中的案例大多是围绕戈登博士的行为四角形来进行阐述的。有时候孩子处在问题区，我去倾听孩子；有时候我处在问题区，我去向孩子表达；有时候我们都处在问题区，我在倾听和表达之间换挡；有时候我们都不在问题区，我又会采用别的方法增进彼此的关系，自我成长。无论是哪一种做法，我都有很多不完善的地方，记录在此书中，献给边努力边成长的你们。

第 2 章

如何教会年幼的孩子表达自我

要教会孩子表达，首先父母必须学会表达，不要让表达变成指责，不要让拒绝变成伤害，更不要让你的情绪吓坏孩子，学会以“我信息”进行陈述。

十万个为什么
——如何回答孩子的问题

我们尊重孩子的问题就是尊重他的情感，这表达的是一种接纳的态度。不管你问什么样的问题、表达什么样的愿望，也不管我是否顺从你的愿望，我都会认真倾听并积极思考。我的态度表明，你的问题很重要，你的情感很重要，我看到了，我听到了。

豆豆两岁多以后，开始喜欢不断地问各种问题：

“怎么下雨了？”

“为什么今天没有太阳呢？”

“月亮去哪儿了呀？”

“红灯完了为什么就是绿灯呢？”

“这个井盖是干什么用的？”

“小狗为什么要拉屎？”

……

几乎是只要醒着，他就会不断地问问题。为了让自己变得博学一点，我硬着头皮去看《百科全书》《十万个为什么》，去网上查资料，试图把自己变成全能解说员。慢慢地，我发现自己越来越力不从心了，因为他从来不是只问一个问题，他问问题几乎都是连珠炮式的：

豆豆：“妈妈，地上这个黑黑的是什么？”

我说：“那是你的影子。”

豆豆：“为什么影子会动？”

我：“因为你在动呀。”

豆豆：“为什么我动它就动？为什么我有影子呢？”

我：“因为人不是透明的，光透不过去，就形成了影子。”

豆豆：“为什么……”

天啊，这个孩子的问题有完没完？这才两岁多，就有这么多的问题要问，这个妈妈我做不了，我迟早是要下岗的！这些还是能翻书查到的问题，还有些问题根本不是看书就能解决的，比如：

“这个车怎么就停着不开了呢？”

“为什么这个上面是白色，那个上面是黑色？”

“为什么那个飞机屁股是红色的？”

……

在孩子成长的过程中，他们常常有五花八门的问题要问我们，作为家长，我们经常被问得不知所措，搜肠刮肚地回答他们的问题。回答不出来的，赶紧上图书馆或是网上查资料，四处去请教各个专家。好不容易解决了眼下的问题，他们又有了新的问题在等着我们。真是答案有尽，问题无穷。

那我们到底该怎么办？是继续尽心竭力地当一个全能解说员、问题回答机，还是转变方法呢？关键是，我们这样无休止地给孩子回答问题，真的就能让孩子学到我们希望他们学习的知识吗？我们张开大嘴吧唧吧唧地一通解说，孩子听进去了吗？会不会起到的是相反的作用，让孩子觉得我们很啰唆、很烦，自己很无助、很无知呢？

更关键的是，孩子问这个问题时，他需要的是什么？他真的需要你像个科学家一样解说吗？不！绝对不是！

其实，孩子在问我们问题之前，自己已经在心里把这个问题思考过了，正如阿戴尔·费伯在《如何说孩子才会听，怎么听孩子才肯说》一书中所说："他们需要大人做的是充当一个回音壁，帮助他们更进一步去探索自己的思想。"

说到底，他们需要的是听见，我问的问题你听见了；需要的是回应，我说的话，你要理解性地回应。所谓理解性地回应，不是指直接说出答案，而是站在提问者的角度去感受、去思考，理解他远比告诉他答案更重要。

有很多人认为，孩子问问题是学习的好机会，所以市面上到处都是教人怎么回答孩子问题的书，仿佛每个父母都得是三头六臂的科普达人。他们认为虽然答案很深奥、很难懂，但如果总是对孩子重复的话，孩子一定能变得知识丰富。

当然，由于孩子是吸收性心智，他会很容易地吸收环境中的一切。当父母对他讲大道理、大理论的时候，即使不理解，他也有可能照葫芦画瓢给你说出来，看起来就好像记住了一样。这让很多父母无比欣喜，以为孺子可教，自家出了个百年难遇的天才。但实际上，只要父母敢于灌输，每一个孩子都能显得知识渊博。然而，这些知识对孩子而言，也仅仅限于他能说出来而已，与孩子长大后啥样没有一点关系。否则，天才早就满天飞了。而且这种借回答问题灌输知识的方式对孩子心理还有很大伤害。

从儿童的心理发展来说，七岁之前，他们是生活在梦幻的世界中的，他们需要的是梦幻的、富有想象力的回答，大人一板一眼的科普性答案会损伤孩子的心灵，会提早唤醒孩子，让孩子过早地进入现实世界，这与揠苗助长是一个意思。对于心理尚未发育成熟的孩子而言，这是非常大的伤害。

孩子为什么问我们问题？要么他是好奇，确实想知道，但他心里又有些答案想要确证一下；要么就是他有情绪，想对我们说点什么，他的问题只是一个幌子，他真正需要的是倾听。有人可能不理解，这么小的孩子，还会打幌子呀？

他们确实会。其实，我们每个人都会。不信，你看看下面发生在我家和我任教的幼儿园的真实例子。

有天，豆豆问我："妈妈，影子怎么这么黑？"

我："嗯，真的呀，影子还真是挺黑的。"

豆豆："你的影子黑吗？"

我："你说呢？"

豆豆看了看："你也有个黑影子。"

我："对了，我的影子也是黑色的。"

豆豆："妈妈，爸爸为什么说我是黑黑的孩子？"

我："你不喜欢被爸爸说成是黑黑的孩子。"

豆豆："我以后不许爸爸说我，我不是黑黑的孩子。"

说完，豆豆委屈地撇了撇嘴。原来说了这么半天，核心问题是最后一句，爸爸可能开玩笑地说他黑，他心里不舒服了，而他对我说出来了，这个情绪也就释放出来了。可如果我也是抱着科普的思想，告诉他为什么人有影子、影子为什么是黑色的，我能知道孩子到底为什么问这个问题吗？孩子的情绪还能释放出来吗？孩子能有一种被看见、被听到、被理解的感觉吗？

有一天，幼儿园的一个小女孩问我："老师，人为什么是从小往大长，而不是从大往小长呢？"

这个孩子的问题一出口，看着她难过的表情，我马上就知道她其实不是在问问题，而是在倾诉，于是我理解性地回应她："你希望自己现在就很大了。"

她："是啊，我希望我现在就跟大人一样大。我妈妈整天管着我，我想和爸爸一起出差，她都不让！"

我："你想和爸爸一起出差，可是妈妈不同意，这让你很难过。"

她："嗯，爸爸要坐地铁、坐火车才能到，那很危险！"

我："哦？"

她："可危险啦！我妈妈昨天给我看了一张图片，是一个女人掉到地铁里被轧死的照片，到处都是血呢！"

说着，她紧紧地靠在我身上，一脸的惊恐。我抱着她不知道说什么好，她妈妈给孩子看这种暴力血腥的图片，这会给孩子造成什么样的伤害？

过了一会儿，她又问："爸爸坐地铁会不会死？我好害怕啊！"

我没有直接告诉她爸爸不会死，因为她的担心还在心里，我需要进一步让她发泄情绪。所以，我只是抱着她亲了亲她的额头，继续理解她："你担心爸爸坐地铁出事，你想保护爸爸！"

孩子“哇”地哭出了声，边哭边喊：“我真的好害怕啊！”

后来我和家长沟通完才知道，很久以前，孩子的妈妈给孩子看过一张有关地铁事故的图片，孩子就记住了。由于记忆深刻，她认为这就是昨天发生的事情，结果这次她爸爸要出差，她得知爸爸也要坐地铁，就非常害怕，本能地，她就想陪着爸爸一起出差，保护爸爸，家里人根本不知道实际情况，还以为这个孩子贪玩使性子呢。

所以，当孩子带着情绪问我们问题时，做家长的切忌直接回答问题或者不耐烦地打发孩子，要知道，这是他向我们敞开心扉倾诉自我的时刻，我们要做的仅仅是理解性地聆听，可以重复他的问题，或者说出他们的感受，让他得到理解后倾吐自己真正的心声，让他压抑的情绪得以释放。

那么，面对孩子因为好奇而提出的问题我们该怎么办呢?

首先，不要立刻回答他们的问题。

立刻回答孩子的问题不仅没有任何作用，而且会剥夺孩子自己思考的权利，那是我们在替他做智力练习。如果你觉得这个问题真的很重要，那等孩子自己思考完后，你再找机会给他提供所谓的正确答案。有人担心会错过机会，没办法向孩子灌输这种正确的答案。其实，这个世界本就是多元的，哪有什么答案是唯一正确的。再说了，和孩子在一起是开放性的，孩子成长的时间那么长，他一定会再问你这个问题，你也绝不会没有机会告诉他答案。而事实上，如果你给他机会让他自己回答自己的问题，他则很有可能给你一个非常有想象力的答案。

比如，有一天，豆豆问爸爸：“爸爸，月亮为什么有时候是弯的，有时候是圆的呢？”

豆爸非常激动，儿子终于给他机会来讲科普了！他清了清嗓子，激动地说：“这个问题我一会儿告诉你。”

说完赶紧整理思路，想要从天文学、历史学等各个方面进行全面解说。

整理完后，他自信满满地去找豆豆：“你知道为什么月亮有时圆有时弯吗？要不要爸爸告诉你啊？”

豆豆：“因为她的圆衣服脏了，洗了还没干，只能穿弯衣服了啊！”

看，这是多么富有想象力的回答啊！

其次，让问题回到提问者身上。

可以把问题拿过来反问孩子，让他自己思考、回答：“对呀，为什么人用两条腿走路，小猫却用四条腿走路呢？”“你说呢？”你可能会担心孩子太小，答不上来，其实你放心好了，他问的问题，即使没有正确的答案，也是有大概的答案的。虽然这个答案不符合你理想中的科学答案，但对于年龄小的孩子来说，他需要的就是充满童趣的回答，而不是一板一眼的正确答案。

而对于大孩子来说，即使他也答不上来，但起码你问了他，就是给了他思考的时间，所以你们可以一起去查书，或者去询问其他人，这不也体现了你们合作解决问题的能力吗？这种启发他自己寻找答案的效果要远远好于你给他灌输答案。

再次，鼓励他向其他地方寻求帮助。

例如，豆豆问：“这个车为什么不开呢？”我也问：“嗯，为什么这个车不开呢？如果我们能问问司机就好了。”结果豆豆马上走到司机那儿问：“叔叔，你的车为什么不开呢？”司机没见过这样勇敢好问的孩子，高兴得不得了，不光热情地回答问题，还把他抱到车上摸方向盘，玩反光镜。

事情虽然很小，但起码给了孩子一个信念，那就是除了家庭，这个社会也是可以信赖的，这个社会有很多很丰富的资源，家里解决不了的问题，社会上其他人有可能帮助他解决。同样，如果他需要帮助，会有很多人愿意帮助他。

最后，不要打击孩子，更不要嘲笑他的问题。

不管孩子问的问题多么让你恼火，都不要打击他、嘲笑他。比如，孩子问：“我为什么不能吃很多糖呢？”你可以反问他：“看来你很想吃很多糖，可是为什么不可以呢？”或者鼓励他向外人寻找答案：“这个问题我们可能需要问问牙医哦。”

孩子问这类问题其实只是表达一种愿望，希望能不受限制地吃糖，而不是真的会去吃很多糖。我们尊重孩子的问题就是尊重他的情感，这表达的是一种接纳的态度。不管你问什么样的问题、表达什么样的愿望，也不管我是否顺从你的愿望，我都会认真倾听并积极思考。我的态度表明，你的问题很重要，你的情感很重要，我看到了，我听到了。

这里，我想和大家分享一则华德福教师的祈祷文：

不想

不想，再执着为一个解决问题的专家

只想，当一个生命的陪伴者

不想，再沉迷于扮演一个拯救生命的英雄

只想，与你平起平坐，望着你，听你说故事

不想，再去改变别人的生命

只想，走入生命的更底层

深深地聆听……

我必须马上骑车
——如何让孩子学会等待

我们不怕让孩子等待，但我们也不需要人为地给孩子制造等待的机会。孩子自出生起，每天都有可能遇到很多需要等待的机会，再完美再精心的父母也不可能时时刻刻马上满足孩子百分之百的需求。我们只能尽力而为，在我们的能力范围内，在我们愿意的情况下，能满足的，尽量满足；不能满足的，我们用接纳的方式让孩子学会等待。

带豆豆去商场买自行车，这孩子眼界高，看上的车很不错，但也有点贵，我跟他商量："妈妈觉得这个车有点贵，咱们看看别的车好吗？"

豆豆坚定地说："可我觉得这个最合适呀！"

我说："嗯，这车确实很合适，我知道你也很喜欢，可问题是它要700多元钱，妈妈觉得有点贵。"

豆豆："你是不是没带那么多钱？"

我想了想，决定如实相告："带了，不过我觉得它太贵了，不值这个价。如果你愿意，我们可以再看看别的车，但如果你看完别的不喜欢，还是就喜欢这个车，我们回家在网上买好吗？"

豆豆摸了摸车，依依不舍地说："自行车拜拜！"又对售货员说，"叔叔拜拜！"

我和售货员都惊了，这个孩子实在是个天使宝宝！

在网上买的车送到了，豆豆高兴地围着车跳过来、跳过去，豆爸抱怨："哎，豆豆，你动来动去的，我没办法安装了！"

豆豆理直气壮地说："我在帮助你呀！给，螺丝刀！"

爷儿俩忙活了半天，最后发现车头那儿需要的六棱螺丝刀家里没有，没办法全装上，豆豆急吼吼地要骑车，豆爸告诉他："这个没有合适的工具，明天买了工具再装，好吗？"

豆豆不干："我给你这个螺丝刀，你用这个装吧。"

豆爸解释："这个是十字的，不是六棱的。"

豆豆坚持："我看见它就是六人[①]的。"

豆爸："它不是六棱的，是四棱的。"

豆豆："它就是六人的，不是四人的，我看见了！"

豆爸："……"

豆豆："……"

这真是秀才遇见兵，有理说不清呀！豆爸这个书呆子，这样解释给一个两岁多的孩子听，他能听明白吗？

两人争了起来，豆豆非要马上就骑车，豆爸担心车头掉下来有危险，坚决不让。争执时间长了，豆爸有点冒火："说了不可以骑，就是不可以骑，让开！"

---

① 六人：这是孩子的原话，他听成了"六人"，他不能理解"六棱"这个概念。

豆豆本来就很委屈，一下子大哭起来："妈妈，妈妈！"

我抱着豆豆安慰他："你盼自行车盼了那么多天，最后自行车来了，你却不能骑，确实让人感觉非常难过。"

豆豆大哭不止，坚持要马上骑车。

我同情地说："是呀，如果是我，我也想马上就骑上去的。"

豆豆又哭着要出去买那个"六人"的螺丝刀。

我告诉他："你很想出去买螺丝刀，我也很想马上和你出去买，可问题是，现在已经夜里九点了，卖东西的人都回家睡觉了，咱们怎么能买得到呢？"

豆豆伤心地嘟囔："我就是想要买呀！我现在就要，马上就要！"

我抱着他共情："嗯，马上就要去买。"

豆豆："现在就要。"

我："嗯，现在就想去买。"

豆豆："那就去啊，你陪我去啊，行不行啊？"

我："对不起，不行啊。"

豆豆哇哇大哭起来："你说行，你说行！"

这时，豆豆已经有点闹觉的意思了。如果是平时，我会尽力进行一次完整的倾听，但这次不一样，他后来的哭泣更多的是由于疲惫造成的。因此，我决定暂时停止倾听，改用转移注意力的方法。

我："好吧，那我们去阳台那儿看看超市还开门吗，如果超市还开门，咱们就去。"

阳台上看不见超市是否开门，只能看见大街上闪烁的灯光和清凉的月色。

我：“今天的月亮弯弯的呀！”

说着我便哼起歌来：“床前明月光，疑是地上霜。举头望明月，低头思故乡。”

豆豆从未听过这首歌，注意力一下子被吸引了，静静地，听着听着就睡着了。

豆豆在快三岁时，开始对时间特别敏感，他会不断地追问：“今天后面是哪一天？”“明天后面是哪一天？”“一分钟后是几分钟？”同时也开始出现不愿等待的情况，“立刻”“马上”“必须”变成了他的口头禅。

我一般会尽力满足他的要求，他想要下去玩，我们都动作快一点赶快跑下去；他想要吃什么东西，我会尽量马上拿出来给他吃。我从来不曾想要训练孩子学会等待，但是有些时候，我们确实没办法马上就满足孩子的要求。

就比如喝酸奶，豆豆刚开始说“立刻”“马上”“必须”时，会经常性地大喊：“我要喝酸奶，马上就要喝！”可酸奶刚从冰箱里拿出来，为了孩子的身体考虑，我确实没办法让他马上就喝到。

再比如，有时候豆豆睡觉前忽然想起今天还有哪个好玩的地方没去，于是要求：“我们现在马上去跷跷板那儿玩会儿再睡觉吧？”这时候我自然也不能答应他。

每当这种时候，不管孩子是大哭大闹，还是其他表现，我都抱着一种接纳的态度，那就是“虽然我不能马上满足你的要求，但你的要求我看见了，我很重视，它是一个很美好的要求”。

坦诚告诉孩子等待的原因，当孩子有情绪时认真倾听孩子的需要，并和他共情，这就是让孩子学会等待的方法。

事实上，只要你说的原因是真实可靠的，你的态度是包容接纳的，孩子迟早会学会等待。当然，这个“等待”说的是孩子能力范围内的“等待”，而不是大人所期望的那种所谓忍耐。就比如豆豆买自行车这件事，在我如实说明了现在不能买自行车的原因以后，孩子虽然失望，但还是很愉快地接受了这个事实。后来安装自行车时他哭闹，是因为他等的时间实在是太长了，从他第一次看到这个自行车，到从网上买回来，中间足足有一个星期的时间。一个孩子能够为一个东西等待一个星期，最后拿到了这个东西却没办法马上使用，他能不失望地大哭吗？

在对待孩子等待的问题上，我一贯的态度是只要我们愿意满足孩子，而且有能力马上满足，就应该马上满足孩子的需要。由于客观条件所限，实在满足不了的，也应该以接纳的方式让孩子学会等待。

可是，不知道从什么时候开始，有些父母开始信赖对孩子实施“延迟满足”。

孩子哭了不抱，等一等，让孩子哭一会儿，伤心、失望、无助，所有感受都感悟过了，行了，为娘来抱你了，你就感恩戴德吧。

孩子饿了，先不给吃奶，得饿一会儿，让他饿得前心贴后背了再喂。为啥？因为他想吃就喂，那不是惯坏他了吗？

孩子想买玩具，妈妈也同意，但是不买，抻着，让他从希望到失望，再从失望到希望，百转千回地难受一番后，再给他买。

……

这种父母自以为是，给孩子设置重重障碍，使出种种手段让孩子学会所谓的“延迟满足”，这是一种病态的教育方式，是父母将自己的控制欲强加在孩子身上的表现。那么，这种变态的做法真的能让孩子学会延迟满足吗？

所谓“延迟满足”的实验是美国斯坦福大学心理学教授沃尔特·米歇尔（Walter Mischel）在1968年设计的，这个实验是在斯坦福大学校园里的一个幼儿园开始的。有32名孩子成功地参与了实验，他们当中最小的三岁半，最大的五岁八个月。研究人员让他们每个人单独待在一个只有一张桌子和一把椅子的小房间里，桌子上的托盘里有这些孩子爱吃的东西——棉花糖。

研究人员告诉他们，可以马上吃掉眼前这块棉花糖，但是如果等研究人员回来时再吃，还可以再得到一块棉花糖作为奖励。结果，有些孩子马上把棉花糖吃掉了，有些孩子等了一会儿也吃掉了，还有些孩子等了足够长的时间，得到了第二块棉花糖。从那以后，先后有600多名孩子参与了这项实验。

这项实验的最初目的是研究孩子在什么年龄段会表现出某种自控能力。然而，二十年之后，也就是1988年，他们在跟踪调查中却意外发现：当年“能够等待更长时间”的孩子，也就是说当年“自我延迟满足”能力强的孩子，在青春期的表现更出色。

1990年，第二次跟踪调查的结果显示：延迟满足能力强的孩子，SAT（美国高考）的成绩更优秀。

2011年，当初参加实验的孩子已经步入中年，他们接受了最新的大脑成像检查，结果发现，早年延迟满足能力强的人，大脑前额叶相对更加发达和活跃，而这个区域负责人类最高级的思考活动。

于是，人们竞相传播，以为找到了教育孩子的法宝，在解释和传播的过程中添油加醋。但事实上，这个实验只是告诉我们，那些能延迟满足自己的孩子（注意，实验中的孩子是自己选择延迟满足的，而不是被迫的）有更为优秀的表现和更为发达的大脑前额叶，却并没有指出用何种方式能让孩子学会延迟满足，更没有说延迟满足的能力可以后天培养。

延迟满足引起了全球这么多学者的关注，受到这么多家长的热捧，可是从1968年到现在，居然没有人研究出培养孩子延迟满足能力的方法。这不是很奇怪吗？如果真的可以培养，怎么会研究不出来呢？

那些孩子哭了不抱、饿了不喂、想吃什么不给的行为，除了损伤孩子的安全感以外，真的能让孩子学会延迟满足吗？全球学者没有研究出来的方法，我们居然可以进行家庭实践？

况且，米歇尔的研究小组在1992年的报告中明确指出：四岁以下的孩子大多不具备延迟满足的能力，而五岁以上的孩子就明显出现了早期萌芽。在针对更多孩子的研究中，他们发现大多数孩子在八岁到十三岁时都可以表现出一定的延迟满足的能力。

也就是说，父母再怎么着急，五岁以下的孩子也是不大可能具备延迟满足的能力的。说到底，延迟满足是孩子的一种自发的管理自己的方式，而不是在父母的设置下被迫延迟，这种自发性和被迫性真是差之毫厘，谬以千里。通过延迟让孩子吃奶吃糖就可以让孩子学会忍耐，通过让孩子自己爬起来就可以让他们学会坚强，如果教育就是这样简单对应的关系，那么教育还能称得上是一门科学吗？世界上还会有那么多父母为了教育子女而发愁吗？

因此，本书所说的让孩子学会等待，是指在自然状况下，我们实在没办法满足孩子时所必需的等待，而不是成人主动设置障碍逼迫孩子学会等待。我们不怕让孩子等待，但我们也不需要人为地给孩子制造等待的机会。孩子自出生起，每天都有可能遇到很多需要等待的机会，再完美再精心的父母也不可能时时刻刻马上满足孩子百分之百的需求。我们只能尽力而为，在我们的能力范围内，在我们愿意的情况下，能满足的，尽量满足；不能满足的，我们用接纳的方式让孩子学会等待。

总是要求抱的孩子
——如何让孩子理解你的辛苦

父母不要让孩子因自己有需要而产生愧疚，也不要让孩子觉得他自己不重要，更不要随意评价孩子的需要，而是既要重视孩子的需要，也要重视父母自己的需要，以孩子能理解的方式表达自己的需要。这样，孩子不仅会体谅到父母的苦衷，也会学会这种非指责、非评价的表达方式。

早上六点多，豆豆就醒了，通过自助餐的形式吃完母乳后，就开始缠着要和我玩。我真的是眼睛都睁不开，困得受不了。不知道最近这个孩子怎么了，精力充沛至极，晚上不睡觉，早上还起得早。昨晚他十一点多才睡，这才六点多，他又醒了。

我迷迷糊糊地跟豆豆说："妈妈很累，你和爸爸玩会儿吧。"

豆豆拉着我的手，拼命地想把我拉起来："妈妈，你起来和我玩嘛，你都睡过觉了，不累了。"

豆爸看我实在困得不行，连哄带骗地把豆豆带到厨房去了。听着他们爷儿俩做早餐的声音，我迷迷糊糊又睡着了。

忽然，“啪”的一声响，一阵疼痛袭来，我吓了一跳，睡意全无。原来是豆豆从很高的位置“啪”的一下倒在我身上了，我的儿呀，你把我当人肉沙发呢!

我吓得惊魂未定，还没来得及说话，后面就传来豆爸恼怒的声音：“蔡豆豆，你干什么？咱们不是说好了，不要打扰妈妈睡觉的吗？你怎么又跑到床上来了？你要懂得心疼妈妈，知道不知道？”

豆豆没有吭声，我也说：“豆豆，妈妈正在睡觉，你这样做，吓死我了，知道吗？”

豆豆嘴巴撇了撇，就开始哭。也是，这种爸爸妈妈同时批评的状况在我家是很少遇到的，怪不得他觉得委屈。

我赶紧抱着豆豆，但没有说话。

我不想说话，我的头真的很疼。从前我是个嗜睡如命的人，最近这一个月总是熬夜，身体真的是有点受不了。

豆豆哭了两声就不哭了，趴在我的肩膀上不说话，过了一会儿，豆豆摸了摸我的头发，问我：“妈妈，刚才你怎么了？”

那一下我震惊了，这个孩子情绪调整得这样快，而且在调整好自己的情绪后，第一时间就知道去关心别人。虽然他从前总是在我磕了碰了的时候关心地问“妈妈，刚才你怎么了”，但他从来没有在自己还很委屈的时候就问我这句话。

我亲了亲他，尽量平静地告诉他：“刚才妈妈睡得正香，你一下子趴到妈妈身上，把我吓了一跳，不过没关系，现在我已经不疼，也不怕了。”

豆豆很坦然地说：“妈妈，对不起。”

我又亲了亲他，问他：“刚才爸爸妈妈都批评你，你很难过？”

豆豆说："是的。"

我又问他："你很想和妈妈玩，可是妈妈在睡觉，你很想把妈妈弄醒？"

豆豆说："是的。"

我说："妈妈真的很想和你玩，不过妈妈确实感觉很累，想睡一会儿，不然妈妈就陪你玩了。"

豆豆很奇怪地问："妈妈，你不是睡觉了吗？豆豆都不累呢。"

他的意思是我和他一起睡觉，他都睡够了，那我应该也睡够了。我在想，我是否需要告诉他，其实他睡熟以后，妈妈又起来工作了呢？如果我告诉他了，他会不会以后睡觉不踏实，总想找妈妈？

我犹豫了一会儿，便坦然了：他睡着了，我去工作，这是事实，我没有必要隐瞒他。我陪他到他睡着，但我不是时刻守在他身边的，这一点我想他有权利知道。

于是，我想了想，告诉他："嗯，你一定感觉很奇怪，妈妈为什么总想睡觉呀？那我告诉你一个小秘密吧，你可不能告诉爸爸哦。"说完，我小声地跟他耳语，"我等到大家都睡着的时候，就偷偷跑去看书了。因为我太喜欢看了，我都喜欢得睡不着！"

豆豆眼睛发亮，大声说："以后我也偷偷看书！"

我假装很紧张，赶紧捂住他的嘴："嘘，小声点，一会儿爸爸听见咱们的秘密了。"

豆豆爬下床，边走边说："我要告诉爸爸去，我要告诉爸爸去！"

哎，宝贝，你怎么这样不能保守"秘密"呢？

我重新躺下，听见豆豆在跟爸爸汇报：“妈妈经常偷偷看书！”

豆爸说：“嗯，那以后咱们提醒她夜里不要偷偷看书，这样会影响睡觉，好不好？”

豆豆又噔噔噔地跑到卧室来，说：“妈妈，以后你不许偷偷看书哦！”

我无奈地说：“好吧，你是咱们家的大管家，我听你的。”

豆豆高高兴兴地哼起了自己即兴改编的歌曲：“爸爸去挣钱，豆豆管着家……”

豆爸要去上班了，我还是不想起床，躺在床上想事。

只听见豆爸嘱咐豆豆：“豆豆，妈妈很辛苦，咱们让妈妈睡会儿吧。爸爸去上班了，你准备自己玩什么呢？”

豆豆说：“我要看书，我好喜欢看书呀！”

豆爸带着豆豆到书架前，豆豆自己边挑书边说：“我要看《跳舞的爸爸》《书包里的小老鼠》《特殊的蜘蛛》。嗯，好啦，就这五本书。”

我听到偷偷笑了，这不是三本书吗，怎么变成五本了？我知道了，反正他都是乱说的，因为他根本不知道怎么去数数。

豆爸又说：“你看完这五本书，就把妈妈叫起来吃早餐，好吗？你是男子汉，你要照顾妈妈哦。”

豆豆一挺胸脯：“我都是大豆豆啦！”

爸爸走后，豆豆坐在床边看书，真的一声不吭地自己在看，生怕吵醒我。看他那小心翼翼的样子，我特别感动，又想起他拿了三本书却说成五本书，觉得很好笑，忽然想起一个笑话：

一个记者采访一个老板："听别人说您不懂数数，是这样吗？"

老板生气地伸出两个手指头说："是谁说的？我送他们三个字：胡说八道！"

想着想着，我忍不住哈哈大笑起来。

育儿是一件很辛苦的事情，尤其是全职妈妈，既要照顾好孩子，又要干家务，确实特别累。人在疲倦的时候，往往情绪都不好，这时候妈妈的表现往往有两种：一种是强忍着疲惫，陪孩子玩，心里却慢慢地有了怨气，脾气也越来越不好；另一种是直接对孩子发脾气："哎，烦死了，你让我安静会儿，好不好？""你没看见我很累吗？不要来打扰我！""你把妈妈累死了，谁来带你呀？"

其实，孩子是不知道你很累的，因为他不累，他就不能理解，为什么他不累，你却累了呢？比如，从前豆豆经常要我抱着他走，我抱不动，就跟他说："妈妈累了，你自己走好吗？"

他的回答是："我都不累呢，妈妈也不累，你抱着我走，好吗？"

我又解释："我没有那么大力气总抱着你走。"

他很疑惑地问我："你不是吃了很多饭吗？把你肚子里的力气放出来抱着我吧。"

听得我哭笑不得。

后来有一次豆爸的做法给我了很大的启发：

豆豆："爸爸，你抱着我走，好吗？"

豆爸："嗯，好，不过你长大了，很沉了，爸爸没有足够的力气一直抱着你。这样吧，我尽力试试，等爸爸抱不动了，就告诉你，你就自己走好吗？"

结果只走了几步，豆豆就说："爸爸，你抱我很累了吧，赶紧歇会儿吧。"

说完，豆豆自己就要下来走路。后来父子俩还来了个“抱抱约定”，遇到第一辆大众车，爸爸就抱豆豆，遇到下一辆大众车，豆豆就自己走。

所以，经常能看到豆豆对着大众车欢呼，不管是爸爸抱着走还是自己走，他都特别兴奋。有时候走了好半天也没有一辆大众车，他也不会抱怨，会一直走下去。有时大众车一辆接一辆，父子俩就像做游戏一样，抱起、放下，抱起、放下，一个简单的走路变得其乐无穷。

很多家长会发现，当孩子两岁以后，反而更黏人了，尤其喜欢被人抱着，仿佛一只小袋鼠一样，恨不能总是挂在妈妈身上。虽然玩的时候跑得很快，但一到真需要走路时，他半步也不走。这时，妈妈往往不想抱，一方面，孩子重了，抱起来费劲；另一方面，觉得孩子都已经走得很好了，干吗还总要抱着啊！

其实，因为宝宝慢慢长大，既有些独立，又很依恋妈妈，他很担心被妈妈抛弃，有种很强的分离焦虑，所以会经常性地要求被抱着。如果大人粗暴地推开他，或者用其他语言刺激他自己走路的话，是会损伤他的安全感的。

因此，只要大人身体状况允许，就应该尽可能地满足孩子的要求。毕竟你能抱他的也就这几年，以后别说你抱不动，即使你抱得动，孩子也不会让你抱了。所以，这是需要我们珍惜的特殊时光。

如果大人真的很辛苦，实在抱不动的话，也可以以非指责性的方式表达自己的需要：“妈妈很想抱你，不过妈妈力气不够大，一直抱着你会非常辛苦。妈妈愿意尽力抱着你，但等我抱不动需要休息的时候，你下来自己走一段可以吗？等妈妈力气恢复了，就接着抱你。”

这样的语言其实是告诉孩子：孩子，你的需要很重要，我看见了，我也愿意尽量满足你的需要，不过我也需要照顾一下自己，所以当我无法满足你的需要时，请你体谅我。

父母不要让孩子因自己的需要而产生愧疚（比如说“你要把妈妈累死啊”），也不要让孩子觉得他自己不重要（比如说“我可不想抱你，多累呀”），更不要随意评价孩子的需要（比如说“你怎么这样？你看别的孩子哪个需要抱？怎么就你要抱？你是‘磨娘精’吗？”），而是既要重视孩子的需要，也要重视自己的需要，以孩子能理解的方式表达自己的需要。这样，孩子不仅会体谅到父母的苦衷，也会学会这种非指责、非评价的表达方式。

我把孩子弄丢了
——如何对孩子表达你的担心

学会觉察自己的感受，并真正表达自己的感受，是一项非常重要的人生技能。爱，就是要正确表达，而我们的感受，也一样需要正确表达。

2014年春节前的一天，我带豆豆上儿研所看牙。由于临近放假，挂号大厅里人山人海，我嘱咐豆豆要跟紧我，就和他一起去排队挂号了。排队的人很多，好不容易轮到我，医保卡又刷不出来了，好一番折腾才把号挂上。办完事，我准备拉着豆豆走了，低头一看，豆豆不见了！

我边喊豆豆边四处张望，还是没有。我的头“轰”的一下子就晕了，人这么多，孩子要是丢了还找得回来吗？我慌慌张张地跑到队伍后面去找，排队的人也帮着四处张望，正在这时，蔡豆豆小同学悠悠闲闲地回来了。

我冲过去一下子抱住他，说不出话来，周围的大人开始批评豆豆：“你怎么自己走了呢？丢了怎么办？你妈妈都吓死了，你知道吗？”

豆豆说：“我只是去扔垃圾了。”

周围人都替我教育起豆豆来：“那你得跟你妈妈说呀，得让她和你一起去呀，你自己乱跑，坏人把你抓走了怎么办？”

原来，为了安抚排队排得心烦的小豆豆，我给了他一瓶酸奶喝，他喝完之后看我在忙，就没跟我打招呼，自己绕过几行队伍去扔垃圾了。这个讲卫生的孩子，我是该夸你呢，还是该批你呢？

我强忍着让自己不再发抖，谢过周围热心的人们，把豆豆抱到角落里，让他用手摸摸我满头的汗，郑重地告诉他：“找到你，我实在太高兴了。你知道吗？刚才妈妈看不到你，还以为你丢了，害怕极了。你看，我都吓得流汗了。”

豆豆说：“那下次我扔垃圾前先和你说一声，好吗？”

我亲了亲他，告诉他：“好，以后不光扔垃圾，无论你离开妈妈去做任何事，都要先告诉妈妈，好吗？”

豆豆答应了一声后，又关切地问：“妈妈，你还害怕吗？我亲亲你，会不会好受些？”

好吧，为了“熊孩子”的这点觉悟和关心，我吓一跳也就算了吧，不过事后想起来还是心有余悸。

当发现孩子不见的那一瞬间，我想全天下的父母都会和我一样，害怕得要死，担心孩子出事。当找到孩子的那一瞬间，我想全天下的父母也会和我一样，欣喜若狂，幸好孩子没事。当然，狂喜过后，随之而来的就是生气和愤怒。

修养好点的父母，会大声训斥：“吓死我了，你这孩子，怎么四处乱跑？你成心要我着急吗？你要被人抱走了，你就没妈妈了！”受到指责的孩子，往往忙于解释自己去干什么了，忙于让自己显得无辜，以便免受父母更凶猛的责骂。而小一点的孩子，则会迷茫地看着愤怒的父母，不知道他们在说什么，也不知道自己做错了什么，他已经完全被父母的情绪吓坏了，只觉得害怕、委屈。

脾气没那么好的父母则有可能干脆把孩子打一顿，以便让孩子长点记性。问题是，挨打受骂的孩子真的会长记性，下次不再乱跑吗？有几个孩子在受到打骂的时候，心里不觉得委屈、愤怒，反而会告诫自己：是的，我错了，我让爸爸妈妈担心了，我下次再也不乱跑了。这样想的孩子有多少呢？

父母本来的意愿是让孩子长记性，下次不再乱跑，这样教育的结果确实让孩子长记性了，那就是他们记住了，父母是多么不讲道理，自己刚走开几步，就不分青红皂白地打骂自己一番。

有人可能会觉得我有点小题大做，或者对父母要求过高了，面对乱跑的孩子，谁不生气？对，你确实可能会生气，但生气之前呢，你是怎么想的？在找到孩子的那一瞬间，你生气吗？不，我确信，在找到孩子的那一瞬间，你一定和我一样，欣喜若狂，因为幸好孩子没丢。再深挖一点，在找孩子的过程中，你的感受则是担心、害怕。

所以，你看，我们训斥孩子，只是用非常激烈的方式告诉他我们的愤怒，但我们找到他的那一瞬间，我们真正的感受（欣喜、高兴）却没有让他知道，寻找他的过程中那种担心紧张，我们也没有告诉他。

如果我们告诉他的是我们真正的感受：“找到你我实在是太高兴了！刚才我看不到你的时候，特别担心，我害怕你丢了。”是不是让孩子更容易长记性？是不是让孩子也能够真正理解我们？你的孩子会不会和豆豆一样，不光记住了下次不能乱跑，还会寻找解决的办法——下次扔垃圾前先和妈妈打招呼，更会安慰妈妈一下——“你害怕的话，我亲亲你，会不会好受一点”。

举一个成人的例子：一个妻子满心欢喜地做好了一桌菜等待丈夫回来庆祝结婚纪念日，可是等来等去菜都凉了，丈夫还没回来。妻子一开始满腹柔情蜜意，高高兴兴地等着丈夫回来给他个惊喜，然而，等着等着便失望了，接着就开始生气：连结婚纪念日都忘记了，是不是不在乎我呀？想着想着，又开始委屈伤心。再等了等，还是不回来，就开始担心了，他是不是出事了呀？现在交通这么不好，不会出点什么事吧？于是，开始坐立不安。如果恰巧丈夫手机打不通，妻子更要担心得抓狂了。

终于，在妻子急得快要报警时，丈夫回来了。妻子打开门一看，一颗悬着的心立马落地了，还好，回来了，幸好他没事。没事不早点回来，还满身酒气，气死了！不到一秒钟，妻子忘了前面所有的情绪，只剩下一种情绪：愤怒。

于是，妻子开始大吼：“你还有脸回来呀，你怎么没死在外面呀！”

丈夫一脸莫名其妙，心想，你有病吧，我为了工作忙活到半夜，就是为了回来听你河东狮吼啊？

于是，两人开始唇枪舌剑，把彼此弄得遍体鳞伤。如果能给彼此一点时间，如果妻子能够及时觉察自己的情绪，如实地告诉丈夫自己的情绪：“今天是咱们的结婚纪念日，我满心欢喜地准备了一桌饭菜等你回来，可你一直没有回来，手机也打不通，我都快担心死了。看到你平安回来的那一瞬间，我真高兴，不过，我现在很愤怒！”那么，这个架还吵得起来吗？做丈夫的只怕懊悔、心疼都来不及，还怎么会吵架呢？

根据情绪冰山理论，我们平时所看见、所表达的情绪只是所有情绪中很小的一部分，也就是浮在水面上的那一小部分，而我们真正的情绪往往都埋在水下面。我们最惯常表达的往往就是水面上的这一小部分，而这一小部分往往都是负面情绪。但事实上，在这些负面情绪以下，埋藏了很多我们的渴望、需要以及其他情绪，我们却不善于表达。

有多少父母拉住自己跑过马路的孩子臭骂一顿；又有多少父母在孩子做危险动作时大吼大叫，在孩子不慎受伤时大骂他们活该。我们总是在表达冰山最上面的那一点点情绪，而冰山下面我们的担忧、我们的需要、我们的渴望，都没有告诉孩子，甚至，我们自己都没有去仔细觉察。而把事情搞糟糕的，又往往是冰山上面的那部分情绪，比如生气、愤怒等，因为这些情绪都是带有指责性和指向性的。你愤怒，那么你对谁感到愤怒呢？谁听到你的愤怒时，不会产生对立情绪呢？而担心、着急、难过等冰山下的情绪往往是非指责性的，因此，如果我们担心孩子，那么就直接告诉他，我们如何担心他。大吼大叫，不一定比平和温柔的语气更有力度。当孩子有惊无险时，那就告诉他，我们有多么高兴看到他没事。打骂孩子，不一定比充满爱意的拥抱更有作用。

学会觉察自己的感受，并真正表达自己的感受，是一项非常重要的人生技能。爱，就是要正确表达，而我们的感受，也一样需要正确表达。

无目的的表扬
——如何肯定孩子

表扬孩子应该是父母自然而然、由心而发的一种行为，而不是刻意讨好或是带着控制的举动。我们只有发自内心地给予孩子具体而清晰的表扬，孩子才会感受到善意和鼓励。

朋友圈有两个同学为了表扬孩子的事情争执起来：一个说应该多表扬孩子，现在流行鼓励教育；一个说不应该总是表扬孩子，不然的话，孩子会骄傲。她们争执不清，跑来问我，到底该怎样表扬孩子。

其实，我觉得表扬或不表扬不是很重要，重要的是，你为什么要表扬孩子。也就是说，你表扬孩子的内在动机是什么。是为了控制孩子，还是真正由心而发、有感而发？

据我观察，现在父母真正发自内心表扬孩子的还真不多，大部分都是带有目的性的。不信，你看：

场景一：孩子跑的时候一不小心摔了一跤，大哭起来，妈妈跟在身后赶紧说：

“不痛不痛，宝宝最勇敢了，是不是？”

爸爸也跟着附和：“就是，宝宝最棒了，昨天摔在地板上一声都没哭呢，我就知道你今天也不会哭的！”

场景二：孩子喊妈妈帮自己穿鞋子，可是妈妈有点事没过来，孩子无奈，只好自己穿好了鞋子。妈妈过来看见，大为吃惊：“哇，宝宝你都会自己穿鞋子了啊，你真是太棒了！以后你肯定会每天都自己穿鞋子的。”

场景三：家里来客人了，妈妈喊孩子：“来，给叔叔背一首诗！”孩子不干，妈妈说：“哎呀，我就知道，我家宝宝最棒了，肯定会给叔叔背诗的，是不是啊？你们不知道啊，我们宝宝不光会背诗，还会唱歌、跳舞呢！”

……

这样的表扬，说到底就是控制孩子的一种手段，父母是在用说假话的方式诱使孩子听自己的。这种方式对比较小的孩子可能会有效，但只要孩子有了自己独立思考的能力，这样的表扬就会失效。

比如，父母跟想要买玩具的孩子说：“我知道你是个好孩子，特别会帮妈妈省钱，今天肯定不会买玩具的。”这样的话偶尔确实有可能让幼小的孩子真的不买玩具——即便这样，这只代表孩子为了迎合父母放弃了自己的需要而已，更何况大部分时间都不会奏效。更重要的是，这种带有强烈目的性的表扬会让孩子产生被控制的感觉，因为这句话的另一层意思就是指责：“如果你今天坚持要买玩具，那你就不是一个好孩子，就是浪费钱。”本来买玩具与孩子好不好没有半点关系，但被父母这么一说，立马上升到了人品的高度，不管这个玩具最后买还是不买，孩子心里都不会太舒服。

以上说的是表扬的出发点，下面我想谈谈在出发点正确的前提下，如何进行具体而清晰的表扬。

现在几乎人人都知道孩子要表扬、要鼓励，于是“你真好”“你真棒”这样空洞的表扬不绝于耳，可是应该怎样表扬才能让孩子感觉到这是一种鼓励呢？

我曾经和很多妈妈一样，在表扬孩子方面犯过不少错误，虽然不会像上文中那些带有目的性的家长一样通过表扬来控制孩子，但空洞无用的表扬我也没少说。

记得印象最深的一次是，我在做饭，豆豆在旁边打杂：洗菜（等于玩水）、剥蒜（剥了等于没剥），自己还边忙活边说：“我真能干！”

当时我忙着炒菜，没说话，他就一个劲儿地说：“妈妈，你说我能干吧，你看我厉害吧！”

豆豆的这几句话和他看我时的眼神让我立马就想到了前几天我们看到的一个场景：

豆豆和一个小朋友一起玩从山坡上冲下来的游戏，那个孩子每一次冲下来都要做一个动作：鼓掌，也要求他妈妈每次必须鼓掌并表扬他“你真棒”。后来他妈妈要接个电话，没时间鼓掌，这个孩子就坐在旁边百无聊赖地等着，直到妈妈有时间来鼓掌了，他才继续玩。可以说他的心思完全没在玩上面，而在获得妈妈的表扬上。这个孩子连玩耍都是为了妈妈的表扬才进行的，整个玩耍的过程他没有完全表现出自我和兴趣所在，可以说这样无知的表扬已经让孩子忘记了自己的天性，全身心都放在得到妈妈的认可上。

当时我心里非常不舒服，深感这个妈妈在表扬孩子问题上的失败，没想到我是五十步笑百步，轮到自己孩子，也一样存在这样或那样的问题。

那么，这种空洞而虚假的表扬方式有哪些弊端呢？

一方面，这些空洞而虚假的表扬会让孩子盲目自大。父母动不动就说孩子“你真能干”，但是能干在哪里，孩子不知道，父母自己很可能也不知道，因为他们只是随口一说。父母给孩子盖了座空中楼阁，孩子还以为这是真实的建筑呢，于是造成了孩子盲目自大，眼里看到的都是自己的好，完全不知道谦虚为何物。

记得我上大学时给人做家教，遇到一个孩子，不管我说什么，他都一副不屑的模样，说：“不用说了，我知道了，说点难的吧。”

不管我说多难的，他都说再难一点吧。问题是，我知道他连基础的都不会，成绩一直就是中下游。有一次我急了，给他放李阳的疯狂英语，我想这回你可服了吧。

我问他：“这个你能听懂吗？”

他说：“这个对我来讲小菜一碟，咱们再来点更难的吧。”

工作后，我也常常发现有这样一种人，他明明是个新人，啥都不会，但就是自认为很牛，什么都要指指点点，什么都要创新。问题是，你都还没入门，创新得了吗？当然，这样的人即使工作到头发斑白，也永远是个新人。

另外，这类表扬让孩子依赖他人的评判，没有自己真正的看法。今天有人说他能干，他就觉得自己能干，明天有人说他窝囊，他就觉得自己窝囊，他完全没有对自己真正的认识，也没有掌控自己人生的能力。因为孩子自己也是虚的，自己到底哪里做得好，还有什么需要改进的地方，他完全不清楚。这种表扬是一种他信，而不是真正的自信。所以，这样的孩子表面上看很自信，其实骨子里是很自卑的，甚至做什么事情都需要看别人的脸色。有个同学在微信上分享过这样一件事：她带孩子去参加一个英语培训班。课堂上，她发现很多答对问题的孩子都有一个共同的特点：一旦答对了，就会转头去看自己的家长，希望家长点头首肯。这件事对她的刺激特别大，她问，我们的孩子到底为什么会这样？答对问题一定要家长表扬吗？

那么，到底应该如何表扬孩子呢？

第一，表扬要清晰而具体。比如，妈妈说："哇，宝宝能自己走上台阶了！""宝宝，你把衣服洗得这么干净，你怎么做到的？"这种表扬比起那种"你真厉害""你真讲卫生"要好得多，因为孩子听了就知道你到底为什么会表扬他，下次他想要努力，就知道该往哪个方向努力。而一句宽泛的"厉害""讲卫生"，则会让孩子不知所云。因此，具体而清晰的表扬，能指明孩子努力的方向，增强孩子的内心力量。这是一种鼓励，孩子什么时候想起来都能会心一笑。

第二，表扬可以从"我"的角度出发，说出对"我"的影响。比如："你今天把客厅拖得这么干净，这节省了我的时间。宝贝，谢谢你！""宝贝，我真的很喜欢你今天画的画！"这样的表扬是真诚而且真实的，表达的是父母自己的情绪，而不是越俎代庖，不是直接评价孩子人品的好坏或者孩子作品的优劣。这样的态度也是在告诉孩子：每个人都有自己独特的看法，或许你的看法和我的不一样，但没有关系，对于你来说，你自己的看法更重要。

第三，表扬应该是父母真实意思的表达。你要真心觉得孩子某件事做得好时才能表扬，而不能流于形式，为了表扬而表扬。当父母轻松自然地、发自内心地表扬孩子时，这时的表扬就是一种爱的诠释，孩子是能看得到也能感受到的，这比起那种得意扬扬的炫耀或者漫不经心地随口一夸要好得多。

因此，表扬孩子应该是父母自然而然、由心而发的一种行为，而不是刻意讨好或是带着控制的举动。我们只有发自内心地给予孩子具体而清晰的表扬，孩子才会感受到善意和鼓励。

商场里的战争
——如何拒绝孩子

孩子，你有表达需要的权利，我有表达拒绝的权利，但并不是说一定要牺牲你的需要来满足我的需要，或者是牺牲我的需要来满足你的需要。我们有话好好说，行不行都可以商量。我的态度是想要告诉孩子："你的需要很重要，我看见了。"抑或告诉他："你的需要很美好，虽然我不能满足它，但我看见了，我尊重它。"

有一天，我去商场的玩具区，看见一个四五岁的小女孩要买一个芭比娃娃。

小女孩："妈妈，这个娃娃好漂亮呀，我想买。"

妈妈很不耐烦地说："不行，家里已经有了。"

小女孩："我想要嘛！妈妈，妈妈！"

妈妈更不耐烦了："不行，你想想看，你买了多少个芭比娃娃了！"

小女孩不高兴地说："不，我就要买！"

妈妈生气了:"你看看周围这些小朋友谁买了！怎么谁都懂事,就你不懂事呢！"

小女孩低着头，一副不服气的表情。

妈妈一看孩子不高兴了，于是开始软硬兼施，改成温柔的语调说："宝贝，不可以买哦，咱们家里都已经被芭比娃娃堆满了，都长得和这个一模一样，你买点别的吧。”

小女孩噘着嘴：“家里才三个嘛，没有堆满。这个娃娃穿的是紫色裙子呢，家里的那几个都没有这颜色。妈妈，给我买嘛。”

妈妈耐心地劝说：“裙子颜色不一样有什么关系，娃娃都是一样的嘛。好了，走啦！”

这个妈妈边说边拉着女儿走，女儿恋恋不舍地看着芭比娃娃，走了两步，没看路的小女孩被柜台的角撞了一下。

这下，原本就委屈的小女孩找着发泄口了，大声哭起来。妈妈慌慌张张地问：“怎么样，撞疼了没有？”

小女孩哇哇大哭，妈妈检查了一下，发现根本没事，也就是蹭了一下柜台而已，恼火地说：“好了，别哭了，谁让你走路不看路的，又没撞疼你，干吗那么娇里娇气的！走啦！我还着急回家做饭呢。”

说完又去拉小女孩走，小女孩用力扳着柜台，不愿走，妈妈开始强拉，小女孩整个趴到柜台上大哭不止。两个人如同拉锯一样，你拉过来一点，我又拉回去一点，妈妈有体力的优势，小女孩有柜台的帮助，看样子势均力敌，一时难以分出胜负。这时商场里人很多，这个妈妈有点不自在了，说：“带你出来，你就闹这个、闹那个，以后不要跟我出来了！好，你哭，哭吧，我等得起！看你厉害，还是我厉害！”说完，强装镇定地看起了柜台上的玩具，小女孩则是已经躺在地上哭了。妈妈无奈，跟那些不认识的人解释：“她就是这样不懂事，家里玩具已经太多了，每次出来都要买。”那副尴尬的表情，仿佛要对全商场里的人负责一样，当然也会有好事的大爷大妈们搭讪，帮着批评孩子。

又过了几分钟，这个妈妈扛不住了，恶狠狠地说：“好，算你厉害，你不就是想买芭比娃娃吗，你买呀，买呀！”

这句话就像是一针强心剂，小女孩“噌”的一下从地上跳起来。她妈妈见状更生气了，说：“就知道你要的是芭比娃娃，你买吧，买吧！给你钱，我不管了！”说着就气呼呼地要把钱包扔给小女孩。小女孩看着妈妈的脸色，反而不敢接了，小声地抽泣着。

这个妈妈可能觉得孩子实在太委屈了，忍下一口气，转而语气缓和地说：“如果你要买，那就买吧。”

小女孩犹豫了好一会儿，没敢买，最后倒是她妈妈主动去付钱买了娃娃。

这样的场景我想大家都不陌生，你可能会说，这个孩子够烈的，千方百计非要买芭比娃娃，她妈还真是拿她没有办法，可是当孩子看上喜欢的玩具，父母又不同意购买时，哭闹不是很正常的现象吗？

有几个孩子从小到大都会说“好，你说不买，咱们就不买”，然后，没有任何怨言地跟着父母离开？估计这样的孩子只能是那种从小就让我们羡慕嫉妒恨的别人家的孩子吧？而且，一个不敢表达和坚持自己需要的孩子真的是我们希望看到的吗？

我之所以把这个事情写在这里，是因为我觉得这件事很典型，我们大部分父母都这样对待过自己的孩子，也这样被自己的父母对待过。

不给孩子买东西的时候，一副剑拔弩张的表情，特别生硬，仿佛要打架一样。

孩子坚持要买的时候，拿孩子跟别的孩子对比，并且给孩子贴上“不懂事”

的标签，而事实上那些孩子他都不认识，哪里有可比性！

告诉孩子不能买的原因的时候，夸大事实，随意评价“咱们家里都已经被芭比娃娃堆满了，都长得和这个一模一样”，多少玩具才能把家里堆满呢？一模一样是什么意思？不可能所有芭比娃娃从头到脚的所有细节都一样吧？所以，这个妈妈话音刚落，女儿就找到反击的理由了：“家里才三个嘛，没有堆满。这个娃娃穿的是紫色裙子呢，家里的那几个都没有这颜色。”

当孩子不愿走的时候，跟孩子拉拉扯扯，把原来的言语冲突转变成肢体冲突。

当孩子哭的时候，开始采取漠视的方法，强装镇定地假装忽视孩子。

搞不定孩子的时候，又开始虚假接纳：“你买吧，买吧！给你钱，我不管了！”

最后无计可施，妥协。

如果我们换一种方式，效果会不会好一些呢？

去商场前提前告诉孩子：“我们要去商场买什么什么玩具，其他的我们不能买。”如果孩子答应，就去；如果孩子不答应，那就不要去了。不给孩子无谓的希望，孩子也就不会有那么多的失望了。

孩子提出要买时，心平气和地跟孩子说不可以买。

当孩子问起原因时，用直接、清晰的语言告诉她：“因为家里已经有三个芭比娃娃了。”这样孩子会不会比较清楚？事实是家里有几个就说几个，记不清几个，可以说“好几个”。虽然娃娃长得都很像，但也不可能是一模一样的。用客观公正的事实说话，不夸张、不评价，孩子还会因为这些细节而和妈妈争辩吗？还会觉得妈妈不尊重事实而感到委屈吗？

当孩子不走时，可以陪着她看会儿。不让买，看会儿总是可以的吧。如果也没时间看，那直接温柔而坚定地抱着她走。

当孩子哭闹时，允许孩子发泄情绪，不要漠视——“没关系，你哭吧，我不介意你哭”，也不要威胁——“你不走，我就走了”，而要陪伴在孩子身边，认真倾听孩子内心的想法。你可以告诉她：“你很想买这个娃娃，可是妈妈不同意，这真是让人太失望了。我会一直在这里陪着你的，如果你愿意，我想抱着你，让你在我怀里哭。”

也可以什么都不说，只是握着孩子的手或者轻轻抚摩她的后背，关切地陪着她就行了。如果你真的觉得很尴尬，那就想办法把孩子抱到楼梯间或者其他人少的地方，慢慢对孩子进行安抚。这样，她的情绪发泄出来了，是不是也就没事了？

如果你真的决定不给她买，那就不要买了，何必虚假接纳呢？孩子明明看见你的表情和肢体语言是不同意买的，可是你嘴上却说“你买吧”，孩子被你的言行不一弄糊涂了，不敢买了，你反而和颜悦色地把玩具买下来了。这种明明不接纳、不愿意，还假装愿意，最后还真的买下来的行为就是虚假接纳。孩子虽然拿到了玩具，但她会怎么想呢？妈妈到底是根本就不同意自己买芭比娃娃呢，还是如果自己屈服就给买，或者是如果妈妈搞不定自己就给买，抑或是如果自己明明想买，却假装不要买，妈妈就会买？还有，妈妈言行不一的时候，到底是她说的话算数，还是她的脸色算数？

哭泣是孩子对情绪进行自我修复的重要手段，哭泣甚至能治愈孩子内心深处的伤口。表面上看，孩子是为了芭比娃娃而哭，实际上，也许是因为孩子在幼儿园被几个小朋友孤立了，也许是因为她看的某个动画片里有个暴力情节吓坏她了，也许是因为她看见妈妈抱其他小朋友了，也许是其他原因。不管她是否说出来了，哭泣本身就能治愈她内心的伤痕，让她尽快恢复平静。

有人可能觉得这一点特别不理解，明明是为了要芭比娃娃而哭，怎么说可能是为了其他事情而哭呢？

我举个例子，一个北漂的女孩要过生日，但是家里人忘了打电话问候了，她心里确实很不舒服，但并没有抱怨什么。当天晚上下班回家，发现家里灯坏了，黑灯瞎火的，她就大哭了一场。如果你只看到表面现象，你会不会觉得她小题大做？一个灯泡坏了就哭，哪有这么娇气的呢？但事实上，她哭的是灯吗？对这个女孩而言，是哭出来好一些，还是憋在心里好一些？

在中国人的意识里，说“不”好像是一件特别难的事情，有几个人能不带情绪地正常说出拒绝别人的话呢？在我们的感觉里，拒绝就是一种伤害，伤害会引发愧疚，愧疚是最让人难以忍受的情绪。为了避免产生愧疚，我们会很快用愤怒来代替。我们会想：“你怎么能提这样的要求呢？你难道不知道这样的要求是不应该提的吗？向我借钱，我自己都没钱呢，而且你以前对我也不怎么好，怎么借钱就想起我来了？”

有了这样的对抗心态，拒绝别人时要么语气生硬，没办法自然友好地表达自己；要么一拖再拖，拖到别人自动放弃；要么虚假接纳，心想“算了，钱也不多，人家开口了，就这样吧”，虽然答应了，但心里却是不舒服的。

成人之间是这样，成人对待孩子就更加明显了。当我们拒绝孩子的时候，总是一副剑拔弩张的样子，仿佛已经预见孩子要和自己对着干一样。当然，孩子不会让你失望，大部分时间他都会很配合你的预测，和你对着干，撒泼打滚，又哭又闹，让你导演的这部戏继续下去。

有些妈妈甚至会话里话外地跟孩子透露这样一种信息：“你必须听我的，否则，你就不是一个好孩子或乖孩子，我就不喜欢你了。”

在这种强压之下，孩子可能会放弃自己的需要，满足妈妈的需要，听妈妈的话，做一个好孩子，但他的心里也会产生很不舒服的感觉：“妈妈不喜欢我，所以不允许。”“我不重要，所以妈妈不允许。”为了讨好父母，为了让自己变得重要，孩子不得不放弃自己的需要，而这种放弃所产生的愤怒、失落不能表现出来，慢慢地会转移到潜意识中，最后，孩子将之内化成自己的一部分，那就是：有需要是不对的，是自私的。

恰巧，我们的文化又是最强调牺牲自我的，当家庭环境和社会环境都要求他放弃自我的正常需要时，他不得不变成一个不敢提要求、不知道自己是谁的人。

我在上学时遇到过一个同学，他说自己从上大学开始就献血，每隔几个月就献一次，尤其是当他挣了一点钱或者是遇到什么好事情的时候，他想到的第一件事就是献血。因为他觉得自己欠这个社会太多了，除了满腔热血，实在不知道拿出点什么好。他说从小他在家就是好孩子，从来都是他照顾父母和兄弟姐妹，他从来不敢跟别人提出任何他觉得可能过分的要求。他是好儿子、好兄弟、好学生、好老公、好父亲，总之，什么都是好。按说，这样的人是不是堪称完美？可你知道他内心的那种痛苦吗？当他在课堂上厘清了自己的情绪后，他失声痛哭，因为他发现自己这么多年献血居然全是因为愧疚，他甚至觉得自己活着都是一种罪过，真的是阳光照在他身上，他都恨不能为太阳去死。这样的人，是不是实在太可怜了？

而那些能坚持自己需要的孩子也好不到哪里去，他们的“不”字一出口，父母就开始贴标签了。就比如上文中的小女孩，刚说了自己的意见，妈妈就说她“不懂事”，意思是，如果你没听妈妈的话，买了这个芭比娃娃，那你就是不懂事；如果你要成为一个懂事的孩子，就得听我的。话外之音是，你提出这个要求就是不懂事的表现，好孩子哪能提这个要求呀？

一个简单的购买要求变成了道德评判，孩子想买东西的时候，她真的想要这样不懂事，让你烦恼吗？她不过是想要买一个她想买的东西而已。

每个人都会有自己的需要，就如马斯洛的需要层次理论划分的那样，生理需要、安全需要、社交需要、尊重需要、自我实现需要。谁没有需要呢？谁又不需要学会表达自己的需要呢？

什么时候，我们能够允许别人提出自己的需要，也能够允许自己坦然拒绝别人的需要？什么时候，我们能学会不带任何情绪地接受别人的拒绝？

有一天，和豆豆逛超市，豆豆拿了一盒饼干和一袋面包，我蹲下来告诉他：“两个只能买一个，你自己选。”

豆豆：“可是两个我都想要呀。”

我说：“不可以，只能选一个。”

豆豆：“那你别说话，让我好好想想。”

过了一会儿，他告诉我：“我仔细思考过了，两个我都想要。”

好吧，既然是思考过了，那就买吧。孩子，你有表达需要的权利，我有表达拒绝的权利，但并不是说一定要牺牲你的需要来满足我的需要，或者是牺牲我的需要来满足你的需要。我们有话好好说，行不行都可以商量。我的态度是想要告诉孩子：“你的需要很重要，我看见了。”抑或告诉他：“你的需要很美好，虽然我不能满足它，但我看见了，我尊重它。”

第 3 章

如何给孩子高质量的爱

每一个妈妈都爱自己的孩子，但不是每一个妈妈都懂得爱自己的孩子。爱他，就要如他所是，真正地尊重他、信任他，在他需要时帮助他。良好的亲子关系重过任何形式的教育。

两个孩子，如何养
——爱老大的智慧

每一对父母都能给一个孩子百分之百的爱。爱不是数学题，不是说生了两个或者多个孩子，爱就变成了百分之五十甚至更少。如果有两个孩子，从今天起，请告诉每一个孩子：你拥有我全部的爱！

常常会有人问：你们打算生二胎吗？每次我都毫不犹豫地回答：不生。这与我自己的成长经历有关，父母生了我和弟弟，虽然他们很爱我们，虽然我的母亲饱读诗书，但他们却不懂得如何教育。当然，我写这篇文章绝对不是为了控诉，而是想要给那些有两个孩子的家庭和那些准备生二胎的家庭一点借鉴。

两个孩子，如何养？

不要有了老二，就让老大独睡

记忆中，我似乎没有和父母一起睡觉的经历。当然，刚出生的时候肯定有，但很遗憾，那时候我还没有记忆。

小时候，我最羡慕弟弟可以在爸爸妈妈怀里撒娇，尤其让我不能忍受的是，每天晚上他们在床上打滚、躲猫猫，欢声笑语充满了整个屋子，而我，只能躺在自己的小床上忍受着嫉妒的折磨，默默地流泪。

有一次，我实在太想上父母的床了，就使了个小心眼儿：故意尿在床上。我本来以为，我把床尿湿了，他们会把我抱到他们的床上。结果却是，我被打了屁股，接着独自在换了床单的床上继续哭泣。

考上研究生那年，妈妈问我有什么心愿。这是她第一次这样问我，我激动得都要抓狂了，却无比小心翼翼地问："我能不能在你的床上睡一个晚上？"那天晚上，我躺在妈妈身边，却一直在悄悄地哭，心里感觉无比幸福，我的妈妈是如此接纳我，让我和她睡在一起！

有了老二后，我们可能有各种各样的理由要把老大转移到别的床上，比如床太小，比如怕老大压着老二，比如怕老二吵着老大……但是，为人父母的，请稍稍等一下，能不能站在老大的立场上考虑一下他心里是怎么想的？为什么老二一出生，老大不光得到的爱少了，连睡觉的位置都要被霸占呢？真的要分床，能不能在老二还没出生之前就先分了？能不能妈妈带老二睡，爸爸带老大睡？或者，能不能把家里的床搞成榻榻米，全家人都在上面睡？

不要当着一个孩子打骂另一个孩子

小时候，弟弟很淘气，下河摸鱼，上树掏鸟窝，放学不回家，这些几乎是他每天都干的事情，所以，挨打对于他而言是家常便饭。

为人父母都这样，打孩子时很生气，打完又后悔，想尽办法补偿孩子。弟弟经常被打，也经常被补偿，父母打完后常常会说：“我们是因为爱你，想要你好，才打你的。”弟弟被打的痛，我没有切身感受，但这些话我却听在耳朵里，他是怎么样被补偿的，我也看在眼里，最后在我心里形成了一个观念：打是因为爱，被打是幸福的。

所以，偶尔我也会故意找打，每次挨打的时候我都咬紧牙关，绝不认错，以至于父母每次打我都下手很重，打到没力气了才放手。遗憾的是，被打后，我并没有感受到他们对我的补偿，因为这时候愤怒充斥在我的心头，补偿我已经看不见了。

长大后，谈恋爱，我也会打人，甚至我会希望被人打（当然，当时我自己是意识不到的）。“打我呀，有本事你打我呀”这样挑衅的话，抱歉，我真的说过。

孩子打架，大人不要插手

小时候，邻居这样形容我们姐弟俩：“你俩哪天要是不打架，太阳就没办法落山。”那时候，我们每天都会打架。长大一些，我上寄宿学校了，就每次见面打，一直打到我上大学。

其实我和弟弟感情一直很好，但不知道为什么一见面就会打架。现在我知道了，我们都想得到父母的关注，想要以此来判断他们到底爱谁更多一些。因为每次打架，父母都会来插手，他们作为裁判会判断出谁是挑衅者，然后以暴制暴，把挑衅者打一顿。被打的孩子心里有气，父母前脚离开，后脚俩孩子又打了起来。

现在想来，父母真的很不容易，俩孩子整天打架，没有一刻安静的时候，确实烦都烦死了。但他们确实没有采取正确的方式来处理我们打架的事。孩子之间有不打架的吗？让他们自由自在地打去，大人哪儿凉快哪儿待着去，孩子们自然就会找到合适的相处模式了，哪里还用得着父母成天当裁判，费脑筋！

不要拿两个孩子来对比

每个孩子都有自己的优势和劣势，做父母的要帮助孩子找到自己的优势，发挥自己的特长，而不能总是说："你看谁谁谁那么好，你怎么就不学学呢？"

那时我最恨父母骂弟弟："你为什么就不能上课听讲？你只要听五分钟，就比你姐姐听四十五分钟成绩还好！你聪明，你就是兔子，她就是乌龟，龟兔赛跑，现在乌龟都跑前面去了，兔子还在睡觉！"

这是在骂他呢，还是在骂我？被骂的兔子弟弟委屈地哭着，旁边的乌龟姐姐头都快要低到地上了。这种骂造成了弟弟的盲目骄傲，而我则盲目自卑，拼了命以各种方式求得父母认可：不是说我成绩好是因为努力吗，那好，我也叛逆一回，不读书，逃学看电影，考试乱写乱画，期中考试平均分不超过三十分，班级倒数第三，期末考试拼命几天，考个年级第一给你们看看；不是说我笨吗，大家都说我是文科天才，我就学理科，读完理学学士，读工学硕士，向你们证明我不是傻瓜。

事实上，我的这些努力只说明了一点：我确实是个傻瓜，向不接纳我的父母拼命证明自己，以求得他们的认可，结果还是失败了。更重要的是，这些错位的方式确实害了我自己。

所以，接纳孩子，请从接纳他的不同开始吧。

告诉孩子：你对他的爱不会因为任何人而改变

我一直都记得四岁那年夏天，睡午觉醒来，找不到爸爸妈妈，邻居在窗户边对我说："你爸爸妈妈不要你了，他们带你弟弟走了。"

我着急得当时就要从窗户跳出去，却忘了打开房门就可以直接出去。大家看我那副傻样，笑得前仰后合。午后的阳光明晃晃的，刺得人眼睛生疼，多年过去了，我依旧记得，那刺眼的阳光、刺耳的笑声和那种绝望。

大人们最喜欢的似乎就是对孩子恶作剧，看他委屈得想哭又不敢哭的模样。比如，家里生了老二，总有人会说："你妈妈不爱你了，她爱的是你弟弟。"

如果能够阻止，请不要让别人对你的孩子说这样的话。因为大人都知道这话是假的，但孩子不知道，他真的会很伤心、很绝望，会不断试探父母是否真的会抛弃他。

如果你不能阻止别人开这样的玩笑，那么一定要告诉孩子，你对他的爱不会因为任何人而改变，他永远都是你最爱的那个小宝贝。

跟老大解释：吃奶与妈妈的爱无关

弟弟母乳喂养到两岁多，而我没有吃过一口母乳。实话讲，我很嫉妒，觉得这是妈妈不爱我的铁证。

当然，我现在知道了，爸爸告诉我不是妈妈不愿意给我吃奶，而是因为我出生时，她也是第一次做母亲，没人指导，没有正确的方法，不知道如何进行母乳喂养。但妈妈，你为什么从来都没有告诉我呢？如果你在我很小的时候就告诉我这些事实，我想我一定不会难过那么多年的。

而那些成功用母乳喂养两个孩子的妈妈，也一定要告诉老大，老二吃奶只是因为他还小，还不会吃饭，吃奶与妈妈的爱无关。

不要告诉老大：你是哥哥（或者姐姐），你应该让着弟弟

这句话几乎被每一个有两个或两个以上孩子的家庭奉为“圣经”，比如，你是哥哥，所以玩具要先让弟弟玩；你是哥哥，所以零食要先让弟弟吃；你是哥哥，所以弟弟打你，不可以还手……

试想一下，有几个孩子会这样想：嗯，我是哥哥，所以我需要让着弟弟。他们更多的可能会想：妈妈不爱我，她比较爱弟弟，所以什么都要我让着弟弟。也许父母说这句话是针对某件事的，希望大的能让着小的，但在大孩子心里，他解读的却是要把爸爸妈妈让给弟弟。

这样长大的孩子会产生严重的不安全感，认为自己“没资格”享受自己的人生。为什么我需要让着弟弟或妹妹？因为我不够好。当两个孩子年龄差距小于两岁时，这种没资格感会更强烈。

每个孩子都需要“独生子女时光”

家里有两个孩子后，父母的时间会更不够用，即使这样，也要挤出时间和两个孩子在一起。如果有可能，把老二寄养在别人家，和老大单独出去玩半天；或者，老大上幼儿园时，和老二好好相处一段时间。虽然只是一个简单的安排，对孩子来说却有着至关重要的意义。

孩子通过这段特定的“独生子女时光”，就能深切感受到父母对自己独一无二的爱。即使他们对父母有什么不满，心里有什么伤痕，也能通过这段时间得到最大限度的修复。

每一对父母都能给一个孩子百分之百的爱。爱不是数学题，不是说生了两个或者多个孩子，爱就变成了百分之五十甚至更少。如果有两个孩子，从今天起，请告诉每一个孩子：你拥有我全部的爱！

晚上九点要睡觉
——为孩子立规则

如果是生活中必要的规则，那么父母就应该明确说出并坚持执行，同时接纳孩子由此产生的任何情绪。

在豆豆很小的时候，我似乎没有为他睡觉发过愁，但到两岁多时，我就觉得，孩子不睡觉，大人还真愁。

这不，夜里十一点多了，豆豆还在兴致勃勃地搭积木，还不断地喊：“妈妈，你也来玩吧。”“妈妈，我搭个房子，你也搭个房子，好吗？”

我困得哈欠连天，求他：“豆豆，咱们上床睡觉好吗？我都困死了，我要睡觉了。”

豆豆说：“你昨晚不是睡觉了吗？我不困，妈妈你也不困啦。”

实在没辙，我好不容易把他哄上床，又拿出绘本来跟他一起读。要知道，这可是我们每天睡前都要做的事情啊。豆豆高高兴兴地读了几本，又跳下床，喊：

“我要搭积木去啦！”

绘本不管用，我又开始给他唱歌，他倒是很高兴一起唱歌，可是有一条，不许关灯，结果把我自己唱得哈欠不断，他却越来越精神。

实在太困了，我唱着唱着就睡着了。睡梦中感觉有人在抠我的眼睛。这是谁呀，老抠我的眼睛，真烦！这人还边抠边喊：“妈妈，你把眼睛睁开，睁开呀。”

唉，我敢不睁开眼睛嘛！就你这暴力抠眼睛的手段，再不睁眼，我就没眼睛啦。

无奈，只能陪着这混世魔王继续折腾。

十二点多，豆豆终于睡着了，但因为睡得晚，他睡得很不安稳，一会儿醒来要喝奶，一会儿又哼哼唧唧不知道要干吗。经过他几番折腾，我彻夜难眠了。

睡不着觉，我就开始琢磨：“他什么时候开始变成夜猫子了？他原来不是夜里不到九点就睡觉了吗？”

这样一琢磨，我想起来了，豆豆熬夜其实是从我熬夜开始的。自从豆豆两岁半我开始写作第一本书以来，我经常熬到夜里一两点，不知道怎么回事，豆豆也就跟着熬起了夜。嗯，看来孩子的问题都是大人的问题。大人的问题？我看了一眼在旁边酣睡的豆豆爸爸，一下子火气就上来了。好嘛，我这一天累得半死，你倒是睡得真香。咱们家谁最爱熬夜？那还不是你呀！不行，我也不能让你好好睡觉，非把你搞醒了不可！我用脚踹、用手掐，唱歌、说话，十八般武艺都使出来了，反正我睡不着，也不能让你睡觉！

第二天，我开始刻意缩短豆豆午睡的时间，结果到了吃晚饭时他睡着了，到了晚上九点多又醒来，一直熬到夜里一点多；第三天，我夜里九点就要求全家人都关灯上床睡觉，结果豆豆又哭又闹，非要打开灯，折腾得我筋疲力尽，不过倒是稍有进步，熬到夜里十一点多就睡了；第四个晚上、第五个晚上……

这样折腾了一段时间，我就开始觉得自己要累死了，脾气也一下子变得很坏，这时我才真正体会到孩子睡觉晚的那些妈妈是多么辛苦和烦躁了。

我想，到了给孩子立规矩的时候了。他已经两岁多了，完全懂得规则的含义和作用了。他之所以会出现一些让我抓狂的情况，是因为我并没有非常清晰明确地给他立过规则。我害怕和我自己的父母一样管制孩子，却走到了另一个极端：给孩子毫无节制的自由，而这与令人窒息的管制一样会伤害孩子。想通了这个，我决定在孩子睡觉的问题上立规矩。

在决定要为孩子立规矩之前的那天晚上，我们开了个家庭会议，宣布以后晚上九点全家人都要睡觉。豆豆当时很不满意，不过因为不是当天晚上就执行，他嘟囔了几句也就没意见了。第二天晚上九点多（第一天我没有严格按照九点执行，因为不想和以前的时间差距太大，再说豆豆也不识字，我说九点他就认为是九点），我选择孩子玩耍的一个空当，提前告诉他：“我现在去刷牙洗脸，等我洗完，你需要去洗澡睡觉。”

豆豆大吃一惊，说：“我还没玩够呢！我不去，我偏要一直玩！”

我倾听他：“你没玩够，想一直玩。”

等我洗完，我喊他：“豆豆，请你去洗澡。”

豆豆说：“我才不去呢，哼！”

我：“你必须去。是你自己去呢，还是我抱你去？”

豆豆：“怎么样我都不去！我今晚不睡觉了，要一直玩。”

我:“如果你不愿意自己去,那我就要抱你去了,我抱你可能会有点不舒服。”

豆豆:“哼,我不去!你也不能抱我!我今晚不睡觉!”

我一边抱着他往卫生间走一边倾听他:“嗯!”

豆豆愤怒地大声哭闹:“放我下来,我不去洗澡,我不睡觉!”

我:“嗯,你不想洗澡,更不想睡觉!”

豆豆哭声更大了:“我告诉你,我要把你打死!”

我:“你气得都想把我打死了!”

豆豆:“是!我要打死你,我不睡觉!”

我:“打死妈妈就没有人让你去睡觉了。”

豆豆:“是啊,我要打死你啊,你快放我回去玩!不然,我就打死你,打死你!”

我:“嗯,想把妈妈打死,你就可以回去玩了!”

豆豆:“我要动手了啊!我要动手打你了啊!打死你了啊!你怕不怕?”

我:“妈妈害怕了,就不会抱你去洗澡了。”

豆豆:“是啊,你怕就放我下来啊!”

我:“你需要洗澡睡觉。”

豆豆:“我告诉你,我要把鼻涕抹你身上!”

我:“你想弄脏妈妈,这样妈妈就不会抱着你了!”

豆豆:“我还要把你切成段,扔垃圾桶里去,让垃圾车装走!”

……

豆豆一直号啕大哭,我抱着他倾听,累得汗如雨下。慢慢地,他不喊了,安静地让我抱着,只是哭声却丝毫不减。唉,早知道有这样一个艰苦的工作要做,我就多吃两碗饭了。

豆爸过来看了几次，因为之前我们说好他不可以干涉的，所以他只是对我怒目而视，却并未说什么话。我心里也开始打退堂鼓，这家伙一口气哭了45分钟，也该到平时睡觉的点了，我这折腾好半天有啥意义啊，照样这么晚睡觉。算了，不想了，既然要立规则，咱就不能半途而废。

话说这孩子哭声还真是洪亮啊，一口气哭了将近一个小时，居然毫无衰减的迹象，真是令人佩服。

正想着呢，忽然豆豆不哭了，说："妈妈，洗澡水是不是凉了，要不要加热水？"

这情绪变化也太快了吧，说不哭就不哭，逻辑性还这么强，真不愧是两个理科高手养的娃啊。

那天晚上，豆豆哭到筋疲力尽才上床。第二天晚上八点四十，我又开始喊豆豆洗澡睡觉，豆豆照旧大哭。我窃笑，儿子，今晚我可不怕你了，我吃了三碗饭，就是为了精力充沛地陪你哭。

谁知豆豆哭了不到五分钟，自己就跳进澡盆洗澡了。哎呀，可惜我吃的这三碗饭啊，全长肉了！

第三天晚上，我只是说了一句："洗澡睡觉的时间到了！"豆豆马上就去拿毛巾，进澡盆了！

自那以后，我简直就像进入天堂一样，每天晚上他都会在九点之前上床，我们相拥着讲故事，往往一个故事没讲完，他就睡着了，我再爬起来看书写作。我第一次体验到规则带来的好处，当然这对孩子一样也很有好处，豆豆自从按规则睡觉以后，闹觉、半夜醒来玩的情况全部消失了，白天精力也更加充沛了。

有些父母像我当初一样，不敢为孩子制定规则，生怕束缚了孩子，但如果孩子完全没有规则，安全感也是会受损伤的，因为他不知道什么事情该做，什么事情不该做。就如一个人在悬崖峭壁上行走，不知道哪里是边，更不知道哪里是栏杆，这个人能不胆战心惊吗？事实上，必要的规则是保护孩子的，是能够给他安全感的。

比如，在我所任教的幼儿园中，有一个孩子自幼在姥姥家长大，与父母相处的时间很少，安全感不足，以至于她上幼儿园以后中午从来不睡觉，四处乱跑，我得一直陪着她，非常辛苦。在陪伴了她一个多月后，我认为她已经完全信任我，也完全信任这个环境了，就决定给她立个规则。于是，我告诉她，中午她可以不睡觉，但是她不能玩玩具，也不能跑，我会搬一张床在旁边睡觉，陪她，她可以到床上和我一起睡觉，也可以自己在娃娃家（幼儿园的一个角落）坐着。

第一天，当她刚知道这个规则的时候，也是大哭不止，闹着要回家找妈妈。那天她哭了二十多分钟，我一直温柔地倾听她，最后她哭累了，自动坐在娃娃家休息。那天下午放学后，我正在收拾东西，忽然听到外面有人叫我，我一看，正是这个孩子，她笑容满面地趴到窗台上，跟我飞吻说“拜拜”。

当时我很惊喜，因为她平时从不跟老师们打招呼，仿佛谁都很难走进她的内心一样，这次跟我打招呼，真是破天荒了！

第二天中午，午睡时间一到，她帮我搬床，铺被子，然后自己抱着水杯坐在娃娃家里。后来，她很快就适应了午睡的安排。让我感动的是从那天哭过以后，她就变得跟我非常亲密，特别喜欢我。有好几次，我下班都坐上班车了，她还追过来，跑到班车上来跟我说“再见”，告诉我她喜欢我。

既然规则这样重要，那么，我们应当如何为孩子立规则呢？

其一，要清楚规则的目的。规则要让生活更有意义，它是为了保护孩子，而不是为了限制孩子。

我们立规则绝对不是为了让孩子听话，而且只能立那些必须立的规则。如果到处都是规则，那么规则就变成了牢笼，会限制孩子去探索。因此，立规则之前，我们一定要想清楚，立这个规则的目的是什么，到底什么样的规则才能成为规则。对这些，父母要了然于心。所有为孩子制定的规则都必须是父母自己深深认同并内化了的，而不能随意制定一个规则，然后生硬地抛给孩子。

就拿睡觉为例，我之所以要求孩子早睡早起，是因为睡眠影响他的身心发展。让一个孩子玩到累才睡，其实是父母不负责任，孩子必须在动（玩耍）和静（睡觉）之间有一个缓冲阶段，他们需要在静谧中聆听父母的声音，在一种充满爱意的环境中入睡，这有利于孩子建立安全感。有人认为孩子自己选择几点睡觉是孩子的自由，这是尊重孩子，事实上，这不是尊重，而是在放任孩子做一个他们自己还无法负责的选择。在生活习惯的问题上，我坚信，孩子是需要父母的帮助的，父母有义务帮助他们建立合适的作息时间。

但是，如果家里的规则太多，那么规则就不是规则了，而是一种限制。在我家，我始终牢牢遵循三个原则：“不伤害自己，不伤害别人，不伤害环境。”只要是在这“三不”之外的事情，我都不会用任何规则去约束孩子，因此，我们家的规则很少，一天到晚跟孩子也说不上几句有关规则的话。

我相信，规则必须建立在尊重双方需要和感受的基础之上，是为了双方利益服务的，绝对不是为了方便父母管制孩子。同样，也不能对孩子放任自流，以尊重的名义让孩子去做不必要的选择。

其二，规则本身要合理、恰当，且要能被孩子所理解。

规则真正建立起来以后，孩子是很容易去执行的。有些父母告诉我，他们也给孩子制定了规则，但执行起来非常困难，几乎每天孩子都会因为这事哭闹。他们认为可能是因为我们家的孩子听话，他们家的孩子不听话。

事实上，只要是合理、恰当的规则，孩子大部分时间都是很愿意去执行的。就像法律，我们普通人都愿意接受法律的约束，生活在法律的保护下，但如果有一条法律让绝大部分的百姓都受不了，整天触犯的话，那么，一定不是百姓的原因，而是这条法律不合理。规则也是这样，如果孩子总是挑战规则，那一定是这个规则本身有问题，需要进一步修改。就比如我们家，最初我也想把睡觉时间提前到八点钟，从健康的角度出发，八点睡觉当然比九点要好，可是当我试了几天以后，发现根本不可行，不是孩子违反规则，就是我自己匆匆忙忙来不及收拾。所以，每家都要有适合自己家情况的规则。还是那句话，规则是用来保护双方利益的，是让我们生活得更舒适的。

再比如，有个妈妈给孩子规定每次玩完玩具后要收拾，这个规则本身没有问题，可是她的孩子几乎没有一次收拾的，规则自制定的那天起，就形同虚设。为什么呢？这是孩子的问题，还是规则的问题？我问她："你家玩具多不多？你自己有没有试着收拾一次，看看要花多长时间？如果时间太长，孩子可能就难以执行了。"

她回家试着自己收拾了一次，仅仅一次，她就头皮发麻了，因为家里堆积如山的玩具怎么也收拾不过来。所以你看，这是孩子的问题吗？不，这是环境的问题，我们没有给孩子提供一个好的环境。

这个妈妈又有疑问了：“我又不是要求他收拾得多干净，我只是要求他把玩具堆到一起而已。这个不难吧？”

可问题是，在孩子的眼里，玩具杂乱地堆在一起与四处乱放并没有本质上的区别，他不能理解这规则，也就做不到。如果我们能把玩具控制在一定的数量内，并且找到一个固定的地方当作玩具的家，那么孩子收拾玩具的事情也就水到渠成了。

其实收拾玩具的问题我们家以前也存在过，后来我想了个办法，买了几个藤条筐，给每一种类型的玩具找了一个固定的家，就把问题解决了。

还有个妈妈因为楼下邻居爱清净，她规定孩子在家不能大声走路或者跳来跳去。显然这个规则完全不具有可行性，一个两岁的孩子怎么知道自己走路声音就大到超过了规定呢？一个两岁的孩子能控制自己不跳来跳去吗？给孩子制定一个模糊不清且完全违反孩子天性的规则，不失败才怪呢。

其三，执行规则既要接纳孩子的情绪，又要意志坚定。

尤其是刚刚开始执行规则时，孩子往往会大声哭闹，强烈反抗，做父母的一定要想清楚自己制定的这个规则确实是应该的，绝对不能因为孩子哭泣就放弃。但也不能任由孩子哭泣，在孩子同意的情况下，可以温柔地抱着他，耐心地倾听他。

既不能放弃，又要一直倾听，这两点说起来容易，做起来却相当不容易。孩子哭泣不是因为摔倒或者其他事情，而是因为父母要执行规则，这非常容易让父母产生负疚感，觉得自己做错了。第一次执行规则时，孩子往往会长时间地大哭，亲历过的人都会知道，那时真有一种不知道他到底要哭到什么时候的感觉，负疚、焦虑这两种情绪交织在一起，会让很多父母崩溃，要么半路放弃，要么冲孩子大吼，企图以此让孩子停止哭泣。按照他们的说法，“我知道不应该这么做，可是当时实在没办法了，难道让他一直哭下去，哭坏了嗓子”。

事实上，没有孩子会因为自己主动哭而把嗓子哭坏的，除非是父母态度有问题，让孩子感到自己被抛弃了。只要父母在孩子哭泣时倾听并陪伴，孩子的心理、生理不但不会有任何伤害，反而会得到很大的疗愈。事实上，这种哭泣真正考验的是父母的耐心和心理承受能力，如果父母完全受不了孩子哭，那么需要疗愈的是父母自己。我们要看看孩子哭的时候到底勾起了自己心底的哪些隐痛，我们可以做些什么来疗愈自己。

其四，执行规则要灵活。

规则是死的，人是活的，规则不能朝令夕改，也不能一成不变。偶尔有破例的时候，这时父母要视情况而定。当然，父母不能随随便便，想执行时就执行，不想执行时就无所谓了，更不能固守规则，把规则当法律。

就比如，曾经有一次，我们家发生了“玉米棒子”事件。我给豆豆玉米棒子时，以为他吃不完一整根，就擅自折成两半（这是我越界了），结果他坚决要求我赔他的玉米棒子。当时已经八点多了，但我还是陪他去买了。有个同学就问我：“那你们九点睡觉的规则呢？难道你因为弄坏了孩子的玉米棒子，对孩子愧疚，就放弃了九点睡觉的规则吗？”

这个问题的提出让我非常吃惊，我说：“豆豆当时所有的注意力都集中在玉米棒子上，他根本没有注意到九点该睡觉了，就连我自己都完全忘了九点睡觉这回事了。孩子不是在故意挑战规则，我也不是因为愧疚才破例的。”

同学问：“总之，结果就是你们违反规则了，那下次孩子有点其他事情，他是不是也可以随意违反规则呢？”

这时，我听出她的担心和恐惧了：她怕一次违反规则，以后孩子再也不遵守规则了。

这个恐惧和担心是属于父母自己的，仿佛孩子是窃贼一般，一不小心就会乘虚而入，所以父母要严防死守。孩子有那么多心计和想法吗？他们是活在当下的，那一刻他只是需要马上去超市买一根完好的玉米棒子而已，他根本就没想到规则，更没想到去挑战规则。再说了，九点睡觉又不是一条法律，有时稍微早点，有时稍微晚点，这都是很正常的。捧着规则当教条，那还不如没有规则呢。

其五，对孩子来说，规则是大家努力的目标，而不是拿来衡量孩子对错好坏的标准，不能说违反规则的孩子就是坏孩子。

明确的规则相对于人性而言，连冰山上的一角都算不上。为人父母者，要有一种对人性的敬畏之情，理解孩子违反规则的举动及其背后的心理动机。在每一次违反规则时，孩子都会比平时更加鲜明地展现自我。孩子的个体差异性和丰富性正是隐藏在这背后，所以，不管孩子是如何违反规则的，我们都需要执行规则并了解孩子由此产生的情绪，而不是给孩子贴标签、下定义，比如：“说好了每天只能吃一块巧克力，你已经吃了一块了，还吃，真不是个好孩子。”

其六，可以以艺术化的方式执行规则。

比如收拾玩具，我们可以提前几分钟告诉孩子，让他们有个准备的时间，你可以说：“五分钟后，玩具要回家了。”

每次收拾时都唱同一首歌：“玩具要回家，宝宝要睡觉，我们一起来，把它送回家。”这样，孩子一听到歌声，就知道该收拾玩具了。这样的规则执行起来，亲子双方都会感觉到是一种享受，而不是生硬地执行任务。

有些父母不愿意给孩子制定规则，他们的名言是：“只有孩子才知道他们自己需要什么。”可是生活中又不能没有规则，所以他们就不明确地跟孩子说，而是会在行动上要求孩子。由于行动会受多方面因素的影响，结果变成有时候要求孩子这样，有时候要求孩子那样，孩子一直云里雾里的，不知道到底该怎么做。

如果是生活中必要的规则，那么父母就应该明确地说出并坚持执行，同时接纳孩子由此产生的任何情绪。同样，要求孩子执行的规则，父母也应该执行。因为孩子还小，还不能理解有些规则可以因人而异。比如，在我家，九点必须睡觉，这条规则不仅适用于豆豆，一样也适用于我们大人。每天晚上我和豆爸都会准时陪豆豆一起上床，豆爸偶尔工作忙，也会在上床一小会儿后告诉豆豆，他需要再工作一会儿才睡觉，豆豆也非常体谅，总是说爸爸你别太辛苦了；而我则无论任何情况，都会陪伴孩子，直到他完全睡熟后再起来工作。

《故事知道怎么办》一书的作者苏珊·佩罗曾说：“要用基线（爱和尊重）、尾线（规则）来编织一幅美丽的画毯。”这是我看到关于爱、尊重、规则的最美诠释。

烫不烫，谁说了算
——尊重孩子的感觉

尊重孩子的感觉就是尊重孩子身体的界限，尊重孩子自己的体验，尊重孩子是一个独立的个体的事实。

洋洋妈妈最近很苦恼，因为洋洋洗澡的时候总是哭闹反抗，很多时候甚至都不愿意进澡盆。刚开始洋洋妈妈还没太当回事，可是三四个月过去了，洋洋还是不愿进澡盆。洋洋妈妈咨询了各方人士，有的说，孩子可能怕水，这是孩子这个阶段的特点，妈妈要给孩子安全感，让孩子发现，洗澡并没有什么危险；也有的说，可能是水温不合适，可是每次给洋洋洗澡的保姆和老人都说不烫，自己也试了多次，确实不烫呀；也有的说，孩子可能怕滑倒，放上防滑垫就好了，洋洋妈妈二话没说，去市场买了防滑垫；还有的说，多放些玩具，让孩子感觉洗澡好玩就行了，问题是，洋洋澡盆里的玩具还少吗？

为了弄清原委，洋洋妈妈决定亲自帮助孩子洗澡，看看到底是什么情况。

不出所料，洋洋一听说洗澡，就激烈反抗，对妈妈也毫不买账。

好不容易进了卫生间，洋洋一副如临大敌的表情，一边喊烫，一边往后缩。“烫”这个词是洋洋几天前刚学会的，之前虽然他知道什么是烫，但他没办法表达出来。

洋洋妈妈试了一下水温，并不烫，但还是跟孩子说：“你可以玩水，自己决定是不是进澡盆。”

洋洋用脚撩了一下水，嘻嘻地笑着，却不进去。洋洋妈妈让他下地站着，用手把水浇到他身上。洋洋居然扶着妈妈的手，试图站进盆里去。前两次都是一只脚进去又出来了，第三次的时候，两只脚进去了，扶着妈妈的手又出来，嘴里说烫。

第五次的时候，他才终于站进盆里去，但并没有立刻坐下，而是站着用手使劲儿搓肚子和大腿，就像是要适应热水浇在身上的感觉，最后才自己慢慢地坐下来洗。这次洗澡，他的心情始终很好，还和墙上自己的影子打招呼。

那一天，洋洋妈妈明白了，洋洋这半年来之所以不愿意洗澡，仅仅是因为水太烫了。孩子的皮肤娇嫩，对温度比成年人更为敏感，他不是不敢洗澡，而是不敢一下子就接受那么烫的水。

之前，一岁多的他用自己仅有的词汇拼命地喊：“烫！烫！烫！”而大人们却丝毫不顾他的感受，一边把他往澡盆里塞，一边用更大的声音告诉他：“不烫！不烫！我试过了！”

小孩实在没办法，哭闹、挣扎、大喊，可是他力气太小，哪里挣得开这些大人的控制呢？难怪每次洗澡洋洋就像上刑场一样。洋洋妈妈那一刻潸然泪下，自责不已，她的孩子受了半年多刑，抑或更久，在他还没有学会反抗的时候就已经天天被热水烫了，而自己居然一直不知道，还帮着姥姥和保姆训斥孩子，想着各种方式把孩子往热水里推。

作为大人，你确实感觉水并不烫，但那只是你的感觉，不是孩子的感觉！每个人对水温的敏感度不一样，你通过什么就证明自己的感觉是对的，而孩子的感觉就不对呢？是你自己在洗澡吗？身为一个孩子，连感觉世界的能力都被剥夺了，连确认自己感觉的权利都没有，他能不感到深深地惊恐、绝望吗？

问题是，在现实生活中，我们否认孩子感觉的事儿还少吗？

孩子说热，要脱衣服，大人告诉他还没出汗，不热，衣服不能脱；孩子说困了，大人说你刚睡完觉，困什么困，赶紧该干啥干啥去；孩子说吃饱了，大人说你才吃这么一点，肯定没饱，接着吃；孩子说菜太咸，大人说不咸，我都尝过了；孩子说累了，大人说，你干什么了就累，我天天累死累活都没说累；孩子说这个工作我不喜欢，大人说，你一定会喜欢的，我辛辛苦苦为你安排的工作，你凭什么不喜欢！

这些还都是针对大一点的孩子，虽然被大人否认，但至少他们能说出来。还有多少小小孩，他们除了哭闹，没办法表达自己的感受。身为大人，有几个会真正把孩子当作一个人来看待，认认真真地去聆听，去理解他们的感觉呢？

而最可怕的是，我们还以为自己是对的，我们是孩子的上帝，我们说的就是真理。我们说不烫，那一定是不烫的，但我们却忘了这个烫不烫针对的是我们自己的身体，而不是孩子的身体。

那天，我和朋友一起出去吃饭，刚端上来的虾看起来很烫，豆豆毫不眨眼地拿起一个虾开始吃，朋友大喊：“烫，小心！”

豆豆说：“不烫！”

朋友看着我，希望我制止豆豆，我只是笑笑：“没事，豆豆有自己的感觉，他会自己判断的。”

豆豆光顾着吃虾，米饭却没动，爸爸忍不住说了：“豆豆，吃点饭吧。”

豆豆一本正经地说：“米饭烫着呢，我一会儿再吃。”

我们都忍不住笑了，因为米饭端上来很久了，应该是不烫的，豆豆这样说，就是因为喜欢吃虾、不喜欢吃米饭而已。

朋友笑着说：“豆豆，你太狡猾了，米饭明明不烫，你说烫；虾明明很烫，你说不烫。”

豆豆调皮地说：“我的感觉和你的不一样，我的感觉很重要！”

是的，虽然他只是一个孩子，但他也有自己的感觉，烫或不烫，热或不热，都是他自己的身体体验，我们没办法也不应该替他去感受。虽然有时候在我们看来，孩子的感觉很荒谬，明明我们自己感觉很烫，他怎么会没有感觉呢？可是，你自己有没有过这种经历，遇到爱吃的东西，就算烫也觉得还可以忍受，忍不住饕餮一番，而遇到不爱吃的东西，就总是难以下咽，不是觉得烫了，就是觉得咸了。

我有一个好朋友，从来都不能吃甜食，一吃就感觉到恶心。我们都特别好奇她怎么会这样，她自己也说不清，还以为是天生的。

后来有一次，我俩一起探讨《中毒的父母》这本书，忽然之间，她就泣不成声，回想起自己到底为什么厌恶甜食了。

原来，她小时候生活在农村，那里的人款待客人喜欢用糖水。有一天，姥姥来了，妈妈给姥姥泡了一杯糖水，姥姥喜欢她，也给她喝了一点，她很喜欢糖水的味道，喝了还要喝，把姥姥杯子里的糖水喝光了还想喝。那时，她还小，并不懂得为什么姥姥能喝，而她却不能喝，也不懂得家境艰难，确实是没有条件让她想喝多少糖水就能喝多少的。

她又哭又闹，就是想喝糖水。妈妈无奈，就用一个超级大的杯子装了一杯井水，说这就是糖水，你喝吧。

她喝了一口感觉不对，哭着吐出来，说："这不是糖水，不甜。"

妈妈假装尝了一口，说："你瞎说，这么甜，还不是糖水？"

爸爸也假装尝了一口，说："这就是糖水，你喝吧。"

爷爷、奶奶、姥姥、哥哥都假装喝完告诉她："这就是糖水，你喝吧。"

她愤怒到了极点，喝一口，就告诉他们一遍："这不甜，不是糖水！"

可是不管她重复多少遍，大家都异口同声地答复："这就是糖水！"

她又哭又闹，那时已经不是为了喝糖水，而只是为了让家里人承认，这真的不是糖水。

很自然，那一次她挨打了，当爸爸的巴掌从空中落下来的时候，她感觉到无比绝望。被打完后，她一个人默默地把那一大杯子所谓的糖水喝完，可能水太多了，也可能是她太伤心了，最后她吐得一塌糊涂。自此以后，她再也不能吃任何甜的东西，一吃就吐。

那天，她回忆起这段往事时，一直在哭。

孩子刚出生时就是一个感觉体，他从嘴巴开始，逐步唤醒身上的每一种感觉、每一个器官。感觉是儿童身体成长的基础，也是儿童探索世界的基础。作为两种最重要的幼儿教育理念，蒙氏教育注重训练孩子的感觉，尊重孩子感觉发展的“敏感期”；华德福教育则注重保护孩子的感觉，认为孩子是通过十二种感觉来认知世界、感知自我的存在的，否认孩子的感觉，也就等于否认孩子的存在。例如，学龄前的孩子是通过触感来认识大自然和这个世界的，碰到他熟悉的或者是喜欢的东西，就会抓住不放；对不熟悉的一些东西，他也可能很感兴趣，那么一定是因为这些东西带给他很好的感觉，而不是因为他知道这些东西有什么用或者很好吃。同时，触摸是孩子体验界限的一种方式，他通过触摸体验哪里是自己，哪里是外界，哪里又是边界。可以说，触摸是让孩子认识周围的环境、认识自己的一种方式。

很多父母不经意地忽视了孩子这些微妙的需求，用“不许动”来打发孩子的好奇心，甚至可能用更粗暴的方式对待孩子的这种天性，这些都是迅速扼杀孩子自我的方式。

很多人说，哪有这么矫情了，我们的父母不都是这样对待我们的吗？的确，当我们的父母习惯用这样的方式对待我们的时候，我们也会不自觉地用这样的方式来对待自己的孩子。就像是高速公路上的连环撞车，身不由己，一辆接着一辆往下撞。但是，我们试着回忆一下，当初父母总是否认我们的感觉的时候，我们是不是感觉到很挫败、很愤怒，甚至感觉到父母不接纳自己；抑或感觉自己很不重要，所以自己的感觉也不重要。

所以，我们要做的是，从自己开始，打破这个遗传链条，勇于承认自己不是万能的，勇于告诉孩子：“我的感觉是……当然，最重要的还是要看你自己的感觉，因为你的感觉更重要。”

这句话传达的一个信息就是：尊重。尊重孩子的感觉就是尊重孩子身体的界限，尊重孩子的体验，尊重孩子是一个独立的个体。不过，这一点说起来容易，做起来却很不容易，尤其是当孩子的感觉与我们的需要发生冲突的时候。

比如，我有一个同学，她也是在养育和孩子心灵成长方面很有研究的一个妈妈。有一次，她女儿跟她说：“我讨厌姥姥，她太啰唆了，真烦！”

她学过的理论告诉她，这时应该和孩子共情，理解孩子的感受，可是孩子说的是自己的母亲啊，于是她热血冲上头，想都没想就大吼：“你怎么这样说自己的姥姥！她啰唆不是为了你好吗？她会对外人啰唆吗？”

孩子委屈地冲进自己的房间关上了门，拒绝和她就这个问题再进行沟通。这个妈妈说的当然是实情，姥姥要不是为了孩子好，也不会整天唠叨孩子，但是在孩子信任地向她倾诉自己烦恼的时候，她的话却直接否认了孩子的感受，这相当于告诉孩子：“我不想和你就这个问题谈下去，因为你这样想是不对的，你的感觉是错误的。”孩子收到了这个信息，因此她所做的就是直接对妈妈关闭了心门。当然，她对姥姥的看法并不会因为和妈妈吵了一架就有所改变。

事实上，如果当时妈妈足够冷静的话，可以直接回应孩子：“姥姥总是唠叨你，这让你很烦。”或者仅仅“哦”一声。这两种回应都会让孩子打开心扉和她进行沟通，告诉她自己为什么会这样抱怨姥姥。等孩子倾诉完以后，妈妈真有什么大道理，也就能顺理成章地说出来了。

如何做到不评价、不判断，把孩子的人生留给孩子自己去体验，这是值得我们每一个为人父母者所深思的。

与家人在育儿方面发生冲突
——做有界限的父母

人与人之间有各种不同，你有这样的观点，我完全可以有那样的观点。每个人的观点都很重要，我们不需要为了附和别人而放弃自己的观点，我们也不能强迫别人认同我们的观点。观点上的不同可以通过平等、尊重的方式进行沟通，即使无法沟通，不同的观点也是可以共存的。更重要的是，孩子学会了分清界限，尊重他人的界限，尊重自己的界限。这是界限清晰的父母送给孩子最好的礼物。

我们几个朋友建了个育儿群，无事时大家开始诉苦。甲说：“我结婚八年了，前面七年我和我老公吵架的次数加起来都没有这一年为了孩子吵的多！”

乙说：“我家更惨，原来我和我婆婆关系很好，结果有了孩子以后，我们吵得几乎水火不容了！若不是孩子实在没人带，我真是再也不想见到她了！”

丙说：“别说婆婆了，我妈帮我带孩子，也整天和我吵，我的烦恼照样不少！”

……

有了孩子以后，仿佛家庭矛盾瞬间激化，和老公吵，和婆婆吵，和自己亲妈吵，和保姆吵，女人一下子变成了一只护犊的刺猬，对谁都不放心，觉得谁带孩子都带不好，唯有自己亲手带。唉，其实自己也带不好！

现在每个家庭里的孩子少，孩子往往就是家庭的中心，所有人的关注点都在孩子身上，每个人都有自己的一套育儿理念，都觉得自己有理，这样带孩子，不吵起来才怪!

其实，我家从前为了孩子也没少闹矛盾，从孩子出生当天起，我们就开始吵架，我坚持母乳喂养，豆爸总是想偷偷摸摸地添加奶粉；我崇尚自由散养，豆爸想要管教孩子，让孩子出人头地；我对孩子总是和风细雨、温柔有加，豆爸则时不时会吼孩子；我允许孩子吃零食，豆爸则严令禁止……

有一段时间，我们因为孩子的问题矛盾重重，几乎感觉两个人走不下去了。那时最困扰我的就是豆爸有时候会凶孩子，明明可以好好拒绝的，他非把话横着说出来。当时，我的想法是：你凶我可以，凶我孩子？绝对不行!

记得那时我非常迷茫，还就这个问题请教了华德福教育专家吴蓓老师。吴蓓老师问我：“女人至阴至柔，男人至阳至刚，这是先天气质的差异，你希望你的老公像你一样对孩子温柔地说话，否则，你就要跟他吵架，那么他如何体现他的阳刚？他如何体现一个父亲的力量？你的儿子又从哪里学到作为男人应有的气概？”

老师一语点醒梦中人，我一直认为豆爸那样对待孩子是完全错误的，可是我要求他完全按照我想的来做就不是错误的吗？就像很多人埋怨老一辈的育儿方式有种种错误，认为自己的方法是新式育儿法，更人性、更先进，可是谁又能说我们年青一代的育儿方式一定比老一辈的好呢？

就比如，我们看不惯老人总是说“别动”“别跑”，觉得他们限制了孩子的自由，可是自己却整天安排孩子：“你玩这个吧！”“你和谁谁谁一起玩吧！”

或者走到另一个极端，什么都不管，给孩子毫无规则的自由。

我们指责老人："孩子摔倒，您不能去扶他，要让他自己起来！"而我们自己却表面正气凛然，实则冷血地使用自己的新方法："宝贝，请你自己起来，勇敢的孩子需要自己起来！"

我们觉得老人看见孩子哭就妥协是不对的，我们自己则为孩子设置所谓的"暂停角"，要求哭泣的孩子去"暂停角"待一会儿，哭够了再回来。殊不知，任何形式的暂停都是一种对爱的剥夺。谁能说，我们的方法就一定比老人的高明呢?

我们和老人一样，从一个极端走到另一个极端，就如一个硬币的两面一样，不管哪面朝上，数额都是一样的，不同的仅仅是我们能说出一堆大道理，而老人只能被动地听着，或者不甘心地吼几句而已。

然而，我们因为意见不一致发生争执的行为却给了孩子另一种伤害。那么，因育儿观念与家人发生冲突时，我们该怎么做呢?

我的观点是：既要划清界限，又要真实地表达自己。

所谓"划清界限"，就是指我们要弄清楚哪些事情我们该管，哪些事情不该管，如果该管，也要清楚地知道怎么管；所谓"真实地表达自己"，是指拥有并敢于表达自己真实的想法，不同意就是不同意，不要为了统一战线而违心地同意对方的做法。

比如，豆豆求爸爸陪他下去玩，而爸爸因为要工作坚持不答应。要在以前，我肯定控制不住会插手，先是眼神示意他答应孩子，要是眼神不行，我就会出马："你就陪他去吧，工作重要，还是孩子重要？"再不行，就得吵起来，我会气呼呼地跟豆豆说："走，妈妈带你下去玩！"

而这事该我管吗？明明是豆豆和爸爸之间的事情，我突破界限横插一杠子，闹得谁都不愉快。所以，现在如果出现这种情况，我不会再主动参与。如果豆豆转而向我求助，我会告诉他："看起来爸爸有重要的工作要做，确实不能陪你，如果你愿意，妈妈可以陪你。"这样全家人皆大欢喜。

再比如，豆豆想吃零食，问我："妈妈，我可以吃山楂吗？"要在以前，我会直接告诉他可以，可是山楂还没进他嘴巴，豆爸就不高兴了，冲过来说："豆豆别吃了，现在不可以吃山楂！"豆豆就会大哭："妈妈说了可以的！"豆爸则对我怒目而视，大吼："我说了不可以，就是不可以！"

那么，现在我会怎么做呢？

豆豆："妈妈，我可以吃山楂吗？"

我："我是同意的，不过妈妈很尊重爸爸，爸爸的意见也很重要，你可以问问爸爸。"

豆豆："爸爸，我可以吃山楂吗？"

豆爸："嗯，现在还有半个小时就要吃饭了，我担心你吃完山楂就不吃饭了。"

豆豆："那我先吃一块，吃完饭再吃一块怎么样？"

同意孩子吃山楂，这是我在真实地表达自己的想法。即使豆爸不同意，我也不插嘴，更不会强令豆爸同意我的做法，这是划清界限。当然，这是皆大欢喜的局面。可万一豆爸就是坚持孩子不能吃山楂呢？这时豆豆很可能会哭着来找我，如果我擅自同意孩子可以吃，或者暗示豆爸同意，那又是界限不清了。而真正界限清晰的做法是倾听豆豆。因为此刻豆豆有情绪，有未被满足的需要，所以他处在情绪区。孩子处在情绪区，父母应该做的就是倾听，而不是自己跳进情绪区，跟家人吵架。倾听过后，我可以邀请孩子来一起解决这个问题。

既划清界限又真实地表达自己，这个做法也适合于处理婆媳在育儿观念上的冲突。比如，婆婆追着孩子喂饭，媳妇实在受不了，那么可以在孩子不在的时候，用非指责性的语气向婆婆坦陈自己的想法："您今天中午追着宝宝喂饭时，我有点担心，一方面怕宝宝吃得太多了，过度喂养；另一方面也怕饭菜凉了，您吃不好饭，弄坏了您的身体。"

不当着孩子的面阻止婆婆喂饭，这是界限清晰；以非指责性语气表达自己的想法，这是真实地表达自己。如果每个人都这样做的话，婆媳之间还有什么矛盾不能化解吗?

同时，这样做也给孩子做了一个示范：人与人之间有各种不同，你有这样的观点，我完全可以有那样的观点。每个人的观点都很重要，我们不需要为了附和别人而放弃自己的观点，我们也不能强迫别人认同我们的观点。观点上的不同可以通过平等、尊重的方式进行沟通，即使无法沟通，不同的观点也是可以共存的。更重要的是，孩子学会了分清界限，尊重他人的界限，尊重自己的界限。这是界限清晰的父母送给孩子最好的礼物。

有人会说："天哪，太难了，要我整天这样说话还不累死，而且他们有些观念就是错的嘛，我能看着他们毁了孩子吗？"

其实，不存在因为家人一时不恰当的养育就毁了孩子一生这种事情的。正如我在《那些母乳喂养的日子——职场妈妈母乳育儿手记》一书中说的那样："养育孩子是一个漫长的过程，它允许我们犯错误，更给了我们机会改正错误。"

只要不是致命的错误，一般不恰当的养育方式也只是会影响孩子一段时间而已，更何况身为妈妈的我们是真正把握育儿主动权的人，能给孩子最大影响的是我们，而不是别人。

我们都知道植物具有向光性，无论多么恶劣的环境，都不能阻止其向着阳光的方向生长。其实孩子也一样，他们天然地就会向着光和爱的方向成长，尤其是当这份光和爱是来自父母的时候。孩子受家里其他人的影响其实很微弱。

我们不能改变家人的做法，但可以通过改变自己来影响他们。想要家人变成什么样，自己就得活成什么样。只要你真的改变了，家人自然会调整他们的“振动频率”，与你相一致。

当然，对于很多妈妈来说，她们最苦恼的不是自己的界限问题，而是家里其他人，尤其是老人界限不清，经常会干涉自己养育孩子的权利。比如，老人会说：“孩子想要这个变形金刚就买吧，你不舍得钱，我来付！”“孩子不想睡觉就不睡嘛，干吗要强迫他？”……

如果妈妈还坚持自己的观点，孩子马上就会抓住这个空子说：“奶奶，您真好！我最喜欢您了！坏妈妈、臭妈妈，我不喜欢你这个妈妈！”

任何一个妈妈听到这样的话都会不舒服，既伤心委屈，又担心孩子真的会被老人给抢走了，不知不觉自己的界限就松动了，原来不同意的事情也就同意了，结果除了生一肚子气，啥也没捞着。其实孩子，尤其是七岁以下的孩子是真正活在当下的，他们说这句话仅仅是为了试探你的反应或者发泄内心的不满，而不是对你整体的评价，如果你生气了、退让了，那他就掌握了下次对付你的方法。

所以，真正能帮助到孩子的做法是妈妈不动声色，柔和地倾听孩子的情绪。

比如，你可以这么说：“妈妈不让你买变形金刚，也不让奶奶帮你买，这让你很生气。”不管孩子有怎样的狂风暴雨，妈妈都要岿然不动，因为我们是在帮助他，而不是在控制他。我们要做我们应该做的事，而不是仅仅让孩子高兴的事。一个好妈妈也不是一个总能让孩子高兴的妈妈。

经过几次这样的事情以后，孩子自然就能明白妈妈的界限在哪里，有界限才会感到安全。孩子真正喜欢的是有界限的成人，所以你完全不用担心将来孩子不跟你亲密。对于老人，我们可以选择事后解释。我们尊重他们，但我们有自己的界限，或许老人当时会不舒服，但经历几次类似的事件以后，他们很快就会学会尊重我们。

记得文章的开头，我说过那时我和豆爸在育儿上的争执，大家知道后来怎么样了吗？当我发生变化以后，豆爸忽然间也发生了巨大的变化，他开始真正尊重孩子和我的想法，而且在我的影响下，他也参加了一些亲子教育工作坊，甚至也开始参加心灵成长的课程，找到了自己的信仰。现在他是我们幼儿园的模范爸爸，第一次参加家长会，就以对华德福教育的精湛讲述和深刻理解赢得了老师和其他家长的交口称赞。可以说，是他领着我走进了华德福教育的大门。

大家知道当父母有界限以后，孩子是什么样的吗？

记得去年 8 月份，我去大山里参加华德福幼师培训时，和几位老师合租了一套房子。有一天，同住的一个老师的孩子把一块蛋黄派放在沙发上，豆豆很想吃，就问：“妈妈，这是燕子姐姐的蛋黄派吧，她还吃吗？”

我还没回答，燕子的妈妈房老师看见豆豆垂涎欲滴的样子，说：“你吃吧，送给你了！”

豆豆："燕子姐姐知道吗？"

房老师："没关系，送给你了。"

豆豆："那燕子姐姐晚上回来想吃了怎么办呢？"

房老师："没关系，她还有别的呢，你吃吧，我可以做主。"

豆豆边流口水边说："这是你的东西，还是燕子姐姐的东西？"

房老师："这是我买给燕子姐姐的，我做主送给你了！"

豆豆："你买给燕子姐姐的，那不是燕子姐姐的了吗？你怎么还能做主？"

……

豆豆就这样一直流着口水和房老师说啊说啊，好几次口水都快掉到蛋黄派上了，自己又赶紧吸回去。我们几个大人好说歹说，劝了十多分钟，最后他才流着口水把蛋黄派给吃了。

当时，房老师不禁大为感叹："这个孩子的界限建立得实在是太好了，我从事华德福教育这么多年，从来没有见过这样的孩子！"

你真的懂得怎么陪孩子吗
——什么才是高质量的陪伴

评判陪伴质量高不高的标准就是父母和孩子在此刻的状态如何。只要双方的状态是愉快安详的，这样的陪伴就是高质量的陪伴。也就是说，高质量的陪伴，并不是指父母随时待命，陪着孩子玩游戏。

不知道从什么时候开始，养孩子成了大多数家庭最重的负担，一个大人往往没办法带好一个孩子。最常见的情况是，一个全职妈妈需要配备一个老人或者保姆，两人或多人合作才有可能完成养娃这个艰巨的任务。更为可怕的是，甭管几个人合作养娃，只要是参与的人，都会累得筋疲力尽。

所以，我做全职妈妈时，常常会有妈妈问我："你家保姆在哪儿请的？"

当她们得知我家没有保姆，也没有老人帮忙，更没有小时工时，大为吃惊，一脸同情地看着我说："唉，那你不是累死了？你怎么受得了？"

事实上，我并没有很累，反而每天神清气爽，该培训培训，该出书出书。当然，如果我也按照很多人养孩子的方法去做：每天无时无刻不守在孩子身边陪孩子玩，好不容易孩子睡着了，赶紧做饭、洗衣、收拾屋子，活儿还没干完，孩子又醒了，继续陪孩子……那我确实会被累死，因为这样的妈妈别说有自己的休闲时间了，就连睡觉的时间都很难保证。

问题是，这样无时无刻地陪伴，的确是孩子需要的吗？这样疲惫辛苦、毫无个人时间的妈妈心情能好吗？一个每天烦躁疲惫的母亲如何养育出平静自信的孩子？

事实上，在孩子一岁之前，的确需要妈妈经常陪伴，但当孩子学会走路，开始自己探索世界以后，妈妈更多的是需要放手。也就是说，孩子不需要你总是陪着他玩耍。

这个观念可能会让很多父母大吃一惊："什么？难道我们总是陪着他反而不好了？难不成把孩子放在一边不搭理他吗？"

这里就涉及一个概念了：高质量的陪伴。那么，如何评判陪伴的质量高不高？什么才是真正高质量的陪伴？

我认为，评判陪伴质量高不高的标准就是父母和孩子在此刻的状态如何。只要双方的状态是愉快安详的，这样的陪伴就是高质量的陪伴。也就是说，高质量的陪伴，并不是指父母随时待命，陪着孩子玩游戏。

事实上，在家庭中，高质量的陪伴不仅是传统意义上父母全身心地陪着孩子玩耍，还有一种更重要却常常被我们忽略的陪伴方式，那就是：孩子自己玩耍，父母在一旁做自己的工作。

前一种陪伴好理解，也是很多父母努力在践行的；后一种陪伴就让很多人费解了，难道父母做自己的工作、让孩子自己玩耍也是一种高质量的陪伴？

是的，这不仅是一种陪伴，而且是一种质量极高的陪伴。需要特别说明的是，这里所指的工作，绝对不是我们平常所理解的上网、打电话、应酬、看书等工作，而是指那些孩子能理解、能模仿的工作。

比如，做家务，做手工，这些孩子能看见，也能明白，更能模仿，只有这样的工作才能在陪伴孩子时做。同时，父母做工作时的状态极其重要，你是匆匆忙忙为了完成工作而工作，还是享受工作本身，悠闲自在地工作？要知道，孩子吸收的不仅是父母所做的事情，还有父母做事时的状态或态度。

有人可能会不相信，因为孩子自己玩的时候往往会很专心，好像根本就注意不到妈妈在旁边做家务，这怎么会是一种高质量的陪伴呢？表面上孩子好像没有注意到妈妈在做什么，但实际上他却用灵魂在感知着这种陪伴。正如荷兰教育家伯纳德·李维胡德在《孩子成长的历程——三个七年成就孩子的一生》一书中所说：“孩子对他周围环境的感知越是无意识，这种感知渗透进灵魂的就越多。”

我想很多人都会记得小时候父母干活儿时自己在旁边玩耍的场景，因为那时候的父母不匆忙，他们总是慢悠悠的，满心欢喜地干着自己的工作。这种温馨、享受的状态，多年后仍刻印在我们的脑海中，历久弥新。

我当初践行这样的陪伴纯粹是误打误撞。作为一个全职妈妈，我家没有保姆帮忙干家务，而孩子睡着时我又想写点文章，所以只好在孩子醒着的时候带着他一起做家务，没想到孩子居然非常喜欢，不但不会捣乱，还会帮忙干活儿。有时即使他要玩耍不干活儿，也总是兴高采烈的，呈现出一种满足愉悦的状态。

那时，我就疑惑，莫非孩子很喜欢我做家务？想着孩子喜欢，我也就不着急了，干起家务来更加轻松悠闲了，孩子的状态也越发好了。后来，我学习了华德福教育后才知道，原来我的这种陪伴方式居然是华德福教育中极其推崇的陪伴方式。华德福教育认为，成人只是孩子生活的环境，而不是孩子生活的主导，在这样的陪伴中，成人做的是自己喜欢的事情，状态非常放松、喜悦，孩子吸收了这种状态，也会非常放松、喜悦。同时，成人专心做自己的事情，本身就是一种示范。仅是这两点，就已经为孩子提供了一个非常好的环境。

学习了华德福的教育理念以后，我又将韵律和节奏引入我们的家务中。在豆豆未上幼儿园时，我们每天定时扫地拖地。周一到周五，我每天都会安排不同的家务来做，比如周一擦桌子，周二洗袜子，周三清洁玩具，周四洗鞋子，周五做面食等。在这些活动中，我很少喊豆豆来帮忙，只是自己轻松地做着，有时候他会过来帮忙，有时候他会自己玩，无论是哪一种，他的状态都是平静喜悦的。当我真的希望他参与时，我也很少直接说，而是通过唱歌吸引他的注意力。比如，我改编的《袜子歌》：“妈妈正在洗袜子，洗呀洗袜子，妈妈现在正在洗呀洗袜子……”

我们家一天到晚歌声不断，我相信这种歌声本身也是一种陪伴，更是一种韵律和节奏。我想等豆豆长大后，他也会记得我们曾经美好的家务时光的。当然，他更有可能记得的是那些与他有关的家务，比如洗他的衣服鞋子，给他做手工，爸爸给他做玩具。只要父母状态好，所有干家务的过程都是一种高质量的陪伴，与孩子有关的家务更是一种万两黄金也换不来的超级陪伴。

那么，有了这种陪伴，还需要父母陪着孩子玩吗？当然也要，尤其是当孩子需要你参与他的游戏的时候。同样，陪伴孩子做游戏时，要记住你只是一个陪伴者、跟随者，不要试图通过游戏教会孩子什么，孩子自然会吸收他能吸收的一切。如果一个成人在游戏中上蹿下跳，拼命引导，从表面上看孩子是兴奋了、疯狂了，但实际上这不是孩子应该有的状态。也就是说，这只是你的表演，而不是真实的生活。我们应该给予孩子的是真实的生活，我们真正应该培养的是孩子独立生活的能力和感受生活的能力。

同样，这种全身心地陪伴孩子玩耍应该和前面所说的那种通过工作陪伴孩子相结合，每天既有这样的陪伴，也有那样的陪伴，两者缺一不可。其重要性可以从以下四个方面来说明：

第一，父母陪同玩耍能让孩子感受到自己的重要性，让亲子之间有更多的共同话题。这一点是众所周知的，但是，没有任何一个成人能常年全天候地陪着孩子玩游戏，并一直保持平静喜悦的心情。因为这不是父母真正喜欢的，父母不可能整天玩孩子的游戏而且沉迷其中，除非他还没长大，心理上还是一个三岁小孩。

第二，父母的工作陪伴既是对孩子的一种陪伴，也是对自己的一种陪伴，这种换挡可以让成人有更好的品质去和孩子相处。就我个人而言，在孩子的陪伴下干家务是非常享受的，有过这样的美好时光，当我陪孩子玩耍时也能更专心。同时，这也让我节省了很多时间，以便孩子睡着以后，我有足够的时间看书、写作。这种安排让我精力充沛、神清气爽。

第三，这样的陪伴是孩子真正需要的陪伴。当父母陪孩子玩耍时，孩子能学会如何与人合作玩耍，也能从成人身上学到很多优秀的品质；当父母通过工作陪伴孩子时，孩子会学会如何独自玩耍，这是他陪伴自己的时间。很多孩子一离开父母就无所事事，不知道干什么好，这就是因为父母从小没给过他机会让他独自玩耍。

也有人说，如果不陪着孩子玩，他真的不知道怎么玩啊，他会很无聊的。其实孩子偶尔无聊是必需的，正如成人一样，每个人都需要一点点无聊的时光，这样我们更能知道下一步该做什么。可以说，当我们无聊的时候，其实是我们与自己的心距离最近的时候，也是我们真正独立思考的好时机。

第四，从孩子的健康角度出发，这样养育的孩子才能拥有真正的自我。当他独自玩耍时，他在发展自我；当父母陪伴他玩耍时，他又放下了自我。这两种陪伴相结合，孩子既有发展自我的空间，也有放下自我的时候，这才是健康的成长状态。

如果大人从来不专心陪孩子玩，孩子一直是孤独的，长大后他可能会变得非常自我，只知道有自己而不知道有他人。相反，那种大人无时无刻不陪着玩耍的孩子则很难得到自我发展的空间，因为他的自我和成人的自我是纠缠在一起的，甚至是被成人所裹挟的。尤其是在家里，孩子被很多大人围着，大人的自我紧紧包裹着孩子的自我，这无异于一种扼杀。所以，我们现在才会看到一些缺失自我的可怜的孩子。

当孩子逐渐长大以后，你会发现，孩子越来越喜欢参与真实的劳动，而这时，父母的工作陪伴就显得更加重要了。也可以说，随着孩子慢慢长大，父母会逐渐退出玩伴这个角色。和孩子一起做真正的工作，或者父母和孩子互不打扰又互相陪伴，各自做自己喜欢的工作，是最重要的陪伴方式。

所以，高质量的陪伴绝不是我们想象中那样陪着孩子玩，尤其是陪着孩子玩电子产品，而是文中所说的两种陪伴的有机结合。这样的陪伴不仅对孩子好，更对父母好。

小家务，大收获
——如何引导孩子进行力所能及的劳动

让孩子参与家务，同时也是父母提供的一种陪伴方式，这是一种高质量的陪伴。比起陪孩子一起过家家，一起无聊地数豆子，这种陪伴的质量要高得多。因为劳动会给双方都带来滋养，更会使双方的关系更加融洽。如果你爱孩子，就和孩子一起干活儿；如果你想要孩子自信、有担当，就和孩子一起干活儿。

豆豆一岁多的时候，就跟着我一起洗衣服了。所谓洗衣服，也就是他玩水的好时机罢了，通常他把自己的小袜子洗完，浑身上下也都湿透了。就时间上来算，让孩子自己洗衣服可真不划算，把他全身湿淋淋的衣服换下来再洗干净，这费的工夫可多了去了。甚至有时他还会淘气地给自己的头发上抹上肥皂泡，给我的头发上也抹上肥皂泡，结果不仅要给他洗澡换衣服，连我自己的衣服和头发也得洗。幸亏我们有的是时间和体力，否则，还真是搞不定！

除了卫生间，厨房也是一个对豆豆来说充满魔力的地方。记得他小时候没事就喜欢往厨房里钻，里面的锅碗瓢盆，每一样都当过他的玩具，都给他带来过无穷的乐趣。当然，他也在里面闯过不少祸。从他出生到现在，我家的碗不知道换了几拨了，锅把、勺把他都搞断过。他能把简单的东西当作玩具来玩，也能以令人匪夷所思的功力把一些看起来无比结实的东西弄坏。

当然，他做这一切时我从不阻止，因为他是在探索，是在学习，而不是在成心给我捣乱。我深信，孩子需要引导，但不需要粗暴制止。有人会对孩子进入厨房这件事感到恐惧，不止一个家长曾问过我："我的孩子最近有个问题，总想进厨房玩，不让进就哭，我该怎么办？"

事实上，孩子想进厨房，既不是问题，也不需要阻止，因为几乎每一个有好奇心的孩子都会对厨房充满兴趣。当然，家长的担心我也理解，他们担心厨房的刀子、叉子伤到孩子，仿佛厨房是世界上最危险的地方。事实上，厨房真的有那么危险吗？

豆豆从八个月会爬开始就可以自由地进出厨房。当然，在他还非常小的时候，我们是很小心的，切菜的刀子这类能伤害到他的东西我们都是放在很高的地方，他进入厨房后，凡是他能碰到的东西都是安全的，他可以任意探索。这也是华德福教育常常说的"准备好的环境"：父母为孩子准备的环境，孩子可以自由地、安全地探索，而不需要用无数的"不可以"来制止孩子。

等后来他长大一些了，我们的刀子就很随意地放在案板上。我认为与其阻止孩子玩弄刀子，还不如告诉孩子如何正确地使用刀子。在豆豆大概两岁的时候，对刀子产生了兴趣，于是我给他配了一把他自己使用的不锈钢刀。这是一把西餐刀，没有刀刃，能切断青菜水果，却不会弄破皮肤。

我教给他切菜的方法，允许他自己切青菜、豆腐、水果等。同时我也告诉他，另外一把刀子是七岁以上的孩子以及大人能用的。我用一块肉给他示范这两把刀子的区别，豆豆对这个实验印象很深刻，从来没有拿错刀子。他无比喜欢我给他买的西餐刀，常常是我在这边大案板上切菜，他也有模有样地在自己的小案板上切菜。

慢慢地，他不满足于洗菜、切菜等简单的工作了，开始要求炒菜。于是，我给他准备了木质铲子和家里几个废弃的锅，他正式开始了自己的厨师生涯。豆豆对这个游戏非常感兴趣，慢慢地，假装炒菜也不能满足他的需要了，他就要求自己炒菜。我给他搬了个凳子，让他自己站在凳子上帮我炒菜，豆豆每次炒菜都欢天喜地，仿佛被人承认长大了一样。

有一次，炒菜的时候有一滴油溅到他手上，这下可把他烫坏了，再也不敢上来炒菜了，以至于很长一段时间，我炒菜他都会提醒我："妈妈，小心一点，油很烫哦！"

对于孩子所谓的"退步"，我刚开始也会有点小失落："怎么回事？要是我注意一点，就不会把他吓回去了！"

蒙台梭利曾说过："新教师的任务是引导，她不逼迫儿童向前，也不阻止他前进。"

我相信，父母和老师一样，他们的任务是引导，而不是逼迫或者阻止。因此，对于豆豆的"退步"，我选择接受，既不向他解释其实大部分时间油是不会烫到人的，也不因此夸大炒菜的危险性。因为父母本身就是一个极好的示范，孩子会看到父母是如何炒菜的，也会看到父母偶尔会被烫到，但绝大部分时间，父母都没有被烫到，这样的示范比任何语言都更有说服力。当孩子有了足够的力量，能真正克服内心恐惧的时候，他会自然而然地去炒菜的。虽然时至我写稿的今天（豆豆三岁九个月了，距离他被烫到时已经将近一年了），他还是没有炒菜的想法，但我相信，有一天他会自己回来的。

除了做饭、洗衣，豆豆还会经常帮我打扫卫生，也会自己收拾玩具。在所有的工作中，除了收拾玩具是每天都必须做的工作以外，其他工作都是他自己想做就做，不想做就不做，我也从不强迫。事实上，孩子天生是爱好劳动的，只要父母给机会。蒙台梭利就曾说："儿童对劳动从不厌倦。劳动使他们成长，让他们更具有活力。儿童从不要求减轻他的劳动量，他喜欢独自完成某件事。甚至可以这样说，不劳动，儿童的活力就会走向衰竭。"

遗憾的是，现在太多父母在让孩子劳动的事情上走偏了，要么是什么都不让孩子干，要么是强迫孩子必须干活儿，使得孩子把劳动当成一件痛苦的事情。

其实，真正的劳动是非常滋养人的，孩子自会体验到劳动的甜头。父母不需要每天反复催促，只要做好榜样就行，当孩子看到你那被劳动滋养的脸颊时，很自觉地就会走过来帮你。如果孩子很反感劳动，那么父母需要反思自己是否把劳动当苦力活。如果父母自己就非常讨厌干家务，即使嘴里不说，孩子也是能感受到的，那么，孩子接收到的信息就是，劳动是一件很痛苦的事情，这样的话，孩子会主动干活儿才怪呢。

如果父母本身不厌恶劳动，那么就需要反思自己邀请孩子劳动的方式是否恰当。

有些父母知道劳动对孩子很好，于是吃饭时喊孩子："过来摆碗筷！"这样的喊法本来并无不妥，但父母在喊之前忘了做一件非常重要的事情，那就是观察孩子的状态。此刻孩子在干什么？他玩得投入吗？现在是换挡的合适时机吗？

要知道，如果孩子正在非常投入地玩耍，父母猛然喊他，就是一种惊吓，孩子突然就蒙了：喊我做什么？也就是说，这时候孩子根本就没有反应过来你到底要他干什么。

这是每一个孩子在玩耍时都可能会有的状态，同时也是为人父母者应该竭力避免做的事。遗憾的是，很多父母不知道这一点，不光随意惊扰孩子，而且看到自己喊了孩子还没有反应，就给孩子贴上磨蹭、不爱劳动的标签，甚至对孩子发脾气。事实上，孩子根本不是有意要跟父母作对，他甚至都不知道自己错在哪里。

当然，没有人喜欢被猛然惊扰的感觉，孩子也一样，这样会让孩子感到烦躁并试图反抗。

那么，我们该如何做才能避免猛然惊扰孩子呢？难道任由他一直玩下去吗？

当然不是。在呼唤孩子之前，父母需要观察孩子，最好选择孩子在刚刚结束一个游戏、正准备玩下一个游戏的空当告诉他：“我们要吃饭了，请你去摆放碗筷吧！”

发现孩子正在非常深入地玩耍，父母如果可以等，那么就静静地等一会儿；如果不能等，那么可以轻柔地摸摸他的肩膀，轻轻地说：“我们就要吃饭了，你还能玩两分钟。”这样，孩子既不会被猛然惊扰，也有一个短暂的换挡时间，等两分钟到了，你再请他去摆碗筷，他就会乐意去做。

让孩子参与家务，也是父母提供的一种陪伴方式，这是一种高质量的陪伴。比起陪孩子一起过家家，一起无聊地数豆子，这种陪伴的质量要高得多。因为劳动会给双方都带来滋养，更会使双方关系更加融洽。如果你爱孩子，就和孩子一起干活儿；如果你想要孩子自信、有担当，就和孩子一起干活儿。

当然，对于小孩来说，“两分钟”可能不是一个很好理解的词，这时我们可以换一种方式说：“我正在扫地，当我把地扫完，你就可以去摆碗筷了。”

同样，让孩子劳动，其作用不是简单地让他们分担一点点家务活儿，而是可以让孩子建立自我价值感和责任感，也让孩子更加自信。

我所任教的班级里有一个孩子叫淘淘，他很讲义气，非常会照顾小朋友。每周五是我们的家务活儿时间，每一个孩子都必须把自己的玩具及玩具架擦干净。大一点的孩子都知道该怎么做，新来的孩子则不会，这时我会请淘淘来帮助这些新来的小朋友。每当这时，我都能看到他脸上洋溢着灿烂的笑容，仿佛在做世界上最神圣的工作。他手把手地教小朋友：“这样，轻轻地擦，不要弄疼了我们的玩具宝宝……”

当然，这个淘淘也有非常让我头疼的时候，尤其是当我教育其他小朋友的时候，他会不断地插嘴帮腔，让我很难办。比如那天，有个孩子在午睡的时候不断地哈哈大笑，我提醒了他两次都没有用，于是我请他出去笑够了再进来。就在这时，淘淘说：“凭什么要听你的？乐乐，咱们笑咱们的，别理老师！”

后来有一次，淘淘和强强在拉再见圈（晨圈和再见圈是华德福幼儿园每天必须做的功课）时捣乱，放学后被我留下来重新拉圈。当时，我正忙着把其他孩子送下楼，这两个孩子态度很不友好地问我：“你到底什么时候和我们一起拉圈啊？我们都着急了，别耽误我们玩的时间啊！”“就是，没事总让我们重新拉圈，真烦！”

我晕，陪他们重新拉圈竟然是我耽误他们的时间？我说：“陪你们拉圈会耽误我收拾屋子的时间。这样吧，强强帮我扫地吧，淘淘帮我拖地吧，等我们干完活儿了，咱们再一起拉圈。”

两个孩子一下子特别愤怒，大喊：“不行，我们不想干活儿！”

我平静地说：“你们需要！”

然后，我就自己干自己的活儿了，两个孩子很无奈，只好也跟着扫地拖地。刚开始他们牢骚满腹，使劲唠叨，我也不说话，微笑着继续干活儿。过了几分钟，两个孩子居然专心地干起活儿来了。

那天，他们把教室打扫得特别干净，淘淘更是恋恋不舍，不想离开，他坚持要把卧室和楼梯都打扫干净，他跟我说：“我最喜欢干活儿了，我觉得干活儿就是玩，可是我妈妈从来都不让我干活儿，唉！以后我每天都要帮你干活儿，我要让你做一个既轻松又舒服的老师！”

两个孩子下楼后，楼下的马老师上来问我：“今天强强和淘淘怎么了？刚才下楼的时候居然一前一后慢慢地走下去，我还以为他们腿受伤了呢。平时他们不是都冲下去的吗？”

我说：“他们没有受伤，就是刚才帮我干活儿来着。他们很享受干活儿的状态，可能是受到了滋养。”

马老师惊叹道：“原来干活儿还有这功效，能让毛毛躁躁的孩子安静下来！刚才他们居然还满脸笑容地跟我再见。要知道，以前他们也会和我再见，但眼睛看都不看，边往前冲边喊‘再见’。真是太神奇了！”

更神奇的事情还在后面。

第二天中午，又有孩子在卧室捣乱，我还没说话呢，淘淘以大哥哥的口吻说："请你不要出声了，老师很辛苦的。午休时间，老师和小朋友都要休息，你睡不着，可以安静地躺着。"我心里那个窃喜啊，有了小帮手，我这个老师确实既轻松又舒服。

后来好长一段时间，淘淘放学都要帮我打扫卫生。有一次我要下楼去照顾别的孩子，就让淘淘出去玩，不要拖地了，淘淘说："不行，活儿没干完，我怎么能离开呢？我要把所有的地板都擦干净！"

那天，等我忙完上楼已经是一个小时以后了，淘淘还在拖地。其间，他妈妈来接他，他坚决不走，直到将每一个角落都清理干净后才离开。看着他小小的身影，我感动得几乎落泪。孩子是多喜欢参与劳动啊，我们又怎能剥夺孩子的这个权利呢？

越控制越失控
——关于孩子的零食问题

给孩子提供什么样的零食，仅仅是一个表象；是不是控制孩子吃零食，也只是一个表象。真正重要的是，父母在为孩子提供这些食物的时候，到底带着什么样的心态，当你控制孩子吃零食的时候，又是出于什么样的目的。

豆豆两岁前几乎没有吃过零食。虽然我自己很喜欢吃零食，但一到孩子身上，我的态度就发生了转变：怎么能让豆豆吃零食呢？里面含有多少添加剂啊，吃了会生病的！再说了，吃了零食，他就不吃饭了，那还怎么长身体啊！

总之，恐惧、忌讳一大堆。由于这个原因，我很少给豆豆买零食吃，情愿自己费事烤饼干、做面包给他吃。我认为他在北京呼吸不到新鲜空气已经够惨的了，还不让他吃好，那就更可怜了。再说了，有我这么一个能干的妈妈，怎么能让他吃外面买的零食呢！

的确，豆豆小时候也很配合我，每次去超市，他从不要求买零食吃。即使同去的所有小朋友都买了好吃的，他也不要求买（后来我才知道他不是不想吃，而是根本不懂。虽然看见小朋友吃，他也跟着吃点，但他不知道原来妈妈也可以买零食。孩子的世界真是单纯），这让我很骄傲。

后来有一次，豆豆去邻居家玩，邻居家的菲菲姐姐和她的同学在吃海苔，豆豆也很想吃。可是，平时跟他关系最好的菲菲姐姐因为自己的同学来了，兴奋得根本就不想搭理他，豆豆自己站在一旁口水直流，不断地请求菲菲姐姐也给他一块。菲菲姐姐看他烦了，想要捉弄他，于是把海苔扔在地上，豆豆毫不犹豫地捡起来就吃了。要知道，大孩子捉弄起小孩子来，那是非常残酷的，于是菲菲姐姐和她的同学一起把海苔扔在地上，并且踩上几脚，但豆豆还是毫不犹豫地捡起来就吃。接着，她们又把海苔扔到垃圾桶里，豆豆还是翻出来吃了……当我做完家务赶过去看到这一幕时，真是无比心痛、无比愤怒！一个孩子能去捡别人故意扔到垃圾桶里的零食吃而不觉得屈辱，这不是孩子馋，而是大人控制得太狠了啊！

那次事件可以说给了我一个响亮的耳光，我开始反思自己在零食方面的严格控制，也就是从那时起，我开始放开了对零食的限制。到超市去，我会特意带他去看一看零食专柜，他想吃什么，只要不是特别不好，我就会给他买，但还是有点担心：吃多了，要是不吃饭怎么办呢？

于是，我和豆豆约定，每次去超市只能买一样零食，吃饭前半个小时不可以吃零食……可以说我还是有控制地在慢慢放手。

那时，在零食的数量上，我也会严格控制。比如，饼干一天只能吃三块。有一次，家里买了葡萄干，因为我从没有说过葡萄干可以吃几粒，所以豆豆便放开肚皮吃，吃得那叫一个多。我当时吓了一跳，葡萄干这么甜，他吃那么多，不觉得腻啊？由于控制的思想作祟，我又跟豆豆说：“快要吃饭了，你今天已经吃了很多葡萄干了，收起来吧，明天再吃。”

豆豆听到我这话，二话不说，哧溜一下钻到桌子底下去吃了。看他像鸵鸟一样把头藏起来，屁股却翘在外面，我又好气又好笑。我又没抢你的，你干吗那么害怕！话又说回来，吃个葡萄干还躲到桌子底下去吃，我这个妈妈也太失败了吧，把孩子逼成了啥样啊！

尝到零食甜头的豆豆就像饿死鬼投胎一样，在家里不是被妈妈控制吃零食的数量吗，那好，只要出去，无论谁家带了好吃的，豆豆不守着吃完，绝不善罢甘休。每次出去，我都不用向人介绍哪个是我儿子，那个吃东西最猛的、吃得最快的就是他。

有一次，他出去玩，看见一个不认识的小朋友在吃棉花糖，他馋得口水直流。因为我每天只给他买那些我认为健康的零食，没给他买过棉花糖。那天晚上回来，豆豆玩了个新游戏，吃棉花糖：一根棍子绑块棉花就是一个棉花糖，他假装吃得津津有味；再绑块布，就是棒棒糖……家里有那么多贵得要命的高级健康零食，而他心心念念的却是一元钱一根的棒棒糖和棉花糖。

于是，从那以后，我又放开了零食种类和数量的控制，你爱吃啥就吃啥吧，爱吃多少就吃多少吧，我也懒得操这个心了。至于添加剂，有就有吧，我们连空气都呼吸不到新鲜的，吃点添加剂又咋了呢？

我郑重地告诉豆豆：以后你想吃什么零食都可以买，想吃多少就吃多少。

那一刻，豆豆欢欣鼓舞，立刻拉我去超市，豪气干云地买了三块山楂糕。原来孩子的要求是这样低，他想吃的不过仅仅是三块山楂糕而已，我们却像防贼一样防着，想一想，有这个必要吗？

我想既然放手，那就放得彻底一点吧，随便吃，随便买。吃饭？爱吃不吃！

那么，在放开对零食的控制以后，豆豆有没有不好好吃饭的时候？的确，在刚刚放开那几天，他确实整天吃零食不吃饭，但也就只有那几天，后来他对零食根本就没有那么大的兴趣了。虽然每次去超市，他都会自己去拿零食，但最多也就是一两种，吃的时候也是点到为止，而且他吃饭的胃口并没有因为吃了一点零食而有所变化。也就是说，我们认为孩子吃了零食就不吃饭了，这仅仅是我们的恐惧而已。

那么，有没有光吃零食不吃饭的孩子？当然有，但那不是零食的错。我观察了一下周围那些嗜零食如命的孩子，这些孩子狂爱吃零食，不外乎以下两种情况：

一种是因为家长严格控制导致孩子欲求不满。这种孩子因为在家里吃不到零食，所以，一旦不在家长的控制范围内，他们就会失控，暴吃零食。我认识的一个小女孩，她父母坚决不允许她喝任何饮料，结果她到了爷爷奶奶家，天天喝饮料，每天几乎就靠饮料维持生命。父母对爷爷奶奶极为不满，认为是爷爷奶奶的娇惯导致孩子拼命喝饮料。殊不知，正是他们的严格控制才导致孩子的行为失控的。

心理学家武志红曾经写过一篇文章《越控制越失控》，大意是我们越想控制某一件事情不让其发生，结果却往往会促使这件事情发生。这个观点和这个题目我非常喜欢，因此本节也借用了这个标题，在此向武志红先生致谢。

另一种是孩子借吃零食来满足自己的某种心理需求。我家有一个亲戚的孩子就是这样，他每天只吃零食不吃饭，零食就是他的米饭，饮料就是他的饮用水，九岁的他长得还没有六岁的孩子高，看着就跟豆芽菜一样。当初我就是因为看到他，才控制豆豆的零食的。当我后来回过头来反思的时候，我发现这个孩子之所以会这样迷恋零食，其实是因为零食满足了他对父母的一种渴望。

这个孩子自小是由爷爷奶奶抚养长大的，父母要上班，也因为怕麻烦，一个星期回来看他一次，可以说在父母的爱上面，这个孩子是很缺失的。更为可怕的是，小时候当他想妈妈哭的时候，所有人都会告诉他："你妈妈是去挣钱了，挣了钱，给你买好吃的啊！"

所以，吃零食就是这个孩子一种精神上的寄托，吃着零食，仿佛也就感觉到了父母对自己的那点爱。父母之爱缺失得越多，这个孩子对零食的迷恋就越严重，这和网瘾是一个道理。当一个孩子对零食、对网游成瘾的时候，有问题的不是零食、网游这些物化的东西，而是父母的养育方式。如果父母不纠正自己的养育方式，只在这些东西上想办法的话，那么拿走了零食，还会有网游；拿走了网游，还会有毒品；拿走了毒品，还会有自杀！

给孩子提供什么样的零食，仅仅是一个表象；是不是控制孩子吃零食，也只是一个表象。真正重要的是，父母在为孩子提供这些食物的时候，到底带着什么样的心态，当你控制孩子吃零食的时候，又是出于什么样的目的。

如果你带着爱、带着喜悦给孩子准备零食，那么孩子吸收的不仅是食物的营养，也会吸收到父母的爱和喜悦；如果你是带着恐惧、带着焦虑给他准备零食的话，那么孩子吸收到的就是你的恐惧和焦虑，即使你准备的东西再健康也没用。

记得曾经有一个母乳妈妈向我求助，说她的孩子六个月了，体重却远远低于标准体重，她的奶也不少，孩子不应该吃不饱，这到底是什么原因呢？为了向我说明问题的严重性，她给我发了一组精确的数据，让我看到就头晕：每天孩子吃了几次奶，从几时几分到几时几分，均有明确记载；吃奶前，她会上秤称体重，吃完，她还会称体重，以此算出每一次吃奶的奶量；孩子每天拉了几次屎、尿了几次尿，每次重多少克、什么颜色，有几次因为拉在尿布上被婆婆给洗掉了，没称成，她也会细细标明；孩子每天早上体重是多少，当时穿了几件衣服，晚上体重是多少，肚子是饥是饱……

如果这个孩子是个未满月的新生儿，这个妈妈这样记录，虽然没必要，但还是可以理解的，问题是这个孩子已经六个月了啊，一个妈妈把所有的心思都用在这上面，看得出她有多焦虑。她这种神经质式的焦虑可以说是影响她孩子体重增长的最重要因素。

克里希那慕提曾经说过：“只有当你缺乏理解的时候，才有掌控的必要。如果你已经把事情看得很清楚，自然就不需要控制了。”对待孩子的零食也是这样，当我们带着理解去看待的时候，就会知道，哪个孩子的童年不需要零食？你真的希望你的孩子有一个没有巧克力的童年吗？当我们带着爱去看待零食的问题时，就会相信孩子，也就不会再这样控制孩子了。在决定是否给孩子零食前，请先问问自己：我的这个决定到底是出于爱，还是出于恐惧？

第 4 章

如何给孩子简化生活

堆积成山的玩具、无数的绘本、各种电子产品、各种选择等，这些都严重影响了孩子的心智发展。让孩子像个孩子一样长大，不用过多的东西挤压孩子的空间，这是华德福教育的重要内容，也是做父母的需要反思的问题。

给孩子读书
——绘本过多也是伤害

有多少父母是因为恐惧而给孩子买书的？有多少父母是因为焦虑而给孩子读书的？请记住，孩子会内化你给他读的书，同时，他也会内化你的恐惧与焦虑。自信的父母培养自信的孩子，爱书的父母自会培养出爱书的孩子，你，确定自己是个自信的爱书人吗？

给孩子读书，其实我们也是走过一段时间的弯路的。我和豆豆的爸爸都是书虫级的人物，嗜书如命，家里的书都快抵得上一个小型图书馆了。

当豆豆还在肚子里时，我几乎每天都读书给他听，其实主要原因是我自己每天必须读一两个小时的书，否则，就难以入眠。可以说，读书已经成为我的一种生活习惯了。

可能是有了这个遗传基因，豆豆从小就喜欢看书。记得他很小的时候，就经常拿起我们的书翻看，没有人教他，他就自己一个人咿咿呀呀地瞎看。最逗的是，有一次，才五个月的他和我一起翻看时尚杂志，看到上面有个美女，就嘟着嘴巴去亲美女的脸，当时把我惊得：这小家伙，够有眼力见儿啊！

等到豆豆八个月的时候，我开始正式给他读书。我们读的第一本书是云南出版社出的一本童谣《经典童谣一百首》，里面的童谣很押韵，读起来朗朗上口，豆豆特别喜欢，每天晚上都缠着我给他读。读书时，豆豆是不允许我翻书的，读哪一页、哪一个童谣，得由他指定。他经常一本正经地坐在我腿上，有模有样地翻书，翻翻再看看，找到满意的才指给我，让我读。要是喜欢的篇章，还会让我反复读，特别有意思。我那时特别想知道，豆豆到底是根据什么来选择自己要读的内容的。是看画面吗，还是随机瞎指的？如果是随机的，为什么他喜欢的童谣，不管翻过去多远，他都能找回来？

那时，他特别喜欢听我读《两只老虎》，当我读到“一只没有耳朵”时，他就摸自己的耳朵；当我读到“一只没有尾巴”时，他就摸自己的屁股；当我读到“一只手，两只手，握成两个小拳头，小拳头，张开来，长出了十个小朋友”时，他就会伸出小手，一只、两只，握拳、张开，跟着我说话的节奏做，一点都不会错。

最有意思的是，有一次我读“小羊小羊来过桥，走到桥边瞧一瞧，山羊公公过来了，‘山羊公公您先行’，小羊可真有礼貌”，豆豆特别喜欢，反复地要我读。每次当我读到“有礼貌”的“貌”字时，他都会马上捂住脸，再打开手，一副狡黠的模样。我一看，这不是在和我躲猫猫吗？原来他一听到“礼貌”的“貌”，马上想到我们玩过的躲猫猫的游戏。可不，躲猫猫时，我们不是经常“猫、猫”地喊吗？

到了一岁，豆豆对这本书的热情总算稍稍减少了一些，爱上了《可爱的鼠小弟》。这套书是日本绘本的巅峰之作，画面简单清新，故事新颖有趣，故事中的鼠小弟，弱小却坚强，可爱又善良，尤其是每个故事的结尾，就连我这个大人看了都觉得很特别，无怪乎豆豆那么着迷了。

后来，我们给他买了好多书，都是国外的一些绘本，什么《噼里啪啦系列》《猜猜我有多爱你》《妈妈的奶》《亲爱的小鱼》等，都是豆豆爱不释手的好绘本。

我当时就有一个模糊的感觉，觉得不应该给孩子买太多的书，但作为爱书人，有时候手痒难忍，控制不住就买了。

书多了，我发现了一个问题，那就是孩子看书有点乱，这本看一遍，那本看一遍，有时候看了好多本书，还是不肯罢休。同时，家里那叫一个乱呀，书架上摆满了爸爸的书、妈妈的书、豆豆的书，其他地方也堆满了书，家里整个就是一个杂货铺。

我意识到这样不行，书太多了，孩子选择起来其实是很烦躁的，这跟玩具太多是一个道理。就像我们大人，最好的读书场所不一定是图书馆，书太多了，这本也想看，那本也想看，很难真正把一本书看透。就比如我自己，平时一本好书，我能看六七遍，真的是从薄看厚，又从厚看薄。而泡图书馆和书店这么多年，我印象中就没有哪一本书不是匆匆忙忙看完的，这种看书的效果自然好不到哪儿去。

于是，我开始想办法把书收起来，第一天减少一半，豆豆没发现，第二天继续减少，几天后，豆豆的书量大减，我只留了三四本他常看的书在书架上，过一个星期替换一本书，差不多一个月后，书架上的书都被换掉了。

刚开始时，我很担心豆豆会到处找书，但他只是在最后一次我减少书后，嘀咕了一句：“我的书都跑哪儿去了？”

还没等我回答，他自己就拿起一本《鼠小弟的故事》看起来了。事实上，孩子的反应并没有我们想象中那么大，因为对他们来说，过量的书就是一个大负担。

奇妙的事情发生在我减少书量的半个月后。有一天，我躺在床上休息，豆豆在一旁嘀咕："苹果树上这么多苹果，我想吃呀！"

我悄悄一看，豆豆双脚高高举起，把腿当成树，把脚指头当成苹果，正在自编自导自演《想吃苹果的鼠小弟》。

只见豆豆说："我现在是袋鼠妈妈！我跳上去摘苹果！"

小手扮演的袋鼠开始假装往上跳，仿佛树有点高，跳两次才跳到树上，摘到了大拇指假扮的苹果，边吃边说："嗯，大苹果，好吃！"

袋鼠吃完了，犀牛又过来了，它用力撞树，腿做的树被撞得倒在地上，撞下来一个苹果。

接下来，豆豆对书里的剧情进行了改编：鼠小弟想爬上去摘苹果，但爬到一半便掉下来了，于是伤心地哭了起来。此时，另一只手做的豆豆哥哥来了，他用两个凳子叠起来（两个手指头），摘到了一个苹果送给它。

我在边上悄悄看着，不由得感叹孩子的想象力实在是太丰富了，完全没有父母的提点和引导，自己就能导演一部戏。如果不是因为我限制了他的图书数量，他能把一本书看得这么深入吗？

后来惊喜接连而来，我们一起读绘本时，他经常会把自己和妈妈都安插进去，作为里面的一个人物，自己改编图书。

因为图书数量有限，他很快记住了哪本书是哪个叔叔阿姨写的，哪个出版社出的。我没刻意教他，他会说："这个叔叔写得真好！妈妈，咱们要谢谢他哦！"

看完《噼里啪啦之我要洗澡》一书后，他给自己脸上涂上润肤露，满脸白白地说："我是一个雪人！"然后抹掉一点说："我变成了狮子！"再乱抹一番说："我是小姐！"模仿完书上的人物后，自己又开始编歌编舞："雪人、雪人，雪人来了！狮子、狮子，狮子来了！小姐、小姐，小姐来了！"

从前为了学会给孩子读绘本，我参加了很多绘本讲座，主讲的老师无一例外都说哪些绘本值得一读，并且说自己家里的绘本多得能开绘本馆，厕所、客厅、卧室，到处都是绘本，以便孩子随手可及，养成读书的好习惯。而听讲的妈妈们往往满脸崇拜地记录着各种绘本，迫不及待地去网上下单。

事实上，孩子真的需要那么多的绘本吗？难道把书摆得到处都是，他就能爱上读书吗？我相信，如果他喜欢的话，即使你把书束之高阁，他也会搬着凳子登高爬梯取下来读的；相反，你在家里到处摆上书，孩子反而不知道如何选择了，就像进了服装批发市场一样，眼花缭乱、心烦意乱。

那么，给孩子选择绘本，到底有哪些讲究呢？

首要的一条就是，宜精不宜多。你可以选出与孩子的年龄数一致（比如两岁就选两本，三岁就选三本）的绘本放在书架上，如果不放心，再将几本放在书架旁边，用东西稍微挡一下，其余的，收到孩子看不见的地方。这样，孩子如果觉得书不够用，自然会去寻找，同时，你也比较容易观察到底哪几本书是适合你家孩子的。

孩子喜欢重复，一本书反复看，一个故事反复听，能增强孩子的安全感。你用心观察一下孩子就知道，其实他们喜欢的是有规律、经常重复的生活。正如华德福经典图书《简单父母经》中所说："'重复'，对孩子而言是一种关系的建立，由重复体验玩耍中的情景，或是讲故事，或是读书，孩子就能将所学到的东西和自己融合在一起。‘重复’将孩子的体验和关系深度化，帮助他们将这些变为己有。七八岁以前的孩子可以好几天重复讲一个故事。这种重复的一贯性所带来的安全感对小孩子来说是非常具有抚慰性的。”“小孩子不需要什么魔法书、最新畅销书，或是用没完没了的新书来培养自己的阅读兴趣，他们需要的是时间和心理上的放松。他们需要时间来深入阅读，有时还需要重复地读。”

重复读一本书，能让孩子更深入地理解这本书，书在他心目中的形象会变得很立体，他还会充分发挥自己的想象力，把书真正地变成自己的东西。就像前面说的豆豆读书一样，他会自编自导自演鼠小弟的故事，还会把自己放到书里面去，作为书里的人物。这样的读书效果难道不比单纯的读书强吗?

其次，选择适合自己孩子的书。七岁前的孩子生活在梦幻的世界里，我们要尊重他们的特点，选择唯美、梦幻的绘本，不要选那些带有夸张色彩或动漫风格的绘本，同时，绘本中的场景和动作、表情要自然，主题以爱为基调，宣扬的是温暖和爱。

还有一些绘本背后是有特殊寓意的，比如描绘亲人离世的《跟爷爷说再见》，描绘单亲家庭的《我的爸爸叫焦尼》等，这些都是带有疗愈性质的绘本，即便成人看了，也会心酸落泪，如果没有相似的经历，尽量不要让孩子接触这样的绘本。

为人父母者选择绘本时切不可贪多。当你看到别人在给孩子读某个绘本时，你也心痒痒得想要买，而这个绘本却又不适合你家孩子，或者是家里已经有很多绘本了，这个时候，你就要好好问问自己："买绘本是我的需要，还是孩子的需要？我是在担心什么？是怕孩子输在起跑线上，还是对自己的未来没有信心？"

有多少父母是因为恐惧而给孩子买书的？有多少父母是因为焦虑而给孩子读书的？请记住，孩子会内化你给他读的书，同时，他也会内化你的恐惧与焦虑。自信的父母培养自信的孩子，爱书的父母自会培养出爱书的孩子，你，确定自己是个自信的爱书人吗？

玩具选择有学问
——什么玩具能让孩子高质量地玩耍

当你控制不住给孩子买玩具时，请想一想，这是你的需要，还是孩子的需要？同时，当孩子哭着闹着要买某些玩具时，请想一想，这真的是孩子所需要的吗？不是孩子哭得越厉害，他就真的越需要这个玩具。作为父母，我们要时刻牢记，只有那些能让孩子高质量地玩耍的玩具才是孩子真正需要的玩具，我们需要承担为孩子选择玩具的责任。

网络上盛传家长的境界分为五层：第一层是舍得给孩子花钱，以为钱就是全部爱的表达；第二层是舍得给孩子花时间，陪在孩子身边，见证孩子成长；第三层是开始思考教育的目标——我究竟想要一个什么样的孩子；第四层是为了教育孩子去学习，不再停留在“没有办法”或者“管不了”的阶段，而是关注孩子的问题及产生原因；第五层是明白了孩子的问题实际上是家长自己的问题，开始提升和完善自己。

对这种说法，我深以为然，因为我自己就是这样一步步走过来的。我想大部分家长都和我一样，是从第一层开始起步的。孩子刚刚出生时，我们买最好的尿布、玩具，生怕他输在了所谓的起跑线上。

记得豆豆两个月的时候，我听说床铃对孩子视觉发育有好处，于是急吼吼地催着老公去买床铃，同时心里还深深后悔：我之前怎么就不知道呢？孩子都两个月了，我才去买，会不会错过了孩子视觉的最佳发育期？

再过了一段时间，我又听说别人家孩子玩健身架，于是又急吼吼地买了回来。我以为只要把东西买回来了，就一定能赢过同龄的孩子。

随后，该买的、不该买的，我都买了回来，各种各样的玩具越堆越多。孩子还不到一岁，家里的玩具就已经堆成了一座小山。

这时，我已经从新手妈妈的焦虑中走了出来，并开始思索：买这么多的玩具真的有必要吗？难道孩子的视觉发育、抓握能力、智力水平等真的能靠玩具来提高吗？孩子的想象力、创造力真的能靠玩具来开发吗？如果一个玩具能达到这样的效果，那么有十个玩具，孩子的能力就会提高十倍吗？有一百个玩具呢？

不知道你有没有注意到，当孩子置身于玩具堆里时，他会有什么样的表现。东摸摸、西动动，要想长时间、有创造性地深度玩耍，几乎是不可能的。因为诱惑近在眼前，大人们又时不时地干扰一下，加上玩具功能单一，孩子很难做到将一件玩具创造性地玩很长时间。

意识到这个问题以后，我开始对豆豆的玩具大幅度精简，将大部分玩具都收了起来，只留下一套积木和一些木头块。

减完玩具的第二天，我心惊胆战地等着豆豆的反应，但事实上豆豆没有发现玩具少了，就自顾自地玩起了积木。而这套积木豆豆是从一岁半的时候开始玩的，至今依然痴迷不已。积木玩法多变，又是纯天然材料制成的，孩子玩起来真的是创意无限。不信，你看看他是如何用积木来开车的。

豆豆喜欢开车，你能想到在没有任何人引导的情况下他是怎么开车的吗?圆形积木是轮子，配上拱形积木就是一辆车，长的是公交车，短的是小汽车，自己设定了红灯、绿灯和黄灯，他还告诉我：“妈妈，如果你的车走这条大马路的话，要注意看灯，因为大马路有黄灯，小马路上没有。”

柱子支起来的长桥是快速路，再往上一层是轻轨，还有停车场、加油站、售票员、司机、乘客，上车怎么刷卡，售票员怎么报站，乘客不小心坐过站了，又怎么跑到对面去倒车，总之，既真实又复杂，你根本想不到这是一个不到三岁的孩子自编自导的游戏。

除了积木，爱玩车的他几乎把所有能看到的东西都变成了车，卡片是车，纸片是车，瓶盖是车，连人也是车，鞋子也是车轮，还自己设定了很多专业名词，什么台车、祖银车、里面车、外面车、飘车等。我跟他玩了这么长时间，只搞明白台车指的是要用双手抬起来的纸片车，其他的名词我都搞不懂，反正他能用他自己的方式把这些类别分得特别清楚。

有一次，豆豆在小区的仰卧起坐机上开车，那时候他还特别小，一不小心，人就从缝隙中掉下去了，急得他大喊：“乘客，快救救司机呀，司机掉到窟窿里去了。”都这样了，还司机呢，入戏实在是太深了。

为什么玩具少的时候，孩子能玩出这么多的创意呢?玩具多，对孩子又有什么样的不良影响呢?

家长们都知道，玩具多的时候，孩子专心玩某一件玩具的时间会大大缩短，注意力也会不集中，这个也想玩，那个也想玩，很难将一个玩具深入地玩好。同时，一个玩具玩完，马上就有另外一个玩具做替补，孩子在这两者之间根本就没有转换的时间。可不要小看这个转换的时间，这个时间事实上孩子可以发挥自己的想象力和创造力，琢磨出新颖玩法，没有这个时间，孩子哪有机会去发挥自己的想象力和创造力呢？

仔细观察，你就会发现，那些哭着喊着要买玩具的孩子，往往都是玩具多得不知道往哪里放。你知道为什么会这样吗？因为父母在孩子还没有准备好的时候，就给了他一大堆玩具，迫使他选择，而孩子在心理上实际上是很烦躁的，这导致孩子产生了一种情绪上的偏差，还要更多的玩具，再多都不觉得够。

这就像你有一个大衣柜，里面是一大堆衣服，关键问题是，你还是一个不懂穿衣搭配的人，每天早上面对这个衣柜非常头疼，这件不满意，那件不好看，真的是烦死了。其实全天下女人都有一个共同的问题：永远都缺一件衣服，而最好的那件衣服一定是在商场里等着我们去买。

相反，少量的玩具能增强孩子的专注力和深度玩耍的能力，反复多次玩一个玩具，孩子能真正做到玩具有限、创意无限，这也就是我们常说的“少即是多”，也只有这样，才能让孩子高质量地玩耍。

那么，到底什么样的玩具才能让孩子真正高质量地玩耍呢？

关于这个问题，我们幼儿园曾经开过一次体验式家长会。当时，我们让所有的家长都闭上眼睛去触摸玩具，当他们摸到生产线上产出的标准玩具，如塑料车、芭比娃娃时，一致觉得“冰冷”“难受”“硬邦邦”，而当他们摸到木头动物、手工娃娃时，感觉却是“想起了森林”“很温暖”“很柔软”“想抱着睡觉”。

后来，我们又让家长们分组玩玩具，那些分到标准玩具组的家长，从头到尾都很亢奋，不是动手打闹就是尖声大笑，或者干脆闲聊；那些分到华德福玩具组的家长，一直很安静，深入地玩耍交流，虽然也会嬉笑，但是那种温柔的幸福的微笑，丝毫不被旁边标准玩具组亢奋的家长所打扰。后来，两组交换以后，原来华德福玩具组的组员到了标准玩具组，他们也开始亢奋、打闹。一个爸爸说："不知道为啥，拿着华德福玩具，我就想到田野森林；拿着这些变形金刚，我的第一个想法就是打一架，看看谁比较厉害。怪不得我儿子一和小朋友玩玩具就打架。"

为了让家长更深入地玩耍，我们让每一个组都编一个故事。我分享一下当时家长们编的比较有代表性的两个故事。

标准玩具组的故事：

芭比娃娃要过生日了，她从自己的城堡中出来，邀请大家一起参加生日宴会。变形金刚来了，机器猫来了，喜羊羊、美羊羊来了……

在路上，喜羊羊遇到了灰太狼，仇人相见分外眼红，喜羊羊开着小汽车撞向灰太狼，可是灰太狼的托马斯火车比汽车厉害多了，于是喜羊羊找来自己的朋友变形金刚帮忙，灰太狼也找来自己的朋友奥特曼帮忙……

最后，大伙儿打了一场世界大战，芭比娃娃的家被打烂了，生日宴会泡汤了。

华德福玩具组的故事：

有一个小女孩从小在森林里长大，在她七岁那年，天使告诉她："你原本是天上的小精灵，后来被天使派来凡间守护森林，感谢你这些年对森林的守护，现在你的工作完成了，可以回到天上去了。走之前，你可以带一个你最喜欢的动物去天上。”

小女孩和森林里所有的动物都是好朋友，她谁也舍不得啊，这怎么办呢？动物们决定召开动物大会，以确定到底谁跟着小女孩上天。会上，小牛说：“我很勤劳，我可以驮着小女孩走，这样她就不那么辛苦了。”

小鸭子说：“我会游泳，当遇到大河的时候我可以驮着小女孩过河。”

小鸟说：“我会飞，我可以直接带着小女孩飞上天。我还会唱歌，可以给小女孩解闷。”

……

每一个动物都不想和小女孩分开，这可怎么办呢？

智慧的老乌龟说：“我知道在森林的深处有一辆神奇的大车，开着这辆车可以找到一条彩虹路，咱们所有的动物都可以坐车陪着小女孩上天了。”

于是，动物们在森林里经历了一番艰难险阻，找到了大车，它沿着彩虹路一路开到了天上，大家在天上过上了幸福的生活。

以上两个故事完全是家长们现场编的，我没有丝毫加工的成分，从这两个故事中我们也可以看到，不同玩具对家长们想象力、创造力的影响也是不同的。我在自己的工作坊中也多次做过这个玩具实验，结果大同小异：那些玩标准玩具的家长编出来的故事往往剧情简单，血腥暴力，不是打就是杀，最好的结局就是主人公醒了，发现自己做了一场噩梦；那些玩华德福玩具的家长编出来的故事则温馨浪漫，仙子、精灵、爱、温暖是其中的主旋律。

这些还是成人在玩，他们有理智、有自控力，但如果是孩子，长期玩这些生产线上生产的标准玩具，为争抢玩具而打架哭闹就成了家常便饭。这不是孩子的问题，而是我们家长的问题，家长没有为孩子准备适合他们的玩具。

那么，我们应该如何为孩子选择玩具呢？

首先，玩具的功能不能太单一、太固定。为什么现在有这么多人反对给孩子买芭比娃娃？因为芭比娃娃太程序化，永远都是带着甜甜的微笑，丰乳肥臀，穿着漂亮的衣服，千篇一律，没有任何想象空间。与之相反的是华德福的娃娃，都是自己手工制作的，没有五官，没有表情，孩子对这个娃娃可以随意展开想象，包括它的角色、表情、动作等。

其次，玩具不能太高科技化。那种按一下按钮就会走的遥控汽车、飞机，那些开着闪光灯、弥漫着电子音效的玩具，其实是完全成人化的。不信你去看，有多少父亲玩遥控车比儿子还专注？这是一种非常刺激的玩具，强烈刺激着孩子的感觉器官，对孩子而言，这种刺激实际上是把“双刃剑”。

再次，不要选择那些所谓开发孩子潜能的玩具。孩子的潜能是与生俱来的，到了一定时间，自然就会表现出来，不需要依靠玩具进行开发，更不需要去训练。我们要做的就是保护好他们，不受糟糕的外在环境影响就行了。每个孩子都有一个内在的精神胚胎，这些想象力、创造力都是他们天生就有的，这些能力是不可能依靠大量玩具刺激出来的。

最后，不要选择那些有攻击性的玩具。有人说，男孩子就是喜欢枪啊、刀啊的，我不给他买行吗？其实我想说的是，如果你家孩子从来不看电视，他从哪里学的枪、刀的概念？即使孩子看了电视，学会了怎么用刀、枪、剑，那么不买这些玩具，孩子就不会玩了吗？我们小时候用树枝也能行侠仗义，用手指也能激战，安全无害，不是更好吗？

说了这么多不能买的玩具，那么什么样的玩具才能买呢？

首先，越小的孩子，越依赖他们的感官来认识世界，那些塑料的、橡胶的非自然物质会影响孩子的感觉。相反，那些自然材质的东西却能给孩子的感官以滋养，因此，应该选择自然材质做的玩具，比如羊毛制品、纯棉制品、石头玩具、木块玩具。

其次，要选择那些功能会随着想象力变化而变化的玩具。这个并不是指那种立起来是变形金刚、倒过来就是挖土机的玩具，那种过于复杂、过于成人化。事实上，一块纯棉的彩色薄纱布既可以是王子的披风，也可以是房子的屋顶，还可以是轮船的风帆，这才是真正的随着想象力变化而变化的好玩具。

最后，如果有可能，最好自己动手做点玩具给孩子。对生活在都市里的我们来说，给孩子做玩具恐怕有点难以实现。但事实上，手工玩具做起来并不是那么难，咱们又不是去参加比赛，没必要做得那么好。更何况，这玩具里充满着爸爸妈妈浓浓的爱和心血，孩子能不喜欢吗？我给豆豆缝制的华德福布娃娃、手织的小动物，豆豆爸爸给豆豆做的木工玩具，都是豆豆一直以来的挚爱。

那些不给孩子买过多玩具的家长，经常会发现，过一段时间，自己会不由自主地想给孩子买，甚至孩子提都没提，自己就是想买。你知道这是为什么吗？

从某种程度上来说，玩具满足的是大人的需要。我们都希望自己的孩子能拥有自己想要而不能得到的东西，让孩子去完成自己未完成的心愿。面对玩具，也是这样，这种未被满足的需求具有巨大的魔力，总是吸引着我们不由自主地掏出钱包，买了一个又一个孩子未必喜欢的玩具。

不知道你有没有发现，我们送别人礼物，送来送去总是那几样。有几个人能真正买到对方喜欢的礼物，而又有多少人总是不自觉地买自己喜欢的东西送给别人，即使自己知道别人不喜欢。一个朋友说她很喜欢给孩子送蛋糕，像着了魔一样，走到蛋糕店就想买，后来她在情绪觉察课程上猛然发现，原来她的孩子并不喜欢吃蛋糕，真正喜欢吃蛋糕的人是她自己。因为她小时候的梦想就是天天吃蛋糕，所以当她有了孩子以后，就不由自主地把这个未被满足的需求投射到孩子身上，给孩子买蛋糕仿佛就是给当年的那个自己买蛋糕。当然，这种心思都是隐藏在潜意识里的，大部分人觉察不到。

父母不停地给孩子买玩具还有一个原因，就是焦虑。因为对自己的未来没有信心，心想自己就只能这样了，但孩子可不能输。当然，要承认对自己的未来没有信心这一点实在是太让人痛苦了，所以，我们将这种焦虑转移到孩子身上，变成对孩子的未来没有信心，并且美其名曰“别让孩子输在起跑线上”。可问题是，孩子会不会输在起跑线上，与玩具有一毛钱的关系吗？更大的问题是，人生有起跑线吗？自己的人生自己过，你“跑”给谁看呢？

也有人会说：“我家孩子总是哭着喊着要买玩具，我有什么办法！”事实上，孩子是非常能够理解父母的，如果父母立好规则，不能买的坚决不买，孩子是会遵守规则的。同时，孩子也能看到父母潜意识里未曾用语言表达出来的东西，如果父母真的就是需要买个玩具抚慰自己的话，那么孩子是一定会配合你演这出戏的。

所以，当你控制不住给孩子买玩具时，请想一想，这是你的需要，还是孩子的需要？同时，当孩子哭着闹着要买某些玩具时，请想一想，这真的是孩子所需要的吗？不是孩子哭得越厉害，他就真的越需要这个玩具。作为父母，我们要时刻牢记，只有那些能让孩子高质量地玩耍的玩具才是孩子真正需要的玩具，我们需要承担为孩子选择玩具的责任。

拒绝电视机
——看电视伤害的不仅是眼睛

只要孩子醒着，大人就不看电视。大人管好自己，孩子就会学会自我管理。

常常有人会问我：“孩子看电视每天限制在多长时间以内是比较合适的？”我的回答永远都是：“不看电视最合适。”

听的人觉得难以接受，反问我：“不看电视？那怎么做得到？大人也要看呀！”

所以，你看，看电视其实是谁的需要？如果父母不看电视，孩子会迷恋电视吗？如果大人不是一天到晚捧着手机，孩子能迷恋上手机吗？对于那些因为看电视而与孩子斗智斗勇的家长的求助，我开出的总是相同的“药方”，那就是：先保证只要孩子醒着，大人就不看电视。大人管好自己，孩子就会学会自我管理。

诚然，看电视能让我们得到较多的休息时间（事实上，这种片刻的轻松是非常短视的，将来一定需要付出更多的时间来纠正孩子的行为问题）。大部分孩子都能专注地看上一两个小时电视而不会打扰父母，这时，父母想上网就上网，想做家务就做家务，非常轻松。无怪乎一个妈妈跟我感叹：“我发现不用电视和零食，带孩子实在太难了。”但是，电视带来的这种轻松是建立在孩子身心两方面严重受损的基础上的。想到这儿，你还轻松得起来吗？

自 1999 年起，美国儿科学会建议两岁以下的孩子禁止看电视，两岁以上的孩子也要限制看电视的时间。2008 年，法国已经禁播所有以三岁以下儿童为观众群的电视节目，指出：“看电视会影响三岁以下儿童的发展，具有一定的风险：造成被动心态、减慢语言能力发展、导致过度激动、带来睡眠和专注力方面的问题，还可能出现屏幕依赖症。”

美国和法国之所以明令禁止婴幼儿看电视，主要是因为电视对孩子的身心发展都有着极大的负面影响。

从身体上来说，电视会影响孩子的视力，会使孩子因运动少而产生各种健康问题，更重要的是，电视还会对孩子的脑部发育产生影响。

人脑的大部分结构，包括基本的神经结构，都是在两岁以前通过外界互动发育起来的。神经学家已经明确提出了三项对脑部发育最有好处的刺激和互动：一是婴儿与父母以及其他人的互动；二是婴儿接触环境（触摸、感受和移动东西）；三是婴儿做“解决问题”的活动。

很显然，这三项刺激和互动是任何一个电视节目都无法提供的，孩子枯坐电视机前只会阻碍脑神经的发育。我们常说“脑子越用越灵”，孩子正在发育中的大脑需要互动和刺激，需要经常使用，所以，如果你希望你的孩子聪明，请不要让他看电视，如果你想要你的孩子身体更加健康，请不要让他看电视。

从心理上讲，电视会影响孩子的专注力，使孩子产生被动心态。

有人看到孩子看电视时特别专心，就会很高兴，觉得这个孩子看电视这么专心，那么将来他做其他事情也会同样专心。事实上，这是对专注力的极大误解。所谓专注力，是指专心而持续地进行活动，同时忽略外在环境对视觉、听觉及触觉等干扰的能力。这种能力与记忆力的管控功能息息相关，同样主要由脑额叶的前扣带皮层控制。培养孩子专注力的正确方法是做事，让孩子在运动或劳动中不断进步。

孩子看电视时确实非常专注，但这种专注是一种被动的专注，他只需要坐在那里，完全不需要做任何思考。事实上，他也没办法进行思考，因为电视屏幕平均每6秒钟转换一次画面，他每次专注的东西都不一样。从表面上看，孩子坐在那里半个小时一动不动，很专注，但实际上他的注意力已经受损了，等到真正需要专注做一件事的时候，他是没办法专心去做的。所以，从小经常看电视的孩子，大一些后就开始出现各种各样的行为问题，比如多动、失眠、注意力不集中。到那时，从小把孩子交给电视来养的父母又开始想要和电视争夺孩子了，但是影响已经造成，很难再改变了。

有些人希望通过电视来达到早教的目的，因此，各种早教光盘、动画应运而生，但电视里的内容真的能达到早教的目的吗？确实，孩子能够通过电视认识到什么样的东西是鱼，但这个鱼不是活生生的、可以触摸感受的鱼，只是一个一闪而过的画面而已。同时，三岁前孩子的大脑认知还没有发育成熟，大脑在短时间内是无法消化电视上的内容的，希望孩子通过电视节目学会知识，无异于希望通过韩剧学会谈恋爱一样，最终只是镜中花、水中月，反而白白浪费了许多时光，影响了孩子的身心发展。幼小的孩子可以说是一个感觉体，他们依靠自己的感觉来探索这个世界，所以最重要的不是教他们知识，而是让他们尽可能多地去感受、接触这个真实的世界。

另外，电视让孩子生活在幻觉当中，电视上的时空转换相当快，而且频繁，此刻在草地上，几秒钟后就到学校了。而现实生活中，从草地到学校是要走一段路程的，是要有各种体验的，孩子无法理解这种时空转换上的差异，也没办法理解幻想和现实的差异，这种从电视到现实的时空转换无疑会消耗孩子的心力，让他们没办法集中精力发展自我。

电视的另一个影响就是对孩子睡眠的影响。在幼儿园教学的经验中，我发现那些经常看电视的孩子以及那些智力开发过度的孩子常常会存在睡眠问题，他们很难入睡，同时容易惊醒。在玩耍过程中，他们也很难深入。相反，那些未受电视影响的孩子则不存在这个问题，而且保持了儿童该有的童真。在华德福的教育理念中，人们认为这样的孩子更多地保持了与精神世界的连接，想象力和创造力都会更好。

有些家庭给我的一个特别大的感受就是，家人之间除了电视几乎没话可说，每天到家就是看电视，一直看到睡觉，关了电视家人之间就感觉很尴尬。他们的孩子不管多大，不管干什么，都得开着电视，听着那点声音。这样成长起来的孩子，如何与父母互动？如何通过观察、模仿父母的言行学会人际交往？一个一天到晚耳朵里塞满电视机噪声（抱歉，用这么激烈的一个词，但事实上这就是噪声）的孩子如何学会真正地与人交谈？如何才能聆听到自己的声音？

在我们家，只要孩子醒着，看电视是绝对禁止的。事实上，即使是孩子睡着了，我们一年也难得打开一次电视，我甚至嫌电视占地方，后来将之送人了。知道的人总是说："你们这样克制自己，那不是太苦了吗？"按这种说法，电视是人生一大享受，我们不看电视看似是牺牲了自己的享乐去满足孩子的需要。但实际上，电视真的是一种享受吗？起码对我来讲不是，每次我看完电视，心里都有一种空虚、难受、浪费时间的感觉。我们从来没有想过要克制什么，有那个时间，大家一起喝茶聊天、看几本书、做美容，就觉得挺舒服了。因为我们从来没有想过这是一种牺牲，所以也谈不上什么坚持，孩子也从未想过要打开电视去看。他知道家里有电视，我们也从未跟他说过不要看电视，但他从来没有兴趣去打开。

又有人要问了："没有电视，孩子玩什么啊？"孩子能玩耍的东西那么多，在他们的视线范围内，几乎一切东西都是玩具，一切活动都是游戏，大人实在不用费心帮助他玩，他自己就会想出很多新颖的游戏。哪有孩子不爱玩、不会玩的道理呢？我奇怪的是，孩子整天看电视，哪里还有时间玩？尤其是晚上，吃完饭遛个弯，一家人一起做做游戏，就已经八点多了，马上就得洗漱睡觉。看电视的孩子如果要做到早睡早起，这晚上的时间如何安排得开？

也有人说："孩子不看电视，别的孩子说电视上的话、玩电视上的游戏，他没办法参与，不合群怎么办？"我相信说这些话的人是没有仔细观察过孩子玩耍的。的确有些孩子在玩耍中会涉及电视上的一些人物，比如奥特曼、大黄蜂，但这种游戏时间往往非常短暂，仅仅是模仿电视人物的部分言语和动作，缺乏创造性，往往几句话、几个动作、一个游戏就结束了，这时如果有其他孩子提出一些创造性的游戏，他会相当愿意跟随的。我所在的华德福幼儿园是明令禁止孩子在家看电视的，但还是有些家长会给孩子看，虽然家长在老师面前竭力否认，但老师们只要在自主游戏时稍作观察，就能发现到底哪些孩子最近看电视了。因为这些孩子在做游戏时的想象力、创造力以及跟别人的互动性远远不如其他没有看电视的孩子，在游戏中他们往往是一种跟随的角色，而且别人往往得跟他们大声说话，他们才能听见，这样的孩子在群体中其实是受排挤的，而不是家长所想象的能合群的。

其他比如电脑、手机等，都会对孩子造成类似的伤害，不管家长让孩子用这些是玩游戏，还是受教育，结果都大同小异。让孩子远离那些机械的、生硬的高科技的东西，重新、从心进行亲子互动。不要在孩子小的时候，用这些东西来哄骗孩子，等孩子长大后再费心费力地去和这些东西争抢孩子。

那么，对于那些已经习惯于看电视的孩子，家长该如何做呢?

第一，不能限制孩子看电视。有句话叫“越控制越失控”，父母紧张焦虑地非要孩子马上离开电视，那很有可能令孩子和电视越来越亲密。因为对孩子来说，被父母强令离开电视是非常不舒服的。这时争夺的焦点不是电视，而是权力，是谁说了算的问题，稍微有点自主意识的孩子都不会轻易认输。

第二，要安排一些有趣的、有意义的活动来吸引孩子的注意力。在亲子活动和电视之间做选择，大部分孩子都会选择亲子活动的。慢慢地，可以过渡到一起做家务、做手工等。我在《你真的懂得怎么陪孩子吗——什么才是高质量的陪伴》一节中说过，这些活动本身就是一种高质量的陪伴，而且也是孩子非常喜欢的一种陪伴。

第三，要想让孩子不看电视，父母自己必须不看电视。不能这边要求孩子不看，那边自己又看上了。有些父母已经习惯于天天看电视了，离开电视，自己就会觉得无聊空虚，这样的父母必须从改变自己、修炼自我做起。只有父母自己过得充实愉悦，孩子才能真正充实愉悦地玩耍。

因此，要想改变孩子看电视的习惯，说到底，还是得从改变父母自身开始。

两分钟后回家还是三分钟后回家——关于让孩子选择的问题

孩子其实并不需要那么多的选择。当我们让孩子选择时请慎重思考，该不该让孩子做这个选择？孩子能不能为这个选择负责？这样的选择会不会给孩子带来心理压力？如果让孩子做一个他还不能负责的选择，那是父母不负责任、界限不清的表现。

在说这个话题之前，先跟大家分享一篇我从前写的故事：

又是一个下雨天，豆豆又在泥水里疯了一个多小时才和我一起回家，刚走到单元门口，他就不走了，开始在楼梯下晃荡。

我说："宝宝，咱们赶紧上楼，好吗？"

我一说完，便立马意识到自己错了，这样问，豆豆能痛快地答应回家才怪呢。

果然，豆豆马上清脆地答道："不好。咱们再玩会儿好吗？我想在楼梯下玩会儿，妈妈。"

没办法，我这个当妈妈的呀，总是嘴巴和手比脑子快，关键是豆豆浑身上下都是泥水，太脏了，得赶紧洗呀，不然有可能会长疙瘩。

我只好答应："那好吧。咱们是玩两分钟还是玩三分钟就上去？"

"两分钟！"果然是我的儿子，有点二。

时间到了，我提醒豆豆："宝宝，时间到了，咱们回家吧。"

豆豆不干："我不要回家，我要玩，两分钟还没到。"

我拿出手机给他看："你看呀，刚才是11:30，现在是11:32了，是不是两分钟到了？"

豆豆还是说："不是，那不是两分钟，两分钟还没到。"

晕了，应该一开始就让他自己计时的。

我没办法，只好蹲着抓住他的手："豆豆，你自己答应两分钟就要上楼的，现在两分钟到了，该走了。"

豆豆不理我，开始数数："1、2、3……"

都数到80多了，我还是没反应，依旧蹲着微笑地看着他。豆豆又换种方法数："1、1、1、2、2、2、3、3、3……"

边数边看我，我还是没反应。于是，他又开始唱歌。

唱吧，我看你有多少戏可唱。

豆豆把他会唱的十几首歌都唱完后，又开始说童谣。

好吧，我继续温柔地坚持。唉，老这么蹲着可真累，看来得减肥了。

童谣也说完了，小样儿，你还有什么招数没使出来？这时，我已经明显地看出他是在试探我的底线了，想看看我到底打算怎样对他。

说完童谣的豆豆有点黔驴技穷了，东摸摸、西摸摸，又开始跳起来玩。玩了一会儿，没力气了，似乎忽然想起妈妈很久没有说话了，于是很牛地对我说：

“妈妈，我一到家可就要吃零食了哦。”

哈哈，投降了吧？小样儿，跟我斗！

我欣然答应：“没问题！那咱们现在上楼吧。”

豆豆又撒娇：“嗯嗯嗯，我要妈妈抱着上楼。”

我又是欣然答应：“好啊！”

刚要抱，忽然发现自己忘了一个事实，那就是小豆豆浑身都是泥水，我怎么抱呀。

于是灵机一动，来了个启发式提问：“可是宝贝你浑身都是泥水，太脏了，妈妈如果抱你，会把衣服弄脏，那可怎么办呀？”

豆豆说：“没关系的，脏了妈妈洗呀，洗干净，不就好了吗？”

宝宝，你可真够心疼你妈的呀。

我又说：“嗯，宝贝说得没错，脏了洗干净就好了。不过，妈妈不想把衣服弄脏了，你说怎么办呢？”

我心想，宝宝，你就说自己走呗，说呀。

豆豆想了想说：“那我把裤子脱下来光屁股，这样就不会弄脏妈妈的衣服了。”

“唉，好吧，这也算是一个好办法。”

终于，我抱着光溜溜的小豆豆开始上楼了。这哪是两分钟呀，二十分钟都不止了。豆豆很体贴地提醒我：“妈妈，你要小心一点呀，我的鞋子更脏呢！”

我晕，你这么关心妈妈，就不能下来自己走吗？

看了这篇文章，你会不会觉得我对待孩子很有办法？实话讲，我从前也是这样想的，你个小破孩，就算你是孙悟空，有七十二般变化，你妈我一样能搞定你。

可问题是，我们养育孩子是为了搞定孩子吗？豆豆不想上楼，是因为他还想在楼下玩，我没有关注他的需求，在明明知道他心里想法的情况下，还故意转移他的注意力："咱们是玩两分钟还是玩三分钟就上去？"

孩子还小，他的注意力一下子就从想要玩转移到选择玩几分钟上面去了，就糊里糊涂地掉进了我给他挖的坑里，选择了两分钟后回家。这样选择的后果是什么呢？

首先，这是对孩子注意力的一种伤害，我想转移你的注意力，随时都可以转移。其次，我的这种做法无疑是在说，你的想法、你的需求不重要，我没有看见你到底有什么样的需要，我也不愿意去看你到底有什么样的需要，反正我的目的就是要搞定你，让你毫不反抗地听我的。

当两分钟过去后，豆豆很快就发现上当了，原来选择两分钟不是好玩的，而是真的要回家。这时他开始反抗了，唱歌、跳舞、东摸西摸，就是不回家，而我，则自以为"温柔而坚定"地告诉他："两分钟到了，该走了。"

在经过一番折腾后，豆豆终于回家了，甚至可以说是皆大欢喜地回家了，但回家就是我的目的吗？我养育孩子仅仅是为了让他高高兴兴地听我的话吗？在这个过程中，孩子的感受是什么？我倾听到了吗？我看到了吗？没有，我做的只有一点：让他不哭不闹地听我的。

很多人和我一样犯过同样的错误而不自知。孩子不愿意洗手，妈妈问："你是像大象哥哥一样重重地走过去洗，还是像小兔子一样轻轻地跳过去洗？"孩子不愿意吃饭，妈妈问："你是想用勺子吃呢，还是想用叉子吃？你是挨着妈妈坐呢，还是挨着爸爸坐？”

这些所谓给孩子的选择，事实上都是挖了一个坑给孩子跳。孩子为什么不想洗手，孩子为什么不愿意吃饭，我们都没有去倾听，更没有看到他到底有什么样的需求没有被满足。

更何况，这一大堆的选择涌上来，孩子能不晕吗？可以说，这种使用所谓让孩子选择而达到搞定孩子的方法，表面上看是尊重了孩子，但实际上剥夺了孩子选择的主动权。

因为，孩子是活在当下的。你让他回家，他一心想的就是回去还是不回去，可能会犹豫。可能会矛盾……这是正常的心理状态。但是一旦大人给了“三分钟回还是两分钟回”这样的选择，孩子正常的判断过程就被打断了，其实也就是变相剥夺了他选择的主动权。

另外，决定回去还是不回去，孩子凭借的是情感；而大人给的选择，是需要比较分析的，一个这么小的孩子，他真的能判断出两分钟和三分钟的区别有多大吗？等到孩子反悔了，我们又会强调这是他自己做出的选择，即使不高兴，也要自己承担；如果他不肯承担，我们会用其他办法逼着他承担。

这不是让孩子为他根本不能负责的事情承担后果吗？就这样，孩子以后哪里还敢做选择！

其实当孩子不想回家时，我们需要做的很简单，那就是告诉他：“五分钟后我们回家。”这就是一个规则，孩子需要遵守，当然他可以哭，哭的时候我们也要一直倾听他，与他共情，理解他的感受。

事实上，在我关注到豆豆不想回家背后的真正需求——想要妈妈多陪伴自己之后，回家对我们来说再也没有挑战了。原来豆豆不想回家，是因为回家以后我总要忙家务，而他又是从外界一个相对嘈杂的环境进入家里这样一个相对宁静、封闭的环境，这种转换对他来说有点困难，他需要妈妈陪着他一起度过这个转换期。因此，后来我们约定，每次回家后我先陪他玩一会儿再做家务，这样，豆豆基本上没有再出现拖着不想回家的情况。

以上说的是用选择控制孩子带来的危害，也是我对自己从前养育孩子失误的一种反思。我相信，很多家庭不太可能犯我这种错误，他们更有可能犯的是另一种错误：很多事情都让孩子选择。

有些父母知道应该尊重孩子，但怎么尊重呢？孩子的事情无非吃喝拉撒睡，于是他们选择在这些方面“尊重”孩子。以吃饭为例，我有个朋友是这样尊重她那六岁的孩子的。

每顿饭前，她都会问：“宝宝，咱们午饭（晚饭）吃什么菜啊？家里有萝卜、茄子、番茄、猪肉、牛肉……你想吃什么呢？”“主食有米饭、馒头、花卷、饺子……你想吃什么呢？”“今天我们出去吃饭，你说去哪个饭店吃呢？是吃西餐，还是吃中餐？”

她自以为这是在尊重孩子，实际上已经把孩子给搞晕了，有多大选择的权利就代表要负多大的责任。吃饭不是孩子一个人的事情，全家人都要吃，让一个几岁的孩子为全家人的饮食负责，他受得了吗？我们每一个人都可能听过自己的妈妈在家抱怨买菜难，每天不知道该买什么菜。试想一下，这样的压力堆到一个小孩子身上，他会不会有同样的烦恼？同时，他必然会出现这样或那样的问题，因为妈妈整天都在逼迫他为自己无法负责的事情负责。

这个孩子就有厌食的问题，六岁了还长得跟小豆芽一样。无论父母如何把食物做得美味可口，他都没有半点食欲；他也常常为吃什么而哭，明明是他自己要吃面条的，等上了桌，他又后悔了，想要改吃米饭……这些还是表面上看得见的影响，其他更深层次的影响一定还有，只是父母未曾觉察到而已。

我身边还有一个极端的例子，是发生在一个五岁多男孩的身上。他父母本来将他送到一家国际幼儿园上学，可是他不喜欢，父母就想，那就在家里养着吧，反正上国际幼儿园那高昂的学费也足够让这孩子每天玩得开心了。于是，爷爷奶奶在家带这个孩子。他们是这样带的：只要孩子提出来想去哪儿玩，他们就去哪儿玩；想去旅行，拎着包就走（据说这个孩子四岁开始就能自己上网查旅行路线了）；想吃什么，只要开口，管他山珍海味还是飞禽走兽，父母都会想办法买来。前提只有一个，每个月的费用不能超过原来上幼儿园的学费——一万元。

可以说这个孩子每天都处在不停的选择中，衣食住行没有一样是固定的，他无时无刻不在为自己不能负责的事情做选择。现在他五岁多了，终于不用这样每天辛苦地做选择了，因为现在他上幼儿园的学费有了新的去处：心理咨询。

这个可怜的孩子已经有大半年没有说话了，目光也不再灵动，iPad 是他唯一的朋友。他父母是为了戒他玩 iPad 的瘾才去心理咨询师那儿的，可是 iPad 是真正的问题所在吗？

大部分父母都不会像上文这两个例子中的父母那样极端，但依然让孩子处在过多的选择之中。

睡觉时让孩子玩到累才睡，让他们自己决定何时睡觉；穿衣服让孩子在眼花缭乱的衣橱中进行挑选；买绘本时带着孩子去选，孩子想要哪个就买哪个；家里玩具堆积如山，让孩子每天在玩具堆中进行选择……

这样不断地选择来选择去，到底有什么危害呢？

首先，选择让孩子总是在思考。今晚吃什么？孩子不思考一番能决定得了吗？七岁前的孩子长期生活在一种梦幻状态，他们还没有能力进行理性的思考。过早地将思考引入孩子的生活，这是一种唤醒，是一种对他自身成长能量的消耗。也就是说，他将自身的大部分能量都耗在了外部事务上，对内的探索必然会减少，自身的生命力就会减弱。小时候我们常听一句老话："光长心眼儿不长个儿。"仔细想想这句话，其实未必没有道理。

其次，选择禁锢了爱的流动，会给孩子带来心理压力。想象一下，每天你和老公的谈话总是这样进行的："晚上你吃馒头还是吃米饭？吃萝卜还是吃白菜？看湖南卫视还是中央台？先扫厨房还是先扫客厅……"你会感觉到情感流动、爱意浓浓吗？当一个家庭没有爱在流动时，即使是夫妻，恐怕也是"相敬如冰"了吧。同样，当父母把选择权交到孩子手里时，孩子也会感受到那种无形的心理压力和爱被凝固的感觉。

最后，选择会损伤孩子的安全感。孩子需要什么样的成人保护他呢？不是那种唯唯诺诺、什么都听他的成人。表面上他有可能会喜欢这样的大人，但他不会尊重他，因为他所需要的是一个有权威的、能为自己负责的成人。当成人让孩子做他还不能负责的选择的时候，这个成人就放弃了自己的威严，表现出一种不能为这个孩子负责任的姿态，这会损伤孩子的安全感，也会让孩子变得越发敏感。

这话说起来有点绕，其实想想也好理解，就好比在一个团队中，如果领导没有半点号召力和权威性，每一件芝麻小事都要听团队每一个人的观点，那么这个团队能长期专注地朝一个目标前进吗？这样的团队没有了核心人物，也就失去了向心力和凝聚力。

说了这么多，是不是就彻底不要让孩子自己做选择了呢？

当然不是。我一直在强调的不是不允许孩子选择，而是不让孩子做他还不能负责的选择，成人不能随意将选择引入孩子的生活。也就是说，选择不选择不重要，重要的是孩子能不能为这个选择负责，重要的是这个选择是孩子自然而然提出来的，还是父母引入的。

比如，有一天我带豆豆去超市，豆豆看着一盒自己最喜欢的小熊饼干说："我不知道买还是不买，我得好好想想。"

我没有说话，安静地站在一边，豆豆在饼干面前犹豫了好一会儿，终于选择买一盒。

这个选择是孩子自己提出来的，买的饼干也是他自己要吃的，他能为自己的这个选择负责，所以，这时父母要做的就是不干涉，静静地陪伴就可以了。

又比如，有一天晚上，豆豆说："今天谁也别管我啊，我今天要一直玩积木，玩到明天早上，因为我实在有太多力气了。没事，你们去睡吧。"

这个选择也是他自己提出来的，但这是一个他不能负责的选择。我坚信在生活习惯的问题上，孩子是需要父母帮助的，当然我并没有评判他这个决定的好坏对错，听后也只是笑笑，没说话。但等到该睡觉的时候，我告诉他："你需要去睡觉了。"

再比如，孩子自己提出选择："两个冰激凌都这么好吃，我吃哪个？"（事实上，孩子一般都不会这样说的，而是会自己在心里进行权衡比较，在这里只是举一个例子）。这样的选择一点问题都没有，你完全可以让他自己选，因为这个选择是他自己提出来的，同时也是他能负责的。遗憾的是，有太多父母在这时反而会厌烦孩子："哎呀，想买就买，想不买就别买，这么磨磨叽叽、优柔寡断！"他们误以为冰激凌是件小事，这样的选择就是按按钮，"啪"的一声，按下去就完事，却根本没有想到，对孩子来说，这种犹豫的过程是成长必须经历的。往往那些希望孩子做决定的时候果决一些的家长，他们自己本身就优柔寡断，只不过让他们优柔寡断的事情比选个冰激凌稍微大点而已。

我们常常说："人生在于选择。"这句话对成人来说非常恰当，但对于孩子来说就值得商榷了。孩子其实并不需要那么多的选择，当我们给孩子选择时请慎重地思考，该不该给孩子这个选择？孩子能不能为这个选择负责？这样的选择会不会给孩子带来心理压力？如果让孩子做一个他还不能负责的选择，那是父母不负责任、界限不清的表现。

养了个磨蹭娃
——尊重孩子的天性和节奏

允许孩子按照自己的节奏成长和生活，不把成人世界的快节奏带到孩子的世界里去，不让自己的焦虑紧张投射到孩子身上，这是值得我们每一个都市父母思考的问题。

今天早上起来我就特别着急上火，原因是我要去参加一个母乳喂养的公益聚会，而我醒来时就已经七点多了，这意味着，我必须在一个半小时之内赶到那个距离我家超远的聚会地点。

我匆忙弄了几块面包给豆豆吃完，然后抱着他就去打车。刚上车，豆豆说：“妈妈，我要拉屁屁了。”

我晕，怎么不早说？

豆豆很委屈：“我早上起来说了，你没听见。”

好吧，是我的错，早上我着急忙慌的，确实没有好好听他说了什么。

没办法，我们又赶快下车找厕所。这么一耽搁，时间更不够了。

为了节省时间，我们改成坐地铁。一号线、二号线、三号线，晕死，光这么多换乘，就耽误了不知道多少时间。换乘时，我急匆匆地抱着豆豆跑，抱不动了就拉着他走，豆豆在后面喊："妈妈，慢点、慢点，我跑不动了！"

我心想，我知道你跑不动了，可是我没办法呀，我要去参加聚会。我这个主持人迟到了，那别人怎么想呢？尤其是，这是我出版《那些母乳喂养的日子——职场妈妈母乳育儿手记》后第一次参加聚会，如果我迟到了，别人会不会觉得我不负责任？会不会觉得我以为自己出书了就了不起了？不行，我一定不能迟到！

我边下楼梯边想，手不由得加了一把劲儿，一下子就把豆豆从台阶上拖下来了，豆豆猝不及防地跪在了地上。

旁边的大姐赶紧扶起豆豆，温和地对我说了句："再重要的事儿也比不上孩子重要呀！"

这句话犹如当头一棒，把我从迷糊中惊醒。是啊，再重要的事儿也比不上孩子重要啊！我如果真的那样害怕迟到，完全可以定个闹钟早点起床呀。既然出门晚了，那尽力赶路就好了。迟到这件事情真的是一定不可以的吗？那我这样拖拽孩子就是可以的吗？

我赶忙抱起豆豆，走到人少的角落，向他道歉："宝宝，对不起，妈妈刚才实在是太着急了，以至于没有顾及你的感受，还把你给拉倒了，真的很抱歉。"

豆豆体谅地说："嗯，我的感受很重要。妈妈，你别太着急了。"

安抚完豆豆，我坐在地铁上，开始慢慢平静下来，觉得迟到已经是不可避免了，既然这样，那就干脆放下心来，用心体会自己当下的感受。

当下的我，确实感觉很焦虑、很紧张，我的手不由自主地攥成一个拳头，头脑中有个声音在喋喋不休地告诉自己："迟到，说明你不值得人信任，从此所有人都会认为你是一个不守信用、不值得交往的人，你会失去所有人的信任。"

自我觉察到这里，我忽然吓了一跳。我只是在举办聚会时迟到一次，怎么会失去所有人的信任呢？来的妈妈才有几个呀，更何况她们中有些人甚至都不认识我，而且都是带孩子的人，谁不能理解做妈妈的难处呢？

我一下子意识到自己头脑中的这个想法太可笑了，不过是迟到而已，我的头脑却把这个事儿扩大到跟天塌下来一样。紧张、焦虑，甚至带着一点恐惧，生怕失去别人的信任，其实说到底，我还是对自己缺乏信任，根本不相信自己值得别人信任。

我全然和自己的负面情绪待在一起，过了一会儿，紧张、焦虑不见了，我已经完全平静下来了。虽然还是会迟到，但我的心态已经完全不同了。这时，我也有精力陪豆豆看外面的风景了。

也是直到这时，我才发现，豆豆一下子就放松了。原来，在我紧张、焦虑的时候，他也一样承受着紧张、焦虑。

我们总以为自己对孩子够好了，自己什么负面情绪也没对孩子说，但事实上，母子连心，你是不是真的高兴，是不是真的喜欢，孩子是完全清楚的。甚至，他的情绪和妈妈是一体的，他也高兴着你的高兴，幸福着你的幸福，同样，他也焦虑着你的焦虑，痛苦着你的痛苦。

意识到这一点，我真的是惭愧无比，一个自称懂孩子、能给孩子无条件爱的我却做出了这样的非爱行为。而昨天晚上，我还就催促孩子的事情批评了豆爸。

昨天晚上，我们全家出去散步，豆豆东摸摸西看看，豆爸开始催：“快！往前跑！”“快，看咱们谁跑得快！”“跑！”

在他连续催了四五次以后，我急了，用英语问他：“Are you in a hurry?（你赶时间吗？）”

豆爸没听懂，迷茫地看着我。

我又说：“Or he is a sheep?（他是一只羊吗？你是在赶羊吗？）”

豆爸咬咬自己的嘴唇，没有说话。看他意识到了自己的错误，我也没有再接着往下说了。而今天，我就犯了和他一样的错误，甚至比他的错误更严重，直接用手把孩子拖得摔倒，这不能不让我感到汗颜。

当我赶到聚会现场时，也就迟到了几分钟，而其他妈妈居然都还没到。我松了口气，原来我并没有那么重要，原来我的书也并没有那么重要，而我却为了这些不那么重要的事伤害了我最重要的孩子。

其实，不光是我，大部分人都有过这样的体验，就是总觉得孩子不够快，总觉得自己还有很重要的事情要做，事实上，那些事情加起来也不如孩子重要，可是我们就是控制不住想要催促孩子。

不信，你观察一下，有多少父母和孩子在一起时，口头禅是“快”。着急的时候不必说了，爸爸催完，妈妈催；不着急的时候，一样会控制不住地去催。

甚至会有很多父母即使没有着急的事情，也会不断地催促孩子：“宝宝，快从滑梯上滑下来！”“快去玩那个车吧！”“快来和小哥哥一起玩吧。”“快……”

现在社会的节奏确实非常快，每个人内心都很焦虑和恐惧，我们会不自觉地把这些情绪投射到孩子身上，不断地催促孩子“快！快！快”。

对孩子而言，这种催促是非常有害的。孩子自身的成长本身就是一个缓慢的过程，有其独特的规律和节奏，并不是说现在生活节奏快了，孩子的身体和心灵就能进化得适应这种快节奏的生活。然而，他们被迫一直在赶时间，大脑始终处于紧张焦虑的状态中。同样，即使父母不催促，但如果父母的内心是紧张焦虑的，那么孩子也一样会感受到，这种紧张焦虑就像感冒一样会互相传染。怪不得曾经有个妈妈跟我说，她发现现在有些很小的孩子脸上就有沧桑感了。

所以，当我们一直在抱怨孩子磨蹭的时候，我们需要思考的是：到底是我们太快了，还是孩子太慢了？我们应该从孩子的天性出发，看看他们到底需要什么样的节奏。如果现在的节奏快得违反了他们的天性，那么我们这样不停地催促有用吗？

每个孩子都有自己独特的气质，一个水相①的孩子天生就比一个风相的孩子慢，身为父母，我们要体谅孩子。我们要允许孩子按照自己的节奏成长和生活，不把成人世界中的快节奏带到孩子的世界里去，不让自己的焦虑、紧张投射到孩子身上。这是值得每一个父母思考的问题。

有人说："你说的天性我理解，可是我的孩子根本不是天性的问题，他就是故意跟我作对，你越着急，他越磨蹭。"

的确，会有一些孩子出现这样的情况，父母越是着急的时候，他越能磨蹭。但这依然不是孩子的问题，因为孩子的很多行为和问题都是父母问题的反映。当孩子故意拖延时，我们需要思考，是不是我们自己平时对孩子要求太多太严

---

① 水相：这是一种气质类型，华德福教育将人分为风、火、水、土四种气质类型。

厉了呢？孩子很想听父母的话，但是父母的话总是违反他真实的意愿，他的自我总是被不断地压制，他没办法反抗，那么潜意识里就会出现拖延的情况，越在父母着急的时候，他越会拖延。这也是为什么动作麻利的父母会养出磨蹭的孩子。

比如我，我妈妈是一个非常能干的人，她不管做家务还是干其他活儿，都是出了名的又快又好，这令她自己一生都颇为骄傲。可是让她非常生气的是，作为她的女儿，我却是出了名的磨蹭。反正不管我妈妈如何恼火，也不管是打还是骂，磨蹭就是我的特色，“老磨”就是我的外号。

记得小时候上学，我没有一天不迟到，老师说我家的太阳出来得比别人家的晚，只要太阳不改，我这辈子都改不了。当然，说起来我每天早上迟到，都是有原因的。因为我从来不会在放学后就直接写作业，都得等到第二天早上，一边着急地哭，一边乱涂乱画写作业。这样的剧目几乎每一天都在上演，我妈气得说我是“雷打到头顶上，还能喝三碗热粥”。

我也曾一度以为我自己天生就笨，天生就磨蹭，永远都改变不了。但是，当我离开家上大学以后，却很少再这样磨蹭了，甚至小巫老师在为我的书《那些母乳喂养的日子——职场妈妈母乳育儿手记》作序时还写道：“如果云香的宝宝将来成长为一个信念坚定、坚韧不拔、毅力和行动力超强的人，我一点儿都不惊讶，因为云香已经通过母乳，把她灵魂中最本质的一切输送给了孩子，而且是直接输送进了孩子的灵魂。”

如果我天生就拖延，那么怎么会在成年后被人评价为“行动力超强”的人？如果我不是天生拖延，那么在我前面近20年的人生中，为什么每天都拖延成那样？难道这里面不存在父母养育的失误吗？

孩子动作慢本身不是问题，问题是我们给他们贴上“磨蹭”“拖延”的标签并加以贬斥，而这才是导致孩子越来越磨蹭、越来越拖延的根本原因。要知道，越是我们抗拒的事情，越有可能发生，越是我们轻松面对的事情，反而越有可能轻松地过去。

如果父母真的赶时间，孩子又一直不配合，那该怎么办呢？我有一个在幼儿园和家里都百试不爽的好方法。那就是什么话都不说，轻轻走过去帮助孩子。比如，孩子一直不穿衣服，那么我就过去轻轻地帮他套上一个衣袖；如果他不穿鞋的话，我就过去轻轻地把他的小脚放在鞋里。注意，都是只做一半，而不是包办代替。所谓“万事开头难”，孩子不想做的不过是开始的那一步罢了，当我们真的帮他穿了一个衣袖的时候，他很快就会自己把衣服全部穿好；当我们把他的小脚放在鞋里时，他就会自动把鞋子穿好。整个过程都没有指责、没有催促，有的只是温柔的陪伴和贴心的帮助。

|第 5 章|

浪漫，每个妈妈都可以做个艺术家

育儿是一种享受，而不是忍受，妈妈应该引导孩子过有节奏的生活。任何一个妈妈都是天生的艺术家，都能找到适合自己家庭的浪漫生活。浪漫、温馨、宁静，这是每一个孩子所期盼的家庭生活。

将节奏引入孩子的生活
——养育是一场诗意的修行

对一个家庭而言，父母其实更是一个艺术家，这个家庭的音符是不是和谐，家庭节奏是不是像音乐一般流淌，都有赖于父母。所以，当你抱怨孩子磨磨蹭蹭的时候，请先自我觉察一下，看看自己是不是一个合格的艺术家。养育本是一场富有诗意的修行，父母是修行者，但更应该是一个诗人。然而，有多少人看到了修行，却丢掉了诗意呢？

曾经有一段时间，我和豆豆天天就像拉锯战一样。早上他不愿起床，好不容易吃完早餐，他又玩上积木了，不愿意出去，等到临近中午了，他又想要出去玩了，玩完了后又不愿意回家，回家不愿意吃饭，好不容易想吃饭了，又不愿意洗手……待我筋疲力尽地熬到晚上时，还要因为他不愿洗脸刷牙、睡觉而大费周折。我的老天啊，真是从早到晚，就没闲着的时候！

为了和他“斗智斗勇”，我学了很多方法。就拿他洗脸刷牙为例，我曾经如武林高手般使出过十八般武艺：

教他自己调水温，他把这个当成了游戏，整个洗手间水漫金山。那也没关系，玩呗。抱歉，我平时很节约用水，但孩子要玩，我不会拒绝。他玩了一个星期后厌倦了，不再玩了。

我们一起去超市买他喜欢的毛巾、牙刷，他新鲜了两天，就不感兴趣了。

让他选择：到底是愿意像小兔子一样跳过去洗，还是像大象哥哥一样重重地走过去洗？管用了一两次。

让他选择：到底现在就去洗，还是讲一个故事后就去洗？偶尔管用，偶尔不管用。

让他选择：是和爸爸一起去洗，还是和妈妈一起去洗？他选择既不和爸爸洗，也不和妈妈一起洗，总之，就是不洗。

（注意，以上这三种方法都是我曾经不太懂华德福教育时的所作所为，这会让孩子陷入过度的选择中，消耗他的心智，是非常不明智的。具体可见本书其他相关章节。）

问他不洗脸的原因，和他一起找怎样才能让洗脸更有趣的方式，用他选择的方式洗脸，管用了两个星期。

随他自己想洗就洗，不想洗就不洗，他真能选择从不洗脸，反正也没人说他脏，反倒是我，总在深夜忍不住悄悄给他洗脸、洗屁股。

一天，我在床头贴了一张小字条：“九点开始是故事时光，今天的故事是《小猫咪闯世界》，欢迎洗过脸、洗过屁股的人来床上听故事！”

豆豆笑嘻嘻地把这张字条看过来看过去，请爸爸读了好几次后，问爸爸：“几点啦？”

豆爸说：“八点四十五了，你要不要赶紧去洗？不然到时候故事开始了，你就听不上故事了。”

豆豆说："我一会儿就去洗。"

说完，接着玩彩泥。

八点五十，他爸爸提醒无效。

八点五十五，再次提醒无效。

好不容易，九点了，豆豆被规则所限，自己爬上床睡觉，没洗脸。

为了孩子磨蹭而发火的妈妈不止我一个，尤其是那些孩子还在上学的家长，每天为了孩子起床睡觉这点事，弄得家里天天鸡飞狗跳的。如我一样，十八般武艺都使出来的大有人在，只是不管用什么样的方法，不管用什么样的沟通方式，总让人感觉怪别扭的，很难长期见效，反而会带来一些副作用，比如让孩子产生依赖性，让父母习惯性烦躁等。

我们的转机发生在豆豆三岁生日后。那天晚上临睡前，我随手将生日蛋糕上没有用完的蜡烛点着了，昏黄的烛光有种特别宁静的感觉。我们洗刷完，一家三口互相拥抱，唱了一首摇篮曲，然后和蜡烛说晚安，豆豆吹灭了烛光，三个人一起上床讲故事。很奇妙的是，讲了不到十分钟，豆豆就睡着了。

后来，洗漱、熄灯、点蜡烛、唱歌、拥抱、上床、讲故事、睡觉，就变成了我们家的睡前仪式。神奇的是，自那天起，豆豆晚上总是早早地就自己去洗漱，并不会等到我们规定的九点钟。他还不断催着我们点蜡烛睡觉，几乎都不用我刻意提醒他洗脸刷牙这件事了。我曾经学了很多方法，反复总结、实践，自我分析，这些都没有解决的问题，却被一根小小的蜡烛给解决了。

我当时搞不清楚到底这个蜡烛的魔力为什么这么大，当我学习了华德福教育中关于韵律的内容后，一下子豁然开朗，蜡烛的魔力不在于蜡烛本身，而在于点蜡烛是一个标志性的事件，围绕点蜡烛展开的其他事件是有一个特定的发展顺序的：先刷牙、洗脸、洗澡，然后熄灯、点蜡烛、唱歌，再拥抱、上床、讲故事、睡觉，这个过程是完全可以预见的，包括大概什么时候这个蜡烛会点燃，先做什么后做什么，都是完全固定的。对孩子而言，这种可预见的、有规律的、每天重复的活动能给他带来安全感，他愿意遵从这样一个时间安排。正如《简单父母经》中所说："在有节奏和一贯性的家庭生活中，孩子能建立起责任感。它能给孩子一种秩序感，每天都有可以期待的快乐，都有可信赖的安全感。"

如果说每一个活动都是一个音符的话，那么这个睡前仪式就是一首非常温馨、非常美妙的音乐，节奏感强，却又不仓促，整个流程缓慢而清晰，其中流淌的是家庭成员间浓浓的爱意，这种节奏成了维系全家人情感的纽带，是家里最为温馨的时刻。

后来我学习了华德福教育，成了一名华德福老师。熟悉华德福教育的人都知道，华德福非常重视节奏和韵律，讲究呼吸平衡、动静结合，为孩子们安排的每一个活动均有特定的韵律。受其影响，我开始将这种韵律引入我们的家庭生活中。

那么，我是怎样做的呢?

首先，增加生活的可预期性。

每天总有一些事情是在固定时间以固定的方式发生的，比如吃饭、睡觉，如果可能，尽量不要今天晚上六点吃饭，明天晚上八点才吃；比如每次都是先去公园后买菜，那么就不要轻易地更改顺序。

孩子特别喜欢重复，重复能给他们带来安全感。越小的孩子，越喜欢重复。

我们日复一日地用同样的方式重复着这些事情，会给孩子带来安全感和节奏感，并有助于孩子形成良好的习惯，而这些，都将让孩子终身受益。

其次，提前告诉孩子即将发生的事情。

对我们大人而言，我们是家庭的主导者，生活是尽在掌控之中的，我们准备去哪儿、准备干什么，是完全清楚的，而孩子则不一样，如果没有人告诉他们，他们是不知道父母接下来要干什么的。因为不知道，他们也没办法为即将发生的事情做准备，这种未知会让孩子感到不安和焦虑，而这种不安和焦虑反过来也会让父母感到身心俱疲。提前告知孩子即将发生的事情，可以规避这种不安和焦虑。

比如带孩子上医院，父母应该提前告诉孩子将要去哪家医院、看病都有些什么流程、医生会用什么仪器、孩子可能会有什么感觉，如果抽指血的话，针头是什么样的、大概有多疼等。真到了医院，每完成一个步骤，应该告诉孩子，下一步该干什么。这样，孩子心里有数，反而不会大哭大闹。你理解他的时候，他一样也会理解你；你信任他的时候，他一样会对你的信任予以回报。这一点我深有体会，因为提前告知，我每次带豆豆去医院都是非常轻松的。记得有一次带他去看牙，他安静地让大夫在他口里折腾，完事了还礼貌地跟大夫说："阿姨，谢谢您为我看牙！"当时那个大夫既惊讶又感动，我自己也非常感动。

有些妈妈不喜欢看到孩子哭，所以，当有分离焦虑的孩子哭着不让她去上班时，她就会抱着孩子，让他送了又送，从家里送到门口，从门口送到小花园，最后趁着孩子不注意，偷偷摸摸地离开。其实上班是生活中非常常规的一件事情，几乎每天都要发生，而太小的孩子不知道妈妈走了还会回来，他还没有建立"客体永恒”这样一个概念，所以哭是很正常的。妈妈只要提前告诉孩子自己将要几点去上班，晚上几点回来，回来后可以一起干些什么事情就可以了。孩子刚开始确实会哭，但哭过几次，他会发现，妈妈的提前告知是有根据的，说了的事情是会发生的，慢慢也就适应了，而且他还会从这个适应的过程中获得一种安全感。

再次，用歌声串起每一个育儿瞬间。

大家都很反感被人指挥教训，但是没有人会反感歌声。叫孩子起床，我们可以不用直接喊：“起床了！再不起来就迟到了！”而是一边轻轻地唱歌一边愉悦地拉窗帘、收拾房间，等待孩子自然醒来。比如，我会这样唱：“大清早，大森林里有只乌鸦爱唱歌，唱起歌来哇哇哇。太阳出来了。小鸟儿唱啾啾啾，小鸽子唱咕咕咕。小朋友们快来听听早上的声音……”听到这样美妙的歌曲，孩子即使不起来，也不会发火吧。

如果豆豆还是赖床，我会唱：“起重机，慢慢开，开到豆豆床上来。小豆豆，快起床，我是大力起重机啊，挖呀挖呀挖不起来。一不小心，豆豆滚下去了！再来一次，啊呀呀，又掉下去了……”

这样叫孩子起床，与其说是一个任务，不如说是一个游戏，孩子高兴还来不及呢，怎么会闹情绪呢。在这样的游戏中，妈妈还会烦躁发火、埋怨孩子磨蹭吗？

歌声（这里指的是妈妈唱的歌，而不是机器放出的歌）能让一个烦躁的孩子瞬间安静，能让一个四处乱跑的孩子围绕在妈妈身旁，能让孩子按照既定的韵律和节奏进行生活，能给孩子平和安详的感觉。当然，歌词本身也应该与季节相关，孩子春天听到的歌和冬天听到的歌应该是不一样的，这样，歌曲带来的韵律感会更强，对孩子的影响也会更大。

说到歌曲，在这里我想谈谈对古代诗词的看法。我们都知道唐诗宋词好（虽然现在大部分人已经不再读诗词了），也很希望孩子在小时候多读点唐诗宋词，但到底该怎么给孩子读唐诗宋词呢？读多少合适呢？是不是应该像很多家长那样，拿个小本子，没事儿给孩子读两首呢？

在这方面我不是专家，但我也知道，古人学习唐诗宋词，绝不是像我们现在这样背诵，而是吟诵，也就是用唱歌的方式进行的，古代很多知名的诗词本身就是歌曲。人们在形容柳永的词传播之广时会说“凡有井水处，皆能歌柳词”，可见，古时柳词是唱出来的，而不是像现在我们这样苦哈哈地背出来的。

所以，我们想要教孩子经典的东西，就应该沿用经典的方式。可能有人会说：“我也知道唱出来容易，问题是怎么唱啊？没谱子怎么唱？”我想说的是，这些古典诗词不是没有谱子就没法唱，而是你没有用心去找。现在网络这么发达，大家交流也容易，那些吟诵网、古诗网上都有很多诗词的古典唱法。实在不行，你可以自己作曲啊。我就曾经为多首诗词谱曲，当我用琴弹奏出自己谱曲的古诗时，那种感动难以言表。我不是专家，在这里仅仅和大家分享一下最近我自己给一首诗谱的曲。

山 行

$1=G\frac{4}{4}$

（唐）杜牧 词
云香 曲

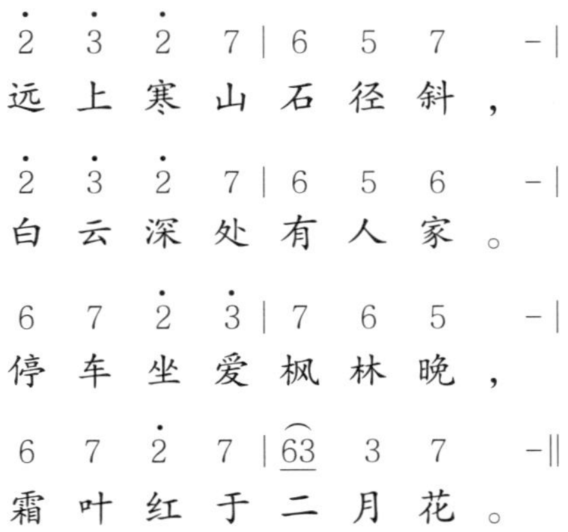

$\dot{2}$ $\dot{3}$ $\dot{2}$ 7 | 6 5 7 – |
远 上 寒 山 石 径 斜 ，

$\dot{2}$ $\dot{3}$ $\dot{2}$ 7 | 6 5 6 – |
白 云 深 处 有 人 家 。

6 7 $\dot{2}$ $\dot{3}$ | 7 6 5 – |
停 车 坐 爱 枫 林 晚 ，

6 7 $\dot{2}$ 7 | $\widehat{\underline{63}}$ 3 7 – ||
霜 叶 红 于 二 月 花 。

那么，用这种轻松愉快的方式学习古诗词以后，是不是给孩子唱得越多越好呢？当然不是。经典是好东西，但唱多了，孩子能不能吸收是个问题，而且过度的文化灌输，会不会影响到孩子的身体发育，这还是个未知数。凡事过犹不及，我个人还是推崇自然、轻松的养育方式。当然，此处讲的是韵律，这些都是题外话了。

最后，举行一些有仪式感的活动。华德福幼儿园非常重视节日庆典，连歌曲都与季节紧密相连，因为季节变换本身就是一种节奏，节日庆典就是一种韵律。遗憾的是，现在很多家庭中，这种传统的节日氛围已经很淡了。即便如此，我们也可以在自己的日常生活中加入一些仪式感的东西。比如，点蜡烛搞睡前仪式，送玩具回家时就唱一首“玩具回家”的歌曲，洗手时就唱一首如何洗手或者泡泡旅行的歌。在每次做这些事情的时候，都会有同样的前奏和歌曲，久而久之，孩子就形成了一种习惯，哪里还用得上父母催促呢。

当然，要想让孩子过有节奏的生活，首先，父母自己要过有节奏的生活。如果父母自己的生活是混乱无节奏的，每一天都过得不一样，孩子就更加无所适从了。孩子越小，越容易建立节奏，同时，节奏对他们来说也越重要。我们都知道，2 ~ 6 岁是孩子的社会规范敏感期，这一阶段的孩子本身就很注重程序和节奏。如果在孩子 6 岁以前，你能够建立良好的家庭节奏，那么他会很自然地吸收和接受。

提到节奏和韵律，需要说一下带孩子旅行这件事。旅行会打乱原有的生活节奏，虽说带孩子出去，我们会尽量安排得轻松一点，但生活节奏不可能没有任何变化。时间、地点、节奏的变化，对孩子，尤其是对年幼的孩子而言是一种伤害。

在接触华德福教育之前，我是一个能独自带着孩子四处旅行的妈妈。认同了华德福的教育理念以后，我开始减少带孩子旅行的次数。因为对幼小的孩子来说，你带他去名山大川，与带他去家里附近的小山坡，感觉并没有太大差异，他感兴趣的可能就是那几只蚂蚁、几条蚯蚓。相反，一天之中在名山大川中走太多的地方，有太多的东西需要孩子关注，孩子吸收不了这么多东西，其实是很烦躁的。

我国台湾迦美地华德福幼儿园园长曾说：“带学龄前儿童出去旅行，就好比把一棵小树连根拔起，种到另一个地方，然后再拔出来重新种，这对孩子的生命力是一种损耗。”这个说法虽说有点偏激，却不无道理。因此，不带孩子进行长途、长期的旅行，是华德福幼儿园对家长的要求。当然，偶尔一个周末带孩子出去旅行两三天，这是人之常情，也不会对孩子产生负面影响。

节奏和韵律能给孩子带来生命感，促进生命内在器官的和谐，有节奏的家庭生活能滋养孩子的一生。因此，我们有义务为孩子提供有节奏有韵律的生活。

我深信，对一个家庭而言，父母其实更是一个艺术家，这个家庭的音符是不是和谐，家庭节奏是不是像音乐一般流淌，都有赖于父母。所以，当你抱怨孩子磨磨蹭蹭的时候，请先自我觉察一下，看看自己是不是一个合格的艺术家。养育本是一场富有诗意的修行，父母是修行者，但更应该是一个诗人。

我的微引导离乳
——离乳也可以很浪漫

那些虽经历艰难母乳喂养但终于成功的妈妈，将来在教育孩子方面也会更容易成功。因为她们自信满满、百折不挠，任何困难在她们面前都不是困难。

2014年2月6日，对我和豆豆而言，是一个历史性的时刻，因为自今天起，我们结束了长达三年两个月的哺乳时光，正式离乳了。

离乳的话是豆豆自己说的。这段时间，他对吃奶很不感冒，白天时不时冒出一句话："我都长大啦，以后叫我大豆豆！""以后谁也不许叫我小朋友，我是大朋友了！"

而我，对我们的哺乳时间感到很满意，对我们的亲子关系更是满意，认为现在是一个合适的离乳时间，因此，在精心策划下，我们举办了一个小小的离乳仪式。

晚上，我们一家人围坐在餐桌旁，烛光中豆豆捧着蛋糕，开始感谢："感谢花仙子一直给我送水喝，感谢妈妈一直喂我吃奶。”顿了一下，又说，“还要感谢爸爸，谢谢爸爸陪我在地上爬。”

我的眼眶有一点湿润，虽然花仙子是我虚拟出来的一个人物，但几个月以来，我给豆豆讲花仙子的故事，带豆豆去七彩蝶园（我们称为“花仙子幼儿园”）看望花仙子，晚上和豆豆一起翘首盼望花仙子回家，慢慢地，连我自己也开始相信确实有一个花仙子存在。豆豆吃的奶水都是花仙子送来的，如今真的离乳了，我感受到了那种淡淡的离愁。

在仪式上，豆豆将一块蛋糕郑重其事地放在桌子上，对着空空的凳子说：“花仙子，你吃蛋糕。”

趁着豆豆埋头吃蛋糕的当口，我悄悄挪走蛋糕，把事先准备好的礼物——一辆小车放在桌子上。吃完蛋糕，豆豆发现了小车，高兴得跳起来：“妈妈，你看，花仙子送我礼物了！花仙子怎么知道我喜欢车呢？”

豆豆欢喜不尽，玩了会儿车，自个儿走到窗户边打开窗户，说：“花仙子，你回家吧。”

我有点吃惊，问他：“花仙子走了，今晚还怎么吃奶呢？”

豆豆说：“我以后都不吃奶啦，我已经是大孩子啦！”

过了会儿，豆豆问我：“妈妈，花仙子以后还会回来吗？”

我有点语塞：“我不知道，你是不是想花仙子了？”

豆豆说：“我不想，想她的时候你带我去花仙子幼儿园看她，好吗？”

当然没有问题，看来今年我们去七彩蝶园的日子少不了了。

晚上豆豆照常睡觉，丝毫没有哭闹，更没有想要吃奶。半夜醒来，豆豆摸了摸我，然后像个大人一样帮我把被子盖好，一翻身睡着了。第二天，豆豆和往常一样，高兴地玩耍，认真地探索，偶尔提起花仙子，他很骄傲地说："我的花仙子住在花丛中，以后不来啦，不过我可以随时去看她。"

就这样，孩子没有哭闹、没有愤怒，我也没有一丝涨奶的感觉，在温馨浪漫中带着点淡淡的离愁正式离乳了。

为了这一天，我们做了很长时间的准备。三个月前，我便开始给豆豆讲花仙子的故事，告诉他奶水都是花仙子送来的。

有一个非常美丽的花仙子，穿着黄色的衣服，住在花丛中，每天都在花丛中飞来飞去，特别快活。有一天，花仙子出来玩的时候，遇见了豆豆和妈妈，那时豆豆还很小，还不会吃饭，只能吃妈妈的奶，可是妈妈没有奶水，豆豆饿得大声哭了起来。花仙子看见了，说："豆豆，你别哭，我给你送水吧。"于是，花仙子住到了妈妈的乳房里，给豆豆送水。现在，花仙子在妈妈的乳房里住了快三年了，听她说等豆豆三岁以后，她就要回去上幼儿园了，再也不能给豆豆送水了，不过走之前，她会给豆豆送一份大礼物，还要邀请豆豆去她家做客呢。

两个月前，我们断了白天的奶，原因是花仙子要上幼儿园了，只能夜里回来。几天后，我们一起去七彩蝶园看望上幼儿园的花仙子，七彩蝶园很大很美，门口有个大雕塑，是三只手牵手的蝴蝶，是颜色非常鲜艳的卡通形象。别说，还真的特别符合我所描绘的花仙子的形象。豆豆人还在门口，就认定中间那只穿绿色衣服的小蝴蝶是他的花仙子（虽然和我讲的花仙子的颜色不符合，但豆豆毫不介意）。那一天，豆豆在七彩蝶园里跑来跑去，非常开心，回来的路上他一直忙着安排花仙子坐多少路公交车回家。那段时间的睡前故事也变成了"花仙子坐车回家的故事”“花仙子上幼儿园的故事”。

而在豆豆即将三岁两个月的今天，我们正式离乳了。

这个花仙子的故事是我参考网上流行的奶精灵的故事创作的。奶精灵的故事很好，只是奶精灵离开的原因是要为下一个更小的小宝宝送奶，这个我不是很喜欢。因此，我在了解到北京有一个非常漂亮的蝴蝶谷以后，便创作了花仙子的故事，豆豆的花仙子不会去给别人送奶，她只是豆豆的小天使，永远的小天使，就像妈妈一样，只属于他自己。

可能有人要问：这就是传说中的自然离乳吗？答案是否定的。虽然我们的离乳过程缓慢自然，孩子的接受度也非常好，但这个过程有人工干预的成分，不是真正的自然离乳。所谓的自然离乳，是指宝宝吃妈妈喂，一直喂到宝宝自己不吃为止。

我将我们的离乳过程称为“微引导自然离乳”。所谓“微引导”，就是孩子的感受和需要是决定性因素，离乳过程中有成人的一点点引导。看过我的书《那些母乳喂养的日子——职场妈妈母乳育儿手记》的朋友可能会奇怪，我曾经在书里说过我要坚持到孩子自然离乳，那么是什么原因让我采用了微引导离乳呢？

首先是我和孩子都对我们的亲子关系和哺乳时间感到非常满意，三年零两个月的按需哺乳让孩子得到了非常充分的满足，于他而言，现在吃不吃奶已经不重要了，因此，我认为在这种情况下，引导离乳是完全可以实行的。

而在这时，我对孩子的关注点则集中在如何培养他的生活节奏、建立良好的睡眠习惯上。豆豆在两岁多时，忽然变成了夜猫子，经常熬到夜里十点多才睡，这让我感到非常不安。我一时灵感突发，意识到离乳可能是我们培养他良好睡眠习惯的好时机，于是，我编了花仙子的故事，后来又让上幼儿园的花仙子每天晚上八点准时到家，到家时要有迎接花仙子的仪式，那就是要关上灯，点上蜡烛，大家互相感谢并祈祷，最后开窗迎接花仙子。

几天以后，我们将这个固定为温馨浪漫的睡前仪式：洗漱、关灯、点蜡烛、感谢、祈祷、迎接花仙子、吃奶、讲故事、入睡。

很快，我的努力收到了成效，豆豆基本上每晚都能在九点前准时入睡。慢慢地，提前到八点半以前入睡。即使后来不再哺乳了，这个睡前仪式还是保留了下来，豆豆的入睡时间也固定了下来。入睡，不再是一个令我们头疼的问题。

我采用微引导离乳的另外一个考虑就是让孩子提前适应幼儿园。我说的这个适应不是指上幼儿园不让吃奶，而是通过花仙子的故事引入幼儿园的概念。之前，豆豆也是知道幼儿园的，但对于小朋友在幼儿园每天具体都做什么，老师都是干什么的，他不清楚。在我们的花仙子上幼儿园以后，我经常给豆豆讲花仙子在幼儿园的故事。豆豆预备上的是华德福幼儿园，我通过花仙子上幼儿园的故事，将华德福的晨圈、远足、手工、烹饪等引入故事中，让孩子提前对幼儿园有了清楚的认识。

所以，从这个意义上讲，我微引导的不光是离乳，还有睡眠习惯的建立、幼儿园的适应等。

回想这三年零两个月的哺乳时光，有过艰难和挫折，甚至有过矛盾和犹豫，但还好，我一步一步都坚持过来了。我曾经在《那些母乳喂养的日子——职场妈妈母乳育儿手记》一书中写道：

“记得宝宝还在肚子里时，我就曾经许下心愿，要送我的宝宝两个礼物：

顺产和纯母乳喂养。虽然第一个愿望我没有实现，但我已经尽力了，也无悔了；至于第二个愿望，我要骄傲地告诉大家，我的宝宝六个半月前没有吃过一口奶粉，现在他两岁八个月了，仍在幸福地吃着妈妈的奶。”

现在，我们的哺乳期结束，我将这段话重新改写一下：

记得宝宝还在肚子里时，我就曾经许下心愿，要送我的宝宝两个礼物：顺产和纯母乳喂养。虽然第一个愿望我没有实现，但我已经尽力了，也就无悔了；至于第二个愿望，我要骄傲地告诉大家，我的宝宝六个半月前没有吃过一口奶粉，现在他三岁两个月了，高高兴兴地离乳了。

想必每个妈妈都曾听过这样的话：“断奶要趁早，否则，孩子越大越难断。”那么今天，我以亲身经历告诉各位妈妈：只要孩子得到了充分满足，离乳是水到渠成的事情，所谓“越大越难断”，只是道听途说的谬论。

这时，我想起了著名儿童教育专家、国际母乳会哺乳辅导老师小巫对我说的话：“那些在母乳喂养方面遇到困难就放弃的妈妈，将来在养育孩子方面也会困难重重，因为她们也会选择不断地妥协和放弃。”

这句话反过来也可以这样说：那些虽经历艰难母乳喂养但终于成功的妈妈，将来在教育孩子方面也会更容易成功。因为她们自信满满、百折不挠，任何困难在她们面前都不是困难。

愿我们享受那些母乳喂养的日子，陪孩子一起幸福快乐地做自己！

我们这样考察幼儿园
——如何选择合适的幼儿园

世界上从来不缺好的教育，缺的是那些发现好的教育的眼睛。当我们自身的修为还不足以让我们认识到何为好的幼儿园时，那么即使搬十次家，也一样找不到心中的好幼儿园。

在豆豆还不到两岁时，我就开始关注幼儿园的信息，每次出去也都会留心幼儿园的招生情况。虽然不是刻意专程去了解，但算下来，我看过的幼儿园至少也有好几十家了，传统幼儿园、蒙氏幼儿园、华德福幼儿园、国际双语幼儿园等我都去看过，千挑万选，最后我选择了一家崇尚华德福教育理念的幼儿园。

现在，由于我既是家长又是幼儿园教师，所以常常会有人向我请教：如何考察幼儿园？如何判断一个幼儿园是否适合自己的孩子？其实我是先将豆豆送进幼儿园，过了一段时间以后被这种教育理念所吸引而成为一名华德福幼儿教师的，所以，说起来在选择幼儿园的问题上，我并不是一个真正的专家。下面来讲讲我个人的一些感悟吧，也是我自己挑选幼儿园的标准。

第一，观察孩子平时在幼儿园的状态怎么样。这个状态不光是指自己孩子在幼儿园的状态，还有其他孩子在幼儿园的状态。孩子们在这里高兴吗？他们呈现出的是一种刻意的、教条的状态，还是一个孩子应有的自然状态？我认为这一点是最重要的考察因素。因为一个真正尊重孩子的幼儿园绝不会整天把尊重挂在嘴上做成广告牌，而是尊重孩子的天性，允许孩子像个孩子一样长大。那么，一个孩子的天性不被压抑从哪里能看得出来呢？孩子的状态是最好的证据。

比如，我曾经去一家很有名的幼儿园参观。这个幼儿园据说是不允许参观的，我好说歹说，还托了人帮忙，园长才让我带着豆豆去参观。我去的时候孩子们正在玩滑梯，一群孩子排着队玩。让我吃惊的是，整个游戏区，三十几个孩子居然没有半点声音！老师沉默不语地在滑梯下接着，孩子们沉默不语地往下滑，仿佛在完成某项任务一样。在他们的脸上，我丝毫没有看到玩耍的快乐。当时豆豆也很想去玩，于是自己插队跑到第一个去滑。我想，孩子们肯定会抗议的，凭什么你就可以不排队？

没想到没有一个孩子说话，只有一个男孩子张了张嘴仿佛要说什么，但滑梯边上的老师沉默地看了他一眼，那个孩子立马把想要说的话咽到了肚子里。这个孩子看起来不超过四岁，一个四岁的孩子有这样的自制力，这说明什么？如果孩子在老师面前是自由开放的，老师在孩子面前是温柔可亲的话，孩子能这样吗？是什么样的压制让孩子失去了本该有的模样呢？

第二，考察孩子早上上学时的状态。如果一个幼儿园，除了新入园的孩子外，其他很多入园已久的孩子早上来都会哭的话，那么这个幼儿园一定会有这样或者那样的问题。我家楼下就有一家据说还比较知名的幼儿园，我们小区的居民都叫它“哭儿园”，每天早上上演无数场生离死别的哭戏。这样的幼儿园能好到哪里去呢？虽然它就在我家楼下，虽然它的学费不足豆豆现在幼儿园的三分之一，虽然它名声在外，但我仍然毫不犹豫地排除了这个幼儿园。

说起来，我去豆豆现在上的幼儿园参观时，恰好也赶上了一个孩子哭，因为放学不愿意回家才哭的。那天我们去参观的时候正好是傍晚放学，一个孩子正跟着他姥爷在那儿大哭呢。我心想：“难道这孩子今天放学就因为明天要上学的事而哭了吗？妈呀，这孩子也太懂得未雨绸缪了吧！”

一问才知道，原来是这孩子因为还想在幼儿园玩不想回家而闹情绪呢。当时我一听就乐了，这个幼儿园有点意思。再一看小院子里的孩子们，这哪是城里孩子啊，一个个儿晒得那叫一个黑，脸上都是泥巴，滚轮胎的滚轮胎，爬树的爬树，挖土的挖土，踩水的踩水，再多的泥巴都掩不住他们纯真的笑脸。我仿佛看到了自己小时候的状态，顿时有种城中桃源的感觉。

第三，观察教师的精神状态。教育说到底就是一场修行，最终目的是孩子，但修的却是我们自己。如果老师的状态不好，他是不可能带好孩子的。因为孩子不仅会吸收老师教给他们的知识，更会吸收老师的精神状态。一个老师教了孩子什么知识不重要，重要的是这个老师是个什么样的人。

因此，我每次去幼儿园都会要求见一见主配班老师，观察他们的精神状态，看他们到底是自信淡定的人，还是紧张焦虑的人。我相信一个老师的状态比他的教育方法和经验重要一千倍，只有轻松自然的老师才有可能营造出一种轻松自然的氛围。纵使他非常没有经验，但跟着他，孩子们能学到如何从不完美走向完美，也能学到如何在错误中成长，这就足够了。

有人会说：“难道你不看看这个老师是不是真正尊重孩子、爱孩子吗？”其实“尊重和爱”这四个字人人都会写、人人都会说，但不是人人都能做到的。当我们去考察幼儿园的时候，哪个老师不知道我们是去考察的？难道他们还会在我们面前不尊重孩子吗？但是他们的精神状态却是无法掩饰的。一个精神愉快、注重自我修炼的老师必定是一个真正尊重自己的人，这样的人，我相信他也一定能够尊重孩子、爱孩子。

第四，考察幼儿园在父母成长方面所做的工作。幼儿园的工作绝不仅仅局限于在园的孩子，家长也是幼儿园工作非常重要的一个方面。一个幼儿园再好，也需要家长的配合才能发挥其应有的作用；一个幼儿园再好，在孩子教养方面也只占据少数的比例，绝大部分的教养责任在于父母。所以，一个好的幼儿园应该是非常重视父母的成长的，整个幼儿园的老师和家长都应该有成长的意识，幼儿园也应该给父母成长的机会。

绝大部分父母在养育孩子的方法上是有所欠缺的，幼儿园不应该指责他们，而应该给予帮助，让他们接受培训。同时，由于工作的原因，幼儿园老师会比家长成长得快，所以他们应该引领着家长前进。现在一些好的幼儿园都会有家长培训课程，也有读书会、妈妈会、爸爸会……而这样的学习机会，既会增强家长对幼儿园的理解和信任，也会让家长之间成为志同道合的好朋友。

当幼儿园的老师能够带着父母一起成长、共同进步的时候，可以说，幼儿园就是大家的精神家园。在这样的幼儿园中，你可以看到家长之间的关系非常好，一起出去玩、一起学习、一起成长。这是一种志同道合者惺惺相惜的感情，这样的感情因孩子而产生，却不会因孩子毕业而终止。虽然这样的幼儿园相对来说还很少，但家长应该和老师一起成长的理念总有一天会得到普及。

第五，考察幼儿园的教育理念。

说到教育理念，我就不得不说说家长自己的修为了。在考察幼儿园的教育理念之前，父母们应该想一想：我养育孩子有什么教育理念？我最看重的是什么？

只有你知道自己想要什么时，才能真正选对幼儿园。否则，那就是盲人摸象。给你一块金子不难，问题是，你识货吗？

记得我第一次参观豆豆现在的幼儿园时，是和好几个家长一起去的。当时刚刚下完一场雨，一群孩子在泥水里玩耍，确实很脏，完全不是我们想象中的那种小王子、小公主的模样。一个家长对此非常不满，跟我抱怨说："云香，你带我来的这是什么破地儿啊，孩子们又脏又黑，我女儿要到这个幼儿园，不也成了小村姑了吗？以后还怎么出去见人啊！"她看到的是孩子们玩泥巴很脏，想到的是自己的面子（一个白白净净的没有童年的孩子会让父母很有面子吗），但我看到的却是藏在孩子们小泥手后面的那种快乐，当时我就下定决心要把豆豆送到这个幼儿园。

我有个朋友，家住成都锦江，有次跟我抱怨说："这个破成都，教育质量实在是不行，老师根本就不懂得尊重孩子，为了孩子的教育，我准备放弃工作，搬家到北京，让孩子在北京接受好的教育。"当我告诉她，成都华德福学校是中国所有做华德福教育的人心中的圣地时，她不屑一顾地说："怎么可能？好的教育怎么可能办在成都这种荒山野岭？它再怎么好，能比得上北京的吗？"

还有一个朋友家住北京昌平，最近也是为了孩子上幼儿园把家搬到了东城，他认为东城的教育质量比较高。可他不知道，昌平的幼儿教育是整个北京最发达的，他更不知道就在他家几里路远的芭学园更是声名在外，多少家长抛家舍业搬到昌平，就是为了让孩子进入芭学园。当我苦口婆心地劝他时，他反问：“你说的这些幼儿园得到国家哪个权威专家认可了吗？他们的孩子能参加春晚表演吗？他们教孩子唐诗宋词吗？他们能让孩子在幼儿园毕业之前学会10以内的加减法吗？”

我无话可说，所谓话不投机半句多。当他认为孩子上幼儿园就是为了学习文化知识，就是为了在春晚的舞台上表演节目时，那他选择的幼儿园确实是符合他自己的理念的。所以，当父母抱怨自己的孩子上的幼儿园不好时，可能需要反思一下：为什么有些父母能够为孩子找到合适的幼儿园，而我却不能呢？世界上从来不缺好的教育，缺的是那些发现好的教育的眼睛。当我们自身的修为还不足以让我们认识到何为好的幼儿园时，那么即使搬十次家，也一样找不到心中的好幼儿园。

所以，说来说去，还是父母的成长最重要。只有你自己足够好了，才能找到足够好的幼儿园。否则，即使碰上了，你也不知道珍惜。

那么，是不是父母已经成长了，而且已经找到了自己心仪的幼儿园了，这个幼儿园就一定会让自己百分之百满意呢？

我要说，世界上没有百分之百令人满意的幼儿园。不管是哪个幼儿园，不管那里的教育理念有多么好，老师有多么好，它都不可能百分之百地符合你的心意。即使你当初选择的时候百分之百地满意，但时间长了，总会有让你不满意的地方。因为老师是人而不是神，每一个老师都需要成长，整个幼儿园也需要成长，哪里有非常完美的幼儿园呢？再说了，你对幼儿园不满意到底是因为你自己有问题，还是幼儿园有问题，这还不一定呢。

记得豆豆刚入学时，有一天放学回来手上划破了一点皮，据他说是爬树的时候被树枝刮的。虽然划得不严重，只是稍微脱了一点儿皮，老师也给消毒处理过了，但我还是有点心疼，毕竟这是在幼儿园受的伤啊。我信心满满地等着老师打电话向我解释，还准备了一大套说词来体现我作为一个家长的宽宏大量：“没关系，孩子嘛，免不了磕磕碰碰的。”

结果，等到半夜也没接到老师的电话。等着等着，我就开始生气了。这是什么幼儿园啊！听说别的幼儿园早上接孩子，老师会把孩子从头到脚检查一番，晚上送孩子离园时，也会从头到脚检查一番，如果孩子哪儿红了一点，老师会告诉家长，哪个是在幼儿园新添加的，哪个是从家里来时就有的。要是幼儿园的错，老师会千保证万忏悔，下次一定注意。怎么我们都划破皮了，也不跟我们打声招呼？太不把家长和孩子当回事了吧！

我这个念头一直在徘徊，对幼儿园的信任立马降低了好多。过了几天，我组织幼儿园的妈妈会，放学后也去幼儿园接孩子，去的时候恰好赶上一个孩子被大黄蜂给蜇了，老师耐心温柔地抱着孩子把刺挑了出来，之后孩子嘻嘻笑着又去玩了。当时那个家长也在场，可是不管是老师、家长还是孩子，对此都很淡然，仿佛这种受伤是很正常的。想想也是，孩子整天疯跑疯玩，受点小伤不是很正常吗？要是老师的所有精力都用在检查孩子身上哪个伤口是从家里带来的，哪个伤口是在幼儿园新添加的，那他还怎么专心陪伴孩子？要是老师一天到晚低声下气地为了孩子身上的一个小红点道歉的话，那这个老师的尊严和人格在哪里？他还敢让孩子自由自在地玩耍吗？

想到这里，我非常惭愧，为自己的不信任和先入为主而惭愧。自那次以后，每当我对幼儿园有不满的时候，就会想：这是我的问题，还是幼儿园的问题？如果是我的问题，我会提高自己；如果真是幼儿园的问题，我也会坦诚地和老师交流。为了孩子，我们共同成长、共同进步。只有老师和家长一起携手并进，孩子才会有一个真正的好的成长环境。

我也见过有的父母把教育孩子的责任全盘托付给幼儿园的，仿佛给孩子找到了一个心仪的幼儿园，从此就可以撒手了一样。事实上，所有的教育中，最重要的就是家庭教育，父母不成长，送孩子去什么样的幼儿园都没用。就是同在一个幼儿园的孩子，其状态差距也是非常大的。老师只能给孩子提供一个合适的环境，真正起决定作用的还是孩子自己和父母的教养。因此，将孩子送进心仪的幼儿园不是养育任务的结束，而是新的一段旅程的开启。

分离是一种成长
——唯美的入园准备

人害怕的往往不是分离，而是没有准备好说再见。当我们自己准备好了的时候，我们的孩子就准备好了，当我们双方都准备好了的时候，入园并非想象中那样难。

从花仙子的故事里我们认识了幼儿园

在距离豆豆入园的半年前，我们就开始讲关于幼儿园的故事——花仙子的故事，我将幼儿园的故事和离乳故事结合在一起（具体见《我的微引导离乳——离乳也可以很浪漫》一文）。那时我曾尽可能详尽地向他介绍幼儿园的情况，拟人化的花仙子像个小精灵一样在幼儿园里玩耍、工作，所以，在豆豆还没有进入幼儿园时，他就已经对幼儿园有了很清楚的认识。

当豆豆第一次参加幼儿园的亲子班时，兴奋极了，因为他发现妈妈讲过的故事竟然就发生在他的幼儿园里。

记得那天我们的亲子活动是“湿水彩”，老师一边示范，一边用柔美的声音缓缓地说：“春天来了，画笔仙子要去花园里散步，她先来到了红色仙子（红色颜料）的家里，邀请红色仙子一起去花园里玩。她们这里走走、那里看看，哎，这里开了一朵小花，那里有只小蚂蚁在搬家呢。红色仙子玩累了，画笔仙子带她回来后，先去洗了洗头发（用清水把画笔洗干净），擦干了头发，她又去了黄色仙子的家里，邀请黄色仙子……”

这样唯美的课堂，别说孩子，我的心都要被融化了。怪不得在我们走之前，豆豆自己跑到园长那儿去说：“老师，我以后就上这个幼儿园了！”又跑到其他小伙伴那儿去说，“我以后就上这个幼儿园了！”

这娃，忒有主见了，这样的大事都不用跟妈妈商量一下。

入园仪式：我是大孩子了

确定了幼儿园以后，我们开始准备入园所需的物品，杯子、牙刷、被子、枕头等，虽然东西很多很杂，但每一样物品我都尽量让孩子自己去参与、去决定。当他选择的样式或者颜色与幼儿园的要求不符时，我也会鼓励他给园长打电话，让他们自己沟通商定。

经过多次的电话沟通、亲子活动以及老师的家访等，豆豆已经和园长（同时也是他的主班老师）很熟悉了，因此，当我们在入园前一天开家庭会议时，我问豆豆：“如果你在幼儿园想妈妈了怎么办呢？”

豆豆说：“那我就回家找妈妈。”

我说："嗯，你想回家找妈妈。不过这是不可以的，因为在幼儿园，必须放学的时候才能回来。"

豆豆很不解："为什么不可以？我让老师送我回来，我让妈妈来接我。"

我说："幼儿园的规则是必须放学后才能回来。我有个主意，如果你想妈妈，你可以去找老师，让她抱抱你。"

豆豆说："她要抱着我，可我还是想妈妈怎么办呢？"

我说："那妈妈在你的书包里放上一百个吻吧，如果你想妈妈了，就打开书包拿出一个妈妈的吻，好吗？"

豆豆最近刚看完绘本《一口袋的吻》，所以他很高兴地接受了这个建议。

然后，豆豆又有一个疑问："如果吻也不行，我想妈妈想得想哭，那我什么时候可以哭呢？"

我说："任何时候，只要你想哭，你可以随时哭。"

接着，我们又详细讨论了豆豆几点上学、几点放学、谁接送、怎么去上学、他上学时爸爸妈妈都在忙些什么的问题。我们给豆豆建立了一个特别清晰的概念，那就是上幼儿园只是一天中一段时间发生的事情，晚上妈妈一定会接他回来。

当时豆豆作息时间很规律，每天早睡早起，但有一个问题是，他不睡午觉，我想了很多办法也没有矫正过来，只好把这个问题交给幼儿园来处理。在家庭会议上，我问他："幼儿园中午必须午睡，怎么办呢？"

豆豆说："我自己一个人玩呗。"

我说："不可以，幼儿园的规则是必须躺在床上睡觉。"

豆豆："那我就躺在床上，自己跟自己说话。"

我：“老师说午睡时不可以说话。”

豆豆：“那我就自己闭上眼睛躺着，不说话，我做梦。”

果然，第一天上幼儿园，他一声不吭地躺在床上，回来告诉我，他做了一个很美的梦。而从第二天开始，他中午就能真正睡着了。可能很多妈妈都会有我这样的担心，那就是孩子现在的作息时间和幼儿园的不一样，将来入园会不会不适应？

事实上，孩子的适应能力和模仿能力是很强的，只要你给他制定好规则，他是一定会遵守的。就比如我们家豆豆，晚上睡觉，我们的规则是八点半开始洗漱，九点睡觉，他很少有故意违反规则的时候，反而是大人，有时候会因为这样那样的事情影响他执行规则。

开完会，我们又举办了一个小小的入园仪式，庆祝豆豆从此成为幼儿园的小同学。吹灭蜡烛的那一刻，豆豆超级自豪地说：“以后不许叫我小豆豆，我是大豆豆啦！”

入园第一天：幸福的离别

豆豆入园的第一天，早上我送他到幼儿园，他迫不及待地拉我去看他的新床。这个孩子无视床单是粉色的事实，硬是将该床命名为“小紫床”，可怜这不会说话的小床！

豆豆倒在床上咯咯笑着，我亲了亲他，和他告别。豆豆很不理解地问：“为什么以前你带我上幼儿园可以和我一起玩，而今天却不行呢？”

我告诉他："以前是妈妈和你一起上亲子班，但是从今天起，你就是幼儿园的大孩子了。还记得我们昨晚吃过蛋糕庆祝你成为大孩子的事儿吗？"

豆豆既有点难过，又有点兴奋，不断地摸他的小床，我和他拜拜，和其他小朋友拜拜。刚走出房间，便听见里面一个哥哥说："豆豆，你在床上玩的时候要注意，不要把下巴磕到床框上哦。"

我不由得笑了笑，让孩子上这样的幼儿园，我放心！

中午，我正在失落时，老师打来了电话，向我详细介绍了豆豆今天上午在幼儿园的情况。据她说豆豆在幼儿园过得很不错，到了吃点心的时间，他忙着帮老师分干果；还帮忙摘草莓上的叶子；喜欢追着大孩子一起玩，当他跟不上大孩子的游戏节奏时，赶紧换挡，去挖沙子玩；虽然第一天不是很开心，但很平静，中午即使睡不着，也能安静地躺在床上听老师讲故事。老师再三感谢我们为孩子入园所做的努力。

听完老师的话语，我心里一下子轻快了许多，焦虑和失落一扫而空。虽然我不是完美的妈妈，在育儿上不断地犯各种各样的错误，但我确信，我是一个足够好的妈妈，我已经为孩子做了自己能力范围内的所有事情。正如种花，我已经种下种子，只需静待花开即可。

晚上豆豆回家后，我一如往常地待他，并没有抱着他亲或者告诉他自己有多想他。那天晚上我发了一条微博："孩子第一天入园，放学后，我发现最难的不是全然陪伴孩子，而是不问孩子是不是想妈妈，也不告诉孩子自己有多想他。"

当时，我们幼儿园的另外一个妈妈给我写了评论："你有点失落吧？唉，别着急，等你儿子放学还想在幼儿园玩，你每天都为让他回家发愁时，你再慢慢失落吧。”看到此话，我会心一笑，做妈妈的淡然处之，孩子才能从容不迫。

入园焦虑期：妈妈阳光，孩子灿烂

每一个孩子在面对入园这样一次大的分离时，心里不可能不焦虑，甚至可能会莫名其妙地大发脾气，出现各种无理取闹的情况，这都可以归为释放、疗愈自己独自面对新环境的创伤。作为父母，尤其是孩子的第一依恋人——妈妈，一定要好好地陪伴孩子度过这个焦虑期。

记得入园前几天，豆豆反复地问我：“妈妈，我什么时候就没有妈妈了？”“我上中学了，还有妈妈吗？”“我老了，是不是就没有妈妈了？”“妈妈，你为什么不和你的妈妈在一起？”

豆豆问这些问题，其实目的只有一个，那就是担心妈妈是不是会离开自己，这时倾听他、理解他的情绪比直接回答他的问题更重要。所以，当他问我时，我做的第一件事不是信誓旦旦地告诉他我永远和他在一起，而是倾听他：“你担心妈妈会离开你。”“你害怕有一天会失去妈妈。”在他的情绪缓和以后，我就告诉他我爱他，会永远和他在一起。

常常会有孩子问妈妈：“妈妈，你爱我吗？”妈妈会直接回答：“爱！”其实这时候是孩子有情绪了，他感觉不到妈妈的爱，他担心妈妈不爱他，所以才会问这个问题的。这时候，请不要直接回答孩子的问题，因为孩子的心被情绪所包裹，根本听不进去你的话。一定要先倾听他的情绪，看看他到底是因为什么而有这样的担心，等他走出情绪区以后，再告诉他你对他的爱。

可能是因为我之前做了很多准备工作，豆豆入园后，适应得特别好，从来没有因为上学的事儿哭过，也从没有因为想妈妈而哭。即使如此，他入园后还是表现出了一些焦虑。

比如，入园后的第三天晚上，他忘了把玩具带回家，哭了很久。我在处理的时候（我的处理过程具体见《入园焦虑期——如何听到孩子真实的想法》），一直在倾听、共情。这一次的哭闹让豆豆的入园焦虑得到了很大程度的释放、疗愈，因为他的声音被妈妈听见了，他的需要被妈妈看见了。

很多孩子上幼儿园总是不断地哭闹，不想去上，如果他们发现自己哭得厉害就可以不去上幼儿园，那他们就会拼命地哭；如果他们发现自己生病就可以不去上幼儿园，那他们就会反复感冒。我有一个朋友家的孩子就是这样，一到上幼儿园就感冒，一回家休息就好，全年反复循环，在各大医院检查，都没有查出任何器官上的问题，最后经中医诊断，这种纯属情绪性的感冒。

如果孩子总是哭闹，究其原因，如果不是幼儿园特别有问题的话，那么，问题很有可能出在家长身上，这个时候，家长需要思考的是："我自己焦虑吗？我害怕孩子上幼儿园吗？我害怕不被需要吗？"

有些妈妈把入园看成生离死别，送孩子去上学时，依依不舍，回家时抱着孩子亲来亲去，诉说着自己的思念，她们以为这是在爱孩子，实际上这对孩子来说是一种摧残。其实，当孩子哭着不想上幼儿园时，仅仅表达的是一个愿望，做妈妈的只需要倾听就可以了。我见过太多妈妈早晨在孩子哭闹的时候带着愧疚反复地解释，却没有听到孩子真正的心声。曾经有一个孩子在早上哭着说："妈妈，你下午早点来接我！"这个妈妈非常愧疚地解释："对不起，妈妈要上班，没办法早点来，对不起啊！"孩子反复哭，妈妈反复解释，她内心的愧疚和焦虑一览无余。我实在看不下去了，走过去轻轻地说："你希望妈妈下午早点来接你！"这个孩子马上不哭了，把双手伸给我，要我抱。你看这情况，真的是孩子离不开妈妈吗？

所以，要陪伴一个孩子度过入园焦虑期，首先，这个妈妈自己得度过焦虑期。尤其是那些全职妈妈，放下工作好几年，全身心陪伴孩子，等到孩子上学后，她们的自我价值感可能会马上减少，孩子不那么需要自己了，工作也不知道能不能找到，到底哪里能体现自己的价值呢？可以说，很多孩子不愿去上幼儿园，不是因为他们自己不想去，而是因为他们的主要抚养人，比如妈妈、爷爷、奶奶，打心底就不愿意孩子离开自己。

小巫老师的微博上曾经发了这样一个真实的事例：有个孩子一上幼儿园就发烧，到底是什么原因，谁也不知道。一天，奶奶和妈妈吵架，奶奶对妈妈大吼："你已经抢走我儿子了，你不能再抢走我孙子！"

这下真相大白了，孩子纯粹是为了满足奶奶那自私狭隘的爱而选择生病不上幼儿园的。

还有些妈妈，从表面上看，她们很舍得孩子，恨不得自己的孩子马上就适应幼儿园的生活，催促着孩子与其他孩子交朋友，实际上这也是她们自己焦虑的一种表现。要知道，孩子对幼儿园的适应需要一个过程，他找到自己的玩伴更需要一个过程，妈妈的催促反而会让孩子无所适从，要么更加退缩不敢上幼儿园，要么迫于压力过于主动地跟别的孩子交往，实际上这两种做法都是对孩子的伤害。

有一个妈妈在孩子上幼儿园后，每天最关心的事情就是孩子今天跟谁玩了。她儿子很开朗，确实也会不断地去找别的孩子玩，但是当一个孩子融入新群体的时候，他必然会先受到排斥（想想我们成人也是一样吧，有几个人不会对职场新人报以怀疑的目光），所以，当他总是抱别的孩子或者摸别的孩子时，别的孩子会很不耐烦地告诉他："请你走开，你打扰了我玩游戏。"可是这个孩子的界限不是很清晰，即使别人明确表示拒绝，他还是会继续抱别人，最后的结果变成这样：他不断地被别的孩子推倒，这个孩子推倒他，他就去找另一个孩子，另一个孩子推倒他，他又去找下一个孩子……

可以说，这个孩子不抛弃、不放弃的精神非常令人感动，可是当他像个足球一样被人踢来踢去时，又让人非常同情。如果不是因为妈妈焦虑，这个孩子会遭到这样的伤害吗？

相反，那些没有背负父母过多期待的孩子却能很快地融入集体，因为他们不主动招惹别人，别人也就不会烦他们。这就好比你加入了一个新公司，一个低调沉默的人往往比一个自来熟的人更容易获得别人的认同。

还有一些妈妈，出于对幼儿园的不信任，在孩子入园后，会反复旁敲侧击地询问孩子："你今天过得怎么样啊？""有没有小朋友打你？""××说他的老师从不骂人，你们的呢？"

父母问这种话，首先传达的就是一种不信任。如果你真的百分之百地信任这个幼儿园，那你问什么？你以为你这样问，孩子就能给你一个符合事实的答案吗？要知道，三四岁的孩子是非常梦幻的，他无法分清想象和现实的区别，而当父母带着不信任来问他时，他极有可能想象出一件根本不存在的事情来告诉父母。比如，有一个孩子的手磕破了，回家妈妈问他时，他本能地感觉到妈妈对某个孩子不满，于是他非常有想象力地告诉妈妈，是那个孩子用石头打破了他的手，他妈妈急了，就问："你们老师不管吗？"没办法，这个孩子继续想象着说："老师让打人的那个孩子去休息了五分钟。"……整个场面想象得十分鲜活。当这个妈妈找到幼儿园老师问罪时，才发现原来所谓打人的那个孩子那天根本就没来上学。

这是一个发生在我身边的真实案例，如果这个妈妈不成长，不对幼儿园建立真正的信任，那她的孩子是不可能适应幼儿园的。那么，到底回家能不能问孩子在幼儿园发生的事情呢？答案是否定的。如果孩子主动提起，你就听；如果孩子不提，你不要问。至于孩子在幼儿园的情况，你可以找老师或其他家长了解，这种旁敲侧击追问孩子的方式有百害而无一利。

还有些妈妈看孩子不喜欢上幼儿园，因为心疼孩子，每天就迟一些将孩子送去，还以为这样能让孩子更好地适应幼儿园。事实上，迟到对一个孩子，尤其是新入园的孩子来说是有巨大影响的。孩子们玩耍都是有场景性的，在这个孩子未到的这段时间里，其他孩子已经找好自己的玩伴了，当他们玩耍时，这个孩子要想再加入就很难了，几乎一整天他都不大可能融入这个集体中，所以，迟送孩子的家长都应该好好看看自己孩子脸上的那种落寞、无助、委屈。可以说，这种为了孩子更好地适应幼儿园而让孩子迟到的父母，正是让孩子无法适应幼儿园的关键所在。

正如《少年派的奇幻漂流》中所说，人害怕的往往不是分离，而是没有准备好说再见。当我们自己准备好了的时候，我们的孩子就准备好了，当我们双方都准备好了的时候，入园并非想象中那样难。

伴着故事入眠的孩子
——如何给孩子讲故事、编故事

故事对人心灵的滋养不是用语言能说得清的，更不是一时半刻就能看到的，讲故事的好处，如培养专注力、促进亲子关系等，这些看得到的好处只有冰山上的八分之一，更多的好处是在冰山下面，这个我们看不到，甚至那些受到滋养的孩子也不一定说得清，因为影响已经渗入他们的血液，浸透他们的灵魂。

豆豆两岁多时，我们开始正式每天晚上都给他讲故事。刚开始讲睡前故事时，只是抱着试试看的心态，其主要目的是想让孩子早点入睡。

选什么样的故事呢？这个问题难倒了我。我对睡前故事不是很了解，也不愿意随意找本书，讲那些说教性质的故事，如果这个故事我自己都很反感，我还怎么讲给我的孩子听呢？

忽然，我脑子中灵光一闪："就讲《小巫教你讲故事》吧，别的书我还要反复甄别，害怕买错书，但小巫的书，我是绝对信得过的。"

这个晚上，我抱着试试看的心态，开始给豆豆读《小巫教你讲故事》中的一个睡前故事《三只小羊》。故事虽简单，但很唯美，带有很强的催眠作用。

出乎我的意料，豆豆很喜欢这个故事，让我反反复复讲了七八遍，我正在心里窃喜呢，谁知豆豆跳起来说："讲完了，咱们搭积木去吧。"

唉，看来虽然有戏，但道路是曲折的，革命尚未成功，同志仍需努力呀。

我总结了一下，认为这次的失败原因在于我是开着灯、拿书念的。于是，我和豆豆爸爸商量好，我负责把故事背下来，他负责陪睡，以后睡觉时，我们一上床就关灯。

于是，非常搞笑的一幕出现了，只听到黑沉沉的卧室里传来我迷迷糊糊的声音："第一只小羊走啊、走啊，走到了一片草地……"间或夹杂着豆豆爸爸的鼾声，而豆豆则在床上安静地听着，我讲完了，他就提醒我："再讲一遍！再讲一遍！"

我讲得口干舌燥。由于讲的故事有很强的催眠性，我常常讲着讲着，自己就睡着了。豆豆听不到声音就坐起来看，我一下惊醒了，就接着讲。哎呀，当娘咋这么难！

第一个晚上、第二个晚上、第三个晚上……

为什么睡前故事不起作用了呢？难道这故事只催眠大人而不催眠孩子吗？原来我在讲故事的过程中犯了一个致命的错误：讲的次数太多了。

睡前故事就是用来帮助孩子入睡的，如果成人一遍一遍地反复讲，会让孩子的神经越来越兴奋，孩子将会越来越清醒，难怪豆豆会睡不着。可当时我并不知道这个道理，有一个多月的时间，每天晚上豆豆总会让我讲了一遍又一遍，我累得半死，好多时候都困得胡说八道了，还在不停地讲。

当然，事情都有两面性，我这种无条件满足孩子的做法也取得了正面的效果，那就是一个多月后，豆豆忽然之间不再要求我反复讲故事，我们非常自然地就过渡到了每晚只讲一个故事的阶段。也就是从那时起，睡前故事真正起了作用，豆豆经常会在故事结束后很短的时间内入睡。

那么，睡前故事为什么会有这样神奇的效果呢？

首先，它的语言很舒缓，跟人睡觉时的呼吸节奏是一致的。例如，《三只小羊》里的一段："第一只小羊走啊、走啊，走到了一片草地上，草地上开着特别美丽的黄颜色的花，在黄色的花丛中还有黄色的蝴蝶飞来飞去，整片草地都是美丽的黄颜色。这只小羊很高兴，就在这片黄色的花里玩啊玩，跳起来追逐蝴蝶，趴下来使劲儿闻闻花香。玩累了，她就在黄色的花丛里睡着了。"听着这样舒缓而美丽的语言，就是讲故事的人，呼吸也会不由自主地变得缓慢，进入一种半睡眠状态。

其次，它的情节很简单，但是特别温馨，会让你不由自主地进入一种想象的世界。在我读《三只小羊》的时候，豆豆爸爸和我都感觉到自己就是那只小羊，在草地上追蝴蝶、闻花香，玩着玩着，就睡着了，睡着时还面带微笑，仿佛闻到了花香，看到了蝴蝶一般。事实上，豆豆每次听完睡前故事睡着时，都是带着甜甜的微笑的，仿佛在梦中看到了蝴蝶、闻到了花香一般。

再次，它的故事有很多重复内容。睡前故事中的动作和语言是不断重复的，在重复中，孩子的呼吸和心跳会舒缓下来，也更容易入睡。如《三只小羊》中，第一只羊遇到了草地，然后扑蝴蝶，闻花香，睡着了，第二只羊、第三只羊都是这一个情节，语言变化很小，但每次读到这里，我都感到很温馨，很想睡觉。

最后，它没有灯光和文字的刺激。我们本来一直都是睡前读绘本的，但因为读绘本需要开灯，而且有很多文字、图画方面的刺激，对孩子的入睡并没有特别大的帮助，而关上灯，再讲故事则不一样了，它促使人去想象、去构建。不知道你有没有试过，关灯想象和开灯想象的层次是完全不一样的，关了灯，少了很多刺激，想象也能进入更深的层次，更容易专心，更容易入睡。

随着孩子慢慢长大，讲故事的难度也会逐渐增大，因为这时候的孩子已经不再满足于你给他选定的故事了，他可能会随意指定一个东西让你讲，这时候父母就需要学会编故事了。我曾经以为我是绝对不会编故事的，因为我从小就没有听过童话。记得有一次，一家出版社邀我写一篇关于环境保护方面的童话，我写的是一只小雁找妈妈的故事，写得很悲惨，编辑边看边哭，最后说："你这是童话吗？整个儿一个悲剧嘛。"从那以后，我坚信自己是绝不会给孩子编故事的，没这天赋嘛。

可是现在自己真正有了孩子，他让我编故事，我不编能行吗？比如，有一天下雨，豆豆就说："今天咱们讲一个小雨滴的故事吧。"

下面是我当时编出来的故事：

爱捉迷藏的小雨滴

有个叫淘淘的小雨滴很喜欢和小朋友们玩捉迷藏的游戏。有一次，她躲在河里得意地说："你们猜，哪一个是我？"

小朋友们找啊找，可是河里的雨滴实在太多了，他们不知道哪个是淘淘。

淘淘见大家找不到她，可开心了，她咯咯地笑着飞了起来。小朋友们刚要追上她，她就飞到了白云上，说："你们猜，我在哪片白云上？"

小朋友们都仰着头看，天空的白云那么多，小朋友们实在是找不到淘淘躲在哪片白云上。

淘淘更开心了，嘻嘻哈哈地和小伙伴们从天上飘了下来。

“下雨啦，下雨啦！”小朋友们开心地喊呀、跳呀，要知道，他们最喜欢下雨了。

这时，半空中又传来淘淘清脆的笑声：“你们猜，哪个小雨滴是我？”

大家四处张望，抓住这个雨滴，抓住那个雨滴，可都不是淘淘。哎呀，天上的雨滴这么多，到底哪个是淘淘呢?

就在大家专心致志地寻找淘淘的时候，忽然，豆豆听到玫瑰花丛那儿传来了“噗”的一声笑。“是谁呀?是谁在那儿?”豆豆问。

可是周围除了雨声，什么声音也没有。

豆豆站在花丛边上，静静地看着，忽然，他看到有一片花瓣轻轻地摇摆了几下。

豆豆赶紧跑过去，看见俏皮的小淘淘正在挠玫瑰花瓣的痒痒呢。哈，原来淘淘躲在这儿呀！

这样的故事非常简短，也非常有趣，孩子听了很是喜欢。其实像这样的小故事，每一个父母都有可能编得出来。编故事最重要的是头脑中要有画面感，只要能想象出一幅一幅的图画，故事就很容易编出来了。那么，给孩子编故事和讲故事有什么讲究呢?

首先，故事要唯美梦幻。七岁之前，孩子都是生活在一个梦幻的世界里，给孩子编的故事应该美好温馨，最好是大自然的故事或者是公主、王子类的故事，不要带有任何道德说教的性质。

我曾经跟一个朋友说过讲故事的魔力，结果她回家编了一个故事：“有个孩子不洗手，手上的病毒四处跑，把他搞病了，于是请来警察抓病毒……”

老天啊，警察也忒忙了吧，不吃饭，找警察；不回家，找警察；打架，找警察。我说，咱们这21世纪的新妈妈就不能编点美好温馨点的故事吗？

其次，故事不能太长，也不能太多。故事是个好东西，但过犹不及。再好的东西也不能用得太过。有些妈妈讲故事时贪多，希望多给孩子讲些故事，以为讲得越多，孩子就能吸收得越多。

有个妈妈曾问我：“我女儿三岁了，我给她讲了一年，居然才讲了三十几个故事。她老让我重复，搞得我都没办法按计划讲了。”可以看出这个妈妈讲故事有很强的功利心，她一年给一个三岁的孩子讲三十几个故事实在是太多了，孩子根本吸收不了。我个人的感觉和经验是，给三岁的孩子一年能讲十几个故事就已经到极限了，其余的时间都应该是重复。

记得在讲《三只小羊》时，我讲着讲着，豆豆就开始预测：“要下雨了！”“彩虹出来了！”到了后来，他甚至能熟练地自己给自己讲这个故事了。我当时想，他都能背诵了，那肯定不需要我讲了吧，但事实上不是，他一直要求我重复讲这个故事，大概一个月后，才主动要求讲别的故事。正如小巫所说：“重复是建立孩子安全感的重要手段，越小的孩子越喜欢重复。孩子的呼吸和心跳是不稳定的，有规律的生活、重复性的讲述，可以增进孩子呼吸与心跳的和谐。”

最后，不要想着用故事去教育孩子。有些妈妈，讲完故事总想和孩子探讨探讨，看看孩子学到了什么，看那意思就跟上语文课分析段落大意和中心思想一样。小巫老师在讲座时做了一个形象的比喻：“逼迫孩子聊故事的大意和教育意义，就好比让孩子把吃过的饭吐出来，还要比赛看谁吐得最像老师给的！这不是让人生病的教育吗？”

故事对人心灵的滋养不是用语言能说得清的，更不是一时半刻就能看到的，讲故事的好处，如培养专注力、促进亲子关系等，这些看得到的好处只有冰山上的八分之一，更多的好处是在冰山下面，这个我们看不到，甚至那些受到滋养的孩子也不一定说得清，因为影响已经渗入他们的血液，浸透他们的灵魂。

我自己本身就是听故事长大的。我没有上过幼儿园，在我两岁到十二岁的时候，我妈妈寒暑不断地给我讲了近十年睡前故事。妈妈没有学过如何给孩子讲故事，更不懂得如何教育孩子，但十年间，她从来没有问过我从故事中学到了什么，她只是为了讲故事而讲故事，但故事对我心灵的滋养，并不因她不曾和我交流过故事的内容而减少，反而让我对故事有了一种发自内心的热爱。

我相信现在的妈妈无论是在文化素养上还是对故事的选择和把握上，都比我妈妈要高明很多，但她们却很难做到像我妈妈那样完全不带任何功利色彩地讲故事，这是何等的可惜啊。

要知道，我妈妈根本不知道如何选择故事，以当时农村的生活环境，她也没办法拿很多的书给我读。无奈之下，她给我读每一本她能拿到的书，包括武侠小说和言情小说，给我讲每一个她知道的故事，包括鬼故事和悲情故事。每天晚上，她都要给我读半本书的故事。过早地给孩子讲这种大人读的故事，而且故事量这样大，对孩子是有很大伤害的，所以，我童年时经常走路都是飘的，仿佛踩在棉花上一样，周围人说话我听不懂，也听不进去，完全沉浸在故事中无法自拔。

虽然故事选择得不好，讲的方法也不对，但妈妈还是一遍两遍，甚至八遍十遍地给我讲。妈妈误打误撞，没想到暗合了给孩子讲故事的一个很重要的原则：重复。

妈妈常常反反复复地读同一本书给我听，读着读着，就脱开书给我讲。上学后，我的学习成绩始终很好，不管读什么书，我都喜欢重复，尤其是喜欢的书，读七八遍，对我来说是非常正常的。甚至一些自己特别钟情的书，读完后会写读后感，会反复研读，直到背诵下来。慢慢地，我练就了让所有老师叹为观止的记忆力，只要是我想记住的文章，我就能做到过目不忘。

妈妈不知道如何营造讲故事的氛围，二三十年前的农村常常停电，所以我们夜里经常用煤油灯，慢慢地，每天晚上，我都会在煤油灯下听妈妈讲故事。二三十年过去了，那盏煤油灯、妈妈温柔的声音还在我的记忆里摇曳。为什么一束灯光会对我产生这样大的影响？我一直不知道原因。可能是潜意识的作用，我本能地就懂得点燃蜡烛给我的孩子讲故事。小巫老师曾说：“烛光是活的，所以能达到电灯所达不到的效果。”怪不得，我妈妈在煤油灯下给我讲故事的效果会这样好，怪不得我给我孩子讲故事的效果会这样好，怪不得华德福幼儿园给孩子讲故事一定会点燃蜡烛。

妈妈不懂得教育，也不懂得如何讲故事，但她的坚持本身就是一种榜样，一种持之以恒、永不言弃的榜样。她在讲故事的过程中犯过很多错，但不影响我从中获得滋养。她再不懂得教育，也误打误撞地做对了很多。可以说，今天的我所取得的每一点成绩，我心灵上的每一点进步，都离不开这十年之功。所以，不管懂不懂讲故事，只要带着爱心去给自己的孩子讲，这本身就是一种成功。

培养孩子画画
——绝大部分父母都可能犯的错误

画画是孩子表达自我的一种方式，我们教他们画画，就是把成人的感觉原封不动地强加给孩子，孩子无法按照自己的感觉和意愿来发挥，也就相当于孩子的内心没有真正地为自己活过，这是多么让人心痛的一件事！

我第一次读到鸟居昭美先生的《培养孩子从画画开始》系列图书是在豆豆两岁半时，当我看完这套书时，心中的震撼真是难以言喻。因为我发现自己犯下了这套书里所列举的很多要命的错误，同时我还发现，我周围的90%父母几乎犯了和我一样的错误。

这实在是个令人恐怖的发现。我们这些无知的妈妈，包括许多传统幼儿园的老师，都曾经粗暴地干涉过孩子画画，都充当过扼杀孩子创造力的刽子手。这些错误有以下几种：

第一，教孩子画画。

这种经历恐怕大部分的妈妈都有，在孩子刚开始学画画时，妈妈就给他画太阳、画花、画动物，孩子也在一旁兴高采烈地央求：“再画一个嘛，再画一个嘛！”于是，妈妈越发有成就感了，尤其是那些本来就擅长画画的妈妈更是大显身手，觉得这可是美好祥和的亲子时光，高高兴兴地陪着孩子画，一边享受着孩子投来的崇拜的目光，一边窃喜这孩子将来一定是个艺术天才啊。这些教孩子画画的妈妈自以为画的是很有儿童色彩的画，但事实是，这些只是成人眼中的儿童画，真正的儿童画根本就不是这样的。而且她们很快就会发现，孩子变得不会画画了。我有一个朋友，她公公是个画家，老人家含饴弄孙之余，常常教孩子画画，结果孩子除了自己填色以外，什么都不敢画，原因是“我画的没有爷爷那么好”。

当然，更可能出现的情况是：孩子除了模仿，没办法画出富有创造力的画来。

要知道，孩子这时没办法用语言表达出自己的内心所想，用文字写下来当然更不可能，而画画就是他们表达自我的工具。也就是说，画画是孩子表达自我的一种方式，我们教他们画画，就是把成人的感觉原封不动地强加给孩子，孩子无法按照自己的感觉和意愿来发挥，也就相当于孩子的内心没有真正地为自己活过，这是多么让人心痛的一件事！

第二，在孩子画画时指手画脚。

孩子在不同的阶段会有不同的画画风格，尤其是在四五岁后，开始画头足二体形象。这时，成人就会提醒孩子：“是不是还有手呢？”“嘴巴怎么这么大？”“头发是什么颜色的？”

大人自以为是在教孩子注意观察，但事实却是，这个年龄的孩子只会画自己认为最重要的部位。大人指导孩子画画，就是剥夺了孩子认识事物的乐趣，甚至是挫伤了孩子认识世界的积极性，阻碍了孩子学习和发展的能力。

第三，教孩子认字。

人类最初的发展就是从语言到图形，再到象形文字，最后到文字的过程。孩子成长也是这样，如果我们一开始就教孩子认字，那么孩子对图画、画画就会失去兴趣，甚至会画出既不像文字又不像画的怪画来。

说到这里，我得深刻反省一下，我一直是反对教孩子认字的，但不知道是谁教的，豆豆从一岁多开始就认识数字了，后来甚至还认识了几个简单的字和字母。这个发现让我非常自责，育儿的路很长，但关键之处就那么几个，遗憾的是，在这个关键处，我掉链子了。

第四，送孩子进绘画班。

在还没有看这套书之前，我就知道不能把太小的孩子送进绘画班，但到底多小我不清楚，到底为什么，我也没办法详细说清楚。我苦口婆心地劝很多家长不要把孩子送进绘画班，但我周围绝大部分幼儿园大班以上的孩子都在绘画班里坐着。那么到底多大才可以送孩子去学习绘画呢？

鸟居昭美给我们的答案是：九岁。从九岁开始，孩子终于开始采用和成人相同的方式观察事物，画画也开始向写实的手法转变，这时才是教孩子系统学画画的合适时机。

那么，如果我们已经犯了以上这些错误，已经对孩子产生某些影响了，该如何纠正呢？鸟居昭美先生给出的“药方”如下：

首先，让孩子玩水、玩沙。大海和大地是所有生命的母亲，所以，出于生命的本能，没有一个孩子不喜欢玩水、玩沙，我们应该让孩子体验把沙子弄得浑身都是，再用水冲洗的酣畅淋漓之感。一般来讲，再不会画画的孩子，玩了一段时间沙子和水以后，也能画出一两幅反映自己内心欢喜与快乐的画。

其次，给孩子创造丰富多彩的生活，让他们拥有美好的回忆。与大人一样，孩子画画也是出于对生活的体验，所以与其纠结于如何提高孩子的绘画技巧，苦恼于如何让孩子爱上画画，不如给孩子创造丰富多彩的生活，让他们多接触自然，多参加一些力所能及的劳动。一个兴高采烈地拔萝卜、洗萝卜、煮萝卜的孩子，即使画里有很多被成人所灌输的形式化的东西，但还是会有一些自己的想法的。

最后，和小伙伴一起画。已经不喜欢画画的孩子，可以让他多和小朋友在一起画，这能激发孩子的表现欲，此时他往往能画出出人意料的作品来。

那么，我们到底应该如何欣赏孩子的画？怎样为他们画画创造合适的环境呢？

首先，孩子的画并不是用来看的，而是用来听的。像我们这种看惯了书本上成人化的儿童画的人，看真正由孩子画的画，乍一看，乱七八糟，甚至会产生很不舒服的感觉，但事实上，孩子的画是符合他们的年龄发展特征的，他们的画不是用来看的，而是用来听的。他们的画只有被聆听了，其绘画行为才有意义。作为父母，最重要的态度就是去听、去了解、去感受。

听画的方式根据年龄不同而有所不同，对两三岁的孩子，就问“这是什么”，要听他给他所画的东西赋予的意思；对四岁以后的孩子，就要问“他们在做什么”，要听他们画里面的故事。鸟居昭美将孩子的画从一岁到九岁后分成几个年龄段来陈述，每个阶段都有其鲜明的特征，对于每一个阶段的画，大人应该怎么去看、怎么去听，都有详细说明。

其次，不要让孩子填色。填色画不是孩子自己创作的绘画作品，只是给大人画好的图案上色而已，这种形式化的工作，不能表达孩子的任何想法。一般来讲，七岁后的孩子对平面有了认识后，才有可能真正喜欢上填色，过早地让孩子去填色，效果与教孩子画画无异。

最后，选择合适的画笔。许多人跟我一样，在孩子刚开始画画时，就欣喜地给他们买五颜六色的、无毒无害的彩笔，但事实是，这个行为有百害而无一利。孩子画画是表达他们自己内心想法的方式，颜色的介入会干扰孩子自由地发挥，尤其是当妈妈在一旁指导“香蕉用什么颜色的笔画”时，效果更加糟糕。鸟居昭美建议，孩子六岁前，尽量只用黑色笔画画，应该给孩子准备几支粗细不同的黑笔，如马克笔、签字笔、圆珠笔、铅笔、蜡笔等，纸张也应该用大小不同的，让孩子自由选择。

有关画笔的选择我持保留意见，我更欣赏华德福幼儿园的做法，让孩子用蜡块画画，没有笔的干扰，没有老师的指导，孩子用蜡块想怎么画就怎么画。事实上，大多数未受成人影响过的孩子都能自由地选择自己喜欢的颜色（他们很少把画面搞得五颜六色），也能画出真正表达他们内心、符合他们年龄特征的画。

那么，如果孩子真的很希望妈妈和自己一起画画，妈妈应该怎么做呢？

这个时候，妈妈可以尝试用蜡块画画。但要注意，不要画那种卡通图画。我们不教孩子如何画画，但我们可以画一些表达自己内心感情的自然风景，比如蓝天白云、花草树木。如果一定要画动物，也要尽量画得既模糊又形象。这是什么意思呢？

就拿画鱼为例，简笔画中的鱼经常是两笔交叉，小鱼微笑着张开嘴巴，请问这样的鱼谁在大自然中真正见过？孩子看一百遍简笔画的鱼，也不会认为这就是水里游的那种鱼。陪孩子画画不能脱离事实，鱼是什么样，我们就画成什么样，但只要画出大概形状即可，不需要把鱼鳞、鱼眼睛等细节画出来。这样，孩子即使看了这样的画，也不会受我们的影响，仍旧可以画出自己的画来。

在我家，我常常和孩子一起用的一种画画方式就是色粉画，我俩一起为彩纸打底，一起用手随意涂抹。色粉画的好处就是不管你怎么乱抹，最后出来的画都非常有意境，与其说是画画，不如说这是色彩的流动、颜色的奇迹。

华德福幼儿园的另一个非常有特色的课程就是让孩子画水彩画，在颜色的选择上，通常四岁以下的孩子只给一种颜色，四岁到五岁的孩子给两种颜色，更大一些的孩子才可以用三种颜色。一幅湿水彩画就是一段色彩的神话，孩子在画的时候，整个画面没有特别具体而清晰的形象，但不管怎么画都好看。这个画画的过程是有老师带领的。我是这样带领孩子画湿水彩画的：我一边唱歌（看天上彩虹多美丽，看满地阳光多明亮，赤橙红绿和青蓝紫，我多想爬上彩虹……），一边准备绘画的用具。

当我摆开画板时，看颜色在白纸上晕染，听着自己的歌声，说实话，我自己也非常享受这个绘画的过程。很快，就有孩子被吸引过来。当大家都准备好的时候，我会给大家边讲故事边画画。下面分享一下我自己创作的一个故事：

秋天来了，天空瓦蓝瓦蓝的，一片片的树叶像小精灵一样飞舞，画笔仙子决定邀请她的好朋友出去秋游。

她来到了蓝色仙子的家里，和蓝色仙子一起去湖边玩。一条小船慢慢地漂了过来，画笔仙子和蓝色仙子一起爬上船，她们在水中漂漂荡荡，真好玩啊！划船是件很辛苦的事情，蓝色仙子觉得太累了，所以等船一靠岸，蓝色仙子就回家休息了。而画笔仙子可精神了，她回家洗了个澡（洗画笔），用毛巾擦干净头发（擦画笔），又去了红色仙子家，和红色仙子一起去爬树，树上的苹果都熟透了，她们摘了好多苹果。当她们爬下树时，那些树叶舍不得她们，也跟着飞了下来。旁边的野菊花见状，也跑来凑热闹。一时间，落英缤纷，美不胜收……

第6章 育儿先育己

育儿是一条艰辛的修行路，也是一条幸福的修行路。如果一个妈妈不修炼自己，再好的育儿技巧也是纸上谈兵。修炼自己从爱自己开始，从敢于真正做自己开始。为人父母无须完美，但一定要真实，于真实中真正连接孩子、连接自己。

从职场白领到全职妈妈
——我的全职之路

世界上所有的爱都是为了相聚而生，唯有父母之爱是为了分离而生。孩子总有一天会离开我们，展翅高飞，而我们的责任就是当孩子需要我们时，我们在他身边；当孩子高飞时，我们选择放手并远远地看着。

忙乱的全职妈妈

我上班时，都是阿姨帮我带孩子，她非常温和善良，是一个很富有传奇色彩的女人。她丈夫原本是一所中学的校长，在“文化大革命”中被迫害致死，那时阿姨年仅二十八岁，拖着两个孩子，还有一个在肚子里。阿姨一生没有改嫁，培养了三个很有出息的孩子。

这样的经历让阿姨为人宽容，忍耐力强，但非常遗憾的是，多年的辛苦让她的身体状况很不好，带孩子时也力不从心。

因此，在豆豆一岁零八个月时，阿姨提出了回家的想法。按照她的想法，豆豆快两岁了，送幼儿园应该没问题，我也能够安心工作了。

当时，我确实非常烦恼，一家一家地看幼儿园。实话讲，把这么小的孩子送到幼儿园，我自己都觉得特别残忍，更何况当时我也找不到特别合适的幼儿园。

那时，我上班也没法专心，又要经常出差，就动了辞职的心思。于是天天打电话，问这个朋友："你说我回家带两年孩子，还能找得到工作吗？"问那个同学："你说我歇两年后，会不会适应不了社会？"

大家的回答都是："辞职干吗呀，研究生毕业就是为了看孩子吗？你妈白供你读这么多年书了。凑合几年，孩子就长大了。要么送去幼儿园，要么送回老家，要么请保姆，哪有那么难呢？"

确实是凑合几年孩子就长大了，可是孩子的童年能等着你凑合完了再来一遍吗？

可以说，当时除了豆豆爸爸，没有一个人支持我辞职。记得那天，我坐在办公室，看着对面中央电视台斜斜的大楼，泪如雨下，感觉自己的人生好像也就这样斜斜的，永远都难以走上正途。

狠了狠心，我辞职了。那时压力很大，因为我刚刚换到一个新的工作单位，有的人认为我是胜任不了新工作而走人的，甚至有人还说我是试用期没过，被辞的。

没想到，辞职后我的人生并没有如自己预想的那样歪歪斜斜，反而走上了一条康庄大道。当然，这是后话。

对一个习惯了朝九晚五的职场白领来说，骤然变成全天候带孩子的全职妈妈，肯定会有一个不适应的过程。对此，我做好了充分的心理准备。尽管如此，我还是在做全职妈妈的第一天就被豆豆弄得手忙脚乱。

按照平时的习惯，豆豆还是早上七点起床，我给他喂完奶，笑嘻嘻跟他说：“早上好！”豆豆也高兴地说：“妈妈早！”瞧，开局不错嘛。问题是从吃饭时开始出现的。在我给他戴围嘴时，遭到了小家伙的激烈反抗。为了避免更多的冲突，我很快缴械投降。于是，一顿饭下来，小豆豆满嘴满身都是稀饭和鸡蛋。接着，他又因为不愿意换衣服和我进行了“殊死搏斗”。

刚平静下来，谁知这个小魔头又看上了我的牙刷牙膏，非要拿着玩。玩就算了，还把牙膏放到嘴巴里。吃牙膏可不行，于是，我利用力气比他大的优势强行把牙膏夺了过来。他没办法，大哭不止。哭呗，谁怕啊，我悠闲地坐在凳子上，看着豆豆痛哭流涕。他先是抱着我的腿，后来又在地上打滚。我心想，我就是要一次搞定你，让你知道什么是可以干的、什么是不可以干的，哼！

一分钟、两分钟、三分钟……十分钟后，我缴械投降，把牙膏给他了。本以为他能停下不哭了，但他的声音还一如既往地洪亮。我心想，算你狠！什么？不要牙膏了，那你要什么？小汽车、小飞机，还是要喝水？要不要吃奶？我抱着他像个无头苍蝇一样四处乱转，这个不要，那个不要，你到底要什么啊？他这样不管不顾地哭得直打挺，我急得差点跟着他一起哭了。求求你了，别哭了！

半个小时后，我终于找到他哭的根源了，原来是想姨姥姥（之前带他的阿姨）了。豆豆抱着姨姥姥的枕头，哀哀地哭着，像只受伤的小狗。弄得我也怪伤感的，我抚着他的头安慰他：“姨姥姥只是暂时离开，以后还会回来和豆豆玩的。要不再过两个月，妈妈带你回去看姨姥姥，好不好？”

过了好一会儿，豆豆的情绪才算平息下来。这一场哭下来，豆豆和我都浑身湿透了，我又给他换了衣服，让他在床上玩。我正忙着呢，豆豆突然大喊妈妈，我过去一看，差点没气死：橄榄油洒了！原来，昨晚豆豆洗完澡以后，我拿了瓶橄榄油过来给他做按摩，结果忘了把油拿走。这盖子不是挺严实的吗，豆豆怎么就打开了？现在倒好，床单、枕套、豆豆身上全是橄榄油，这下不光是要洗衣服的事，还要洗床单！

还好，被子没有被弄上橄榄油。我火急火燎地把被子抱开，忽然听到“啪”的一声脆响，低头一看，完了，我新买的手机摔坏了，屏幕都裂了。问题是我的手机怎么跑到被子里面了？不是小豆豆放进去的，还有谁？我当时的表情一定和孙悟空有得一拼，眼里冒着火花。豆豆知道自己闯祸了，有点怕，娇娇地叫了一声“妈妈”，就扑到了我怀里，完了，我的衣服上也全是橄榄油了！

我这里还没完事呢，那边小豆豆已经等在门口，迫不及待地要出去玩了。因为出去晚了，到中午时分豆豆还没玩够，死活不愿回家，直到筋疲力尽了才回家。这时的他只想睡觉，哪里还有心思吃我十万火急做的饭！我是连哄带骗，他是连哭带闹，最后饭没吃完他就睡着了。而等待我的，除了吃饭，还有那一大堆衣服床单。对了，晾衣服的摇杆哪儿去了？小豆豆是把它藏到鞋子里了，还是藏到哪个袋子中了？ Oh，my god!

就这样好一番折腾，等晚上他睡觉时，我已经是半瘫痪状态了，还得挣扎着起来洗漱。这期间，我还和豆爸大吵了一架。原因是豆爸觉得家里实在太乱了，孩子的衣服要等他回来洗，晚饭要等他回来做，一不小心，还被豆豆的玩具绊倒，摔了个四脚朝天。他就问我：“你这一天都干什么了，怎么弄得家里乱七八糟的？你到底能不能干好啊？干不好，请保姆啊。”

我也不甘示弱："你指责我？你自己带一天孩子试试？我累死累活，你没一句好话，就来指责我，这日子还有没有办法过了？我刚辞职一天，你就这样对我，那将来还了得？是，我是没了经济基础，可那还不是为了儿子吗？"

趁着孩子睡觉，我俩你一言我一语，吵得不可开交，吵到最后，实在没气力了，心想，让着他算了。唉，还是上班舒服啊。

胡闹期来了

成为全职妈妈后，我才发现以前自己错过了豆豆的很多成长时光，豆豆的很多好朋友我都不认识，豆豆爱去王奶奶家看那对小兔子，爱去刘爷爷家喂猫，爱去池塘边玩水，爱去那个小球乐园疯玩……这些我竟然是第一次知道，感觉很新奇，也很惭愧。从前豆豆的一个眼神我就知道是什么意思，现在我却好像第一次认识他一样，什么都不知道。我都无法想象，我以前怎么能将儿子扔在家里，自己在外面朝九晚五地上班，上得还挺带劲。我错过了儿子多少成长的时光？还好，儿子才一岁零八个月。还好，现在弥补还不算晚。

第二天、第三天……一天天过下来，我居然很快适应了这样的生活，并爱上了这样的生活。天天跟最心爱的儿子一起同吃同眠，看着他红扑扑的笑脸，我感觉很幸福，也很快乐，只是在这个过程中也遇到了很多挫折。

本以为我全职在家带豆豆，他很开心，可豆豆的反应却让我大跌眼镜。从我全职在家的第一天起，豆豆就像变了个人一样，原来那个开朗爱笑的小孩不见了，取而代之的是黏人、好哭闹，时时刻刻要我抱着，好像他一放手我就走了一样，连我上厕所都得抱着他。晚上我洗澡时，他就在卫生间门外放声大哭、打门，最后我只能草草了事，弄得自己很狼狈。豆爸也抱怨："你到底怎么带的孩子？原来孩子多好带啊，现在呢，又吵又闹，我带他出去玩他都不干，他是不是只要你不要我了？"

的确，豆豆变得不那么乖巧了，不让他摸的东西，他会执拗地非要摸不可；不让他干的事情，他就算哭翻了天也要干。一天吃奶吃个不停，连饭也不吃了，这是之前从来没有出现过的事情。还有，就是撒娇，没完没了地撒娇，一会儿工夫就要扑到我身上来撒娇一番。到了傍晚就开始哭闹，连晚饭也不让我做。我自己也很疑惑：这到底是怎么回事？真的是我带孩子带得不好吗？还是我太娇惯他了？

本来我是一个适应能力特别强的人，可这样的日子过了没几天，我就累病了，重度感冒拖延了半个月才好。幸亏豆豆身体素质好，没被传染，不然就更加忙乱了。这期间，我在李跃儿的《谁拿走了孩子的幸福》中看到了这样一段话："孩子在受过伤害后，一旦得到了充分的爱与自由，就会出现一个'胡闹期'。"

我想豆豆这样黏人，应该可以这样解释：原来我总是上班，尤其是这几个月更换了新工作以来，我感觉特别辛苦，晚上回来有时候连话都不想说了，对豆豆确实疏忽了很多，再加上姨姥姥带豆豆的时候，这个不让玩、那个不让动，甚至有时候会威胁他，而我，则是给了他极大的自由，只要无毒无害，豆豆是想干啥就能干啥，而豆豆骤然得到这样一种爱与自由后，会不会出现了"胡闹期"呢？

另外，姨姥姥带豆豆的时间长了，豆豆与她产生了很深的感情，现在她走了，对豆豆其实是造成了心理伤害。记得姨姥姥决定要走的那天晚上，豆豆一宿没怎么睡，哭哭闹闹的，每隔一会儿就要吃奶。在要走的前两天，姨姥姥和别人聊天说起来要走的事，当时正在玩皮球的小豆豆把球一扔，默不作声地坐在地上。过了一会儿，姨姥姥才发现豆豆在独自掉眼泪，只掉眼泪，不出声。这在豆豆一岁八个月的人生中是第一次，可见这件事对他的伤害之大。

好在豆豆这样的胡闹期持续了差不多一个月就消失了，不然，我还真有点扛不住呢。虽然这一个月很难熬，但我很庆幸，自己在关键时候做了一个正确的选择。如果这时我不是选择自己带孩子，而是请保姆，或者是将他送到幼儿园，那豆豆或许不会出现这样一个随心所欲、想哭就哭的胡闹期，但给其心理造成的伤害却是永久性的，这样的结果绝不是我所希望看到的。在这里，也提醒诸位妈妈，孩子三岁以前是建立安全感和依恋关系的时期，最好不要频繁更换看护人和生活环境。

不做保姆兼厨娘

三岁前是孩子一生的关键时期，很多妈妈都会放弃原来稳定的工作成为全职妈妈，这是母亲对孩子所做出的一种自我牺牲，也是妻子对家庭做出的一种奉献。每一个妈妈都想陪在自己孩子身边，因此，全职妈妈作为一种个人选择，应该值得大家尊重。但不是每一个妈妈都能做好全职妈妈的。一个好的全职妈妈，内心应该拥有强大的力量，知道自己在干什么，懂得自己该干什么，千万别让自己沦落到一个保姆兼厨娘的境地。我觉得，作为全职妈妈，应该做到以下几点：

首先，要摆正自己的心态。

选择全职确实是一种牺牲，那么既然是牺牲，就不要想着有回报。有些人做了全职妈妈以后，会经常向爱人抱怨，指责爱人，希望他能看到自己的付出。要知道，你的指责和抱怨或许一时能起作用，但时间长了，只怕是对牛弹琴，反而会让他觉得你不可理喻，不愿搭理你，从而影响家庭的和睦稳定。还有一些全职妈妈，因为觉得自己付出的多，就希望孩子给自己更多的回报，希望孩子处处表现得比别的孩子更好，这样，她们才会觉得自己的努力有了价值。这样的妈妈不仅给了自己巨大的压力，也给了孩子巨大的压力，导致亲子关系紧张，最后反而得不偿失。要知道，你存在的价值不是通过你的孩子来展现的，孩子有孩子的人生，你有你自己的选择，你们各有各的精彩。

妈妈一定要和孩子一起成长。孩子是上帝派来疗愈我们的，那些童年所受过的伤痛，都能通过抚养孩子得到疗愈。同时，孩子也是来引领我们成长的。正如张德芬所说："外面没有别人，只有你自己。"你和孩子的相处，实际上是你与自己的相处，你陪着孩子成长，也是陪着自己成长。慢慢地，你会发现，其实孩子的问题都是家长的问题，你解决好自己的问题，孩子就没有问题；你做好你自己，孩子自然也能做好他自己。

其次，不要放弃给自己充电。

绝大部分全职妈妈最后都是要回归职场的，那么怎样把这一段职场空窗期利用好，来为你将来重返职场做准备呢？那就是要不断学习、不断充电，尤其是不要断了和原来的同事、朋友的联系，不要放弃对原来领域的关注。人在职场时，可能因为太忙，没有时间对自己的职业进行详细规划，没有时间进修，没有时间提高英语水平，那么现在好了，你好好做做这些你一直以来就想做的事情。这个时期如果利用好了，将来还有可能成为你升职的筹码呢。

同样，和孩子一起成长也是给自己充电的好机会。或许你以前在公司里人际关系很紧张，那么在育儿的这场修行中，你会更加看到自己的问题所在，也更有可能解决这些问题；或许你对从前的职业有所不满，那么这个职业空窗期会使你更有可能接触一些自己感兴趣的职业。要知道，这个世界上可能有些职业是你闻所未闻的，有些机会可能是你做梦都不曾想到的。

再次，拒做黄脸婆。

做了全职妈妈，社交圈子马上就会变窄，每天见到的不是大爷大妈，就是跟自己一样的全职妈妈，再加上忙，慢慢地就放松了对自己的管理，时间一长，变得披头散发，面如银盘，腰如水桶。这样的你，别说老公看了会厌弃，自己也讨厌啊。我认识一个全职妈妈，孩子三岁了出去找工作，面试的人一看，立马就否定了。为什么？嫌她太胖了，一看就是家庭妇女的模样，哪有半点职业女性应有的气质。要培养优秀的孩子，就要做自律的妈妈。从现在起，对自己进行管理，关掉电视机，练练瑜伽，读读书，和三五好友逛逛街。从前的办公室麦霸们，也可以偶尔抽空去 KTV 吼两句。总之，有什么兴趣爱好，都要统统捡起来。你可能要问，那孩子怎么办？孩子谁看啊？请记住了，养育孩子是你的责任，也是孩子他爸的责任，你不能剥夺了爸爸养育孩子的权利，周末时光，就让他们爷俩亲热去吧。

最后，全职只是过渡期。

世界上所有的爱都是为了相聚而生，唯有父母之爱是为了分离而生。孩子总有一天会离开我们，展翅高飞，而我们的责任就是当孩子需要我们时，我们在他身边；当孩子高飞时，我们选择放手并远远地看着。因此，全职只能是权宜之计，在孩子上幼儿园后，妈妈应该尽快回归职场，重新找回自己的坐标。

从全职妈妈到幼教专家
——我的成长之路

孩子需要的是一个状态好的妈妈，不管是全职还是在职，妈妈轻松愉快、平静安详，这才是最好的养育和教育。

全职是自我成长的开始

自豆豆一岁八个月到三岁半，我在家做了将近两年的全职妈妈。两年期间，家人从最初的反对、质疑，逐渐变成支持、理解，我自己也从最初的手忙脚乱转变成淡定轻松，并在豆豆上幼儿园后真正迎来了自己事业上的春天。

回想起两年前我从机关单位辞职时的惨淡心境，真是不可同日而语。常常有人问我：“你是怎么成功转型的？”

我想了半天，想不起来自己做了什么特殊的事情，唯一的感悟就是：“我只是做好了当下的自己，路就出来了。”

是的，没有别的诀窍，就是活在当下，做好当下该做的事，剩下的事情上天会为你安排。

我刚做全职妈妈时，与大家一样，也是忙碌慌乱、紧张焦虑。记得那时我总是会担心自己做得不够好，总是觉得别人不管什么都比我好：比我长得好，比我嫁得好，比我脑子好……

为了找回自己那点可怜的自信心，我拼命做公益：我做了国际母乳会的哺乳互助指导，长期义务帮助哺乳有困难的妈妈；我做了联合国儿童基金会“母爱10平方”的特别推广者，带着孩子在烈日下向一些单位推广母乳喂养室；我做了国际母乳会论坛版主，常常在夜里悄悄地爬起来回帖；只要遇见一位年轻妈妈，我就想推广我的那一套母乳喂养理论，她要是胆敢说母乳的坏话，我就用眼神将她的其他话语扼杀在摇篮中……

在这种极端的狂热背后，隐藏着的是一颗自卑的心，我真正的内心独白是：我是一个全职妈妈，没有工作，将来也不知道能不能找到工作，求求你们了，认可我吧，我很优秀的。

将这样的心态带到家庭生活中，自然也好不到哪里去。豆豆爸爸但凡说一句半句不满的话，我就会解读为：“你不挣钱，在家吃闲饭！”他敢这样说我？我还不是为了这个家？哼，不跟你打一架，你还以为我好欺负！

于是，家里争吵不断。多少次我都动了离婚的心思，但又因为自己现在没有经济来源，怕养不活孩子，而打消了这个念头。

尽管我们都尽量不在孩子面前争吵，但豆豆感受到了父母之间紧张的关系，变得敏感内向。有一次我们一起出去玩，豆豆放开我的手，然后把爸爸的手抓过来放在我手里，自己则站在后面咯咯地笑着看我们牵手。那一整天，他都不允许我们牵他，而只要我们的手松开片刻，他就会跑过来帮助我们重新拉好。他看着我们牵手时那种幸福的笑容，瞬间将我和豆豆爸爸的心击碎了，我俩同时泪流满面。这是两岁的豆豆在用他仅能想出的办法维系父母之间的关系啊！

那天晚上，我们深刻地反省自己，消除了之前的很多误解。我们共同制订了一个学习计划，看书、培训、定期沟通……只要是对修复我们的关系有利的事情，我们都愿意做。尽管那时我们还不知道“心灵成长”这个名词，但确实从那天开始，我们真正走上了心灵成长之路。

随后，我进入了自己人生的一个高速成长期。在豆豆爸爸的支持下，我开始频繁参加培训。刚开始参加的是与育儿相关的，后来慢慢意识到育儿的问题其实是父母自己的问题，于是转而参加各种心灵成长的培训和心理咨询师的培训。这一年，豆豆爸爸放下手中的许多工作，多次带着还在吃奶的豆豆陪我去外地参加培训，培训费、车旅费，这些加起来并不是一个小数目，可豆豆爸爸并不曾抱怨过，甚至都不曾提及过。这时候我才意识到，不管我挣钱还是不挣钱，不管我花小钱还是花大钱，豆豆爸爸其实并不在意，可我以前却常常因为这些和他吵架。

心理学老师曾说：“这个世界上根本不存在‘关系’，所有的关系，包括亲子关系和亲密关系，究其根源，都是我们和自己的关系。只有当我们和自己的关系处理好了，我们才有可能处理好其他各种关系。”

的确，当我们反复抱怨别人对我们不够尊重时，我们可曾想过真正不尊重自己的人可能正是我们自己？当我们因为爱人爱摆脸色而愤怒时，我们可曾想过很可能是因为我们喜欢去看别人的脸色？如果我们没有一颗“低低在下”的心，怎么会总是感觉到别人“高高在上”地对待自己呢？

学习心理学打开了我人生的另一扇大门，我第一次发现，人竟然可以这样活着：无须考虑是否努力，只需要尽情地做自己；无须去考虑能否成功，只需要用心去做；无须去寻找爱情，只需要放心去爱……

不知不觉中，我的认知发生了巨大的变化。从前我是学校辩论赛的最佳辩手，遇事总想分个对错，现在当别人和我有分歧时，我会马上自我觉察，会想一想别人说的有没有道理，我会更加包容、更加理性地对待别人和自己；从前我总是很好强，生怕输给别人，现在我开始从容生活，遇到事情就尽力去做，而对结果不做期待，我开始能够接受结果的自然呈现；从前我发起脾气来地动山摇，现在我一有情绪就开始进行自我觉察，我为什么会愤怒？我为什么会生气？一番觉察过后，我开始接纳自己的情绪，并全然地和自己的情绪待在一起……

育儿的确是一场永不止息的修行，两年的全职妈妈生涯让我有更多的时间去修行、去沉淀，虽然有时候仿佛看不到自己有什么进步，但我觉得很充实。虽然有些东西我们看不见，但它就在那里；虽然有些成长我们未曾觉察，但它就在那里。有一天，当我们回头看自己走过的路时，会蓦然惊觉：原来我成长了这么多！

和我同时成长的还有豆豆爸爸，我参加过的培训，但凡他能抽得出时间，都会参加；我看了觉得好的书，他会一字不落地看完，还会和我交流感受；几乎每一个周末，他都会独力承担带孩子的任务，以便我能有时间好好休息；几乎每一次出游，我都无事一身轻，不管孩子、不管吃喝，只管欣赏美景即可。

我曾经以为豆豆爸爸的坏脾气这辈子也改不了，可是有一天，我惊讶地发现，我的爱人居然变成了我一直以来渴望的样子。结婚七年，我们不仅不痒，反而进入了婚姻阶段真正的蜜月期。

与家庭变化相对应的是我事业上的巨大变化。2014 年 1 月，我出版了自己的处女作《那些母乳喂养的日子——职场妈妈母乳育儿手记》，其他文章也多见诸报端；2015 年，我出版了自己的第二本书，这是一本记录我在家庭中践行 P.E.T. 教育理论和华德福教育理念的书；我成了国家二级心理咨询师，还成了培训其他父母的讲师，专门帮助那些在养育孩子上有困难的家长；更重要的是，我遇到了能触动我灵魂的华德福教育，在将豆豆送进华德福幼儿园学习两个月以后，我自己也成了一名华德福幼儿教师。

曾经我在自己毫无兴趣的化工行业苦苦挣扎，在试管烧杯间期待每一次职业转型的机会，但一直未能如愿。后来我死了心，以为此生再也没有脱离“苦海”的机会了，没想到在我从事化学研究十几年后，居然以一个全职妈妈的身份成功转型，真是老天待我不薄啊！每天伴着喜欢的人，做着喜欢的事，这种幸福也是难得的吧！

生育、养育、教育是一条龙工程

职业女性生完孩子以后往往都面临着两难选择：回家带孩子吧，担心自己将来与社会脱节找不到工作；继续工作吧，又没办法亲自带孩子。

这样的顾虑和担心，其实每一个妈妈都曾有过，这样的抉择确实是非常困难的。我相信每一个在职妈妈都曾有过一段艰难的抉择史，每一个全职妈妈都曾有过一段辛酸的血泪史。然而，从孩子的角度出发，到底是需要一个全职的妈妈，还是需要一个在职的妈妈呢？

我认为孩子需要的是一个状态好的妈妈，不管是全职还是在职，妈妈轻松愉快、平静安详，这才是最好的养育和教育。所以，作为妈妈，在做抉择的时候，一定要想想，如果你选择留在职场，你是否会对孩子产生愧疚？你如何与这种愧疚和平共处？如何保证这种愧疚不影响到你的养育行为？如何保证与孩子进行必要的接触和沟通？

如果选择在家做全职妈妈，那么你又将如何面对心理上、经济上甚至舆论上的各种压力？你能保证自己有一个安详平静的心，充满自信地过好你和孩子的每一天吗？

说到底，养育不只是面对孩子，更多的是面对自己，我们只能做那些我们能承担起责任的选择。所以，每次当我看到那些一心一意为了孩子，可是自身状态却非常不好的全职妈妈时，都会很心疼。如果你没有准备好，请不要勉强自己去做一个全职妈妈，这种状态不仅你不喜欢，你的孩子也一样不喜欢。

说到这里，就不得不说一下隔代寄养了。我一向反对隔代寄养，因为生育、养育、教育是一条龙工程，这三个环节缺一不可，如果你没有亲自养育过你的孩子，那么将来在教育他的问题上，你不要指望自己有多大的发言权。教育本身就是建立在信任、爱和充分了解的基础上的，没有一把屎一把尿地亲自养育过自己的孩子，教育也就无从谈起。

同样，不管老人对孩子有多好，不管这个老人有多爱学习，他和孩子的关系都不可能达到父母与孩子的关系的那个高度，因为孩子不是他生的。每一个人从潜意识中就是要与自己的亲生父母连接的，任何人都不可能代替父母的位置，因此，没有了生育这个行为，后面的养育、教育都不可能有太好的效果。由于隔代寄养这个问题我曾在《那些母乳喂养的日子——职场妈妈母乳育儿手记》一书中详细描述过，在这里就不再赘述了。

回想两年多前，我自己辞职时是那样的迷茫无助，不知道前程在哪里，而这两年，我只是很努力地做了自己该做的事情，养育孩子，提高自己，未曾想过前程要怎么样，但当我做好了当下的自己时，前方的道路却变得更加平坦了，婚姻、事业被我经营得红红火火。原来心理学老师讲得非常正确，世界上没有所谓的人际关系，一切关系都是我们和自己的关系。当我们成长为一个有高贵品质的人时，我们身边的人也会不由自主地调整自己；当我们足够好时，我们身边的人、事、物都会调整到足够好的状态，以便与我们相匹配。

如今的我，还是会常常做公益，还是会向别人推广母乳喂养，还是会在网上给网友答疑，但已经没有任何压力了，完全是由心而发的，有时间就做，没时间就以后再说。我再也不会抓住每一个年轻妈妈讲母乳喂养了。佛度有缘人，我只帮助那些真正需要帮助的人。所以，我会跟母乳会的妈妈们说："我在这里，从未离开。"只是，我，已非当初的我。

活在当下，拥抱幸福！我相信，当我们在日常生活中时时善于觉察，认真做好每一件力所能及的事情时，就能迎来家庭和事业的春天，更能迎来自己人生真正的春天！

我永远都不玩滑梯了
——孩子是父母情绪的探测器

任何时候，如果养育方式脱离了真实、真诚，那么不管它打着何种高大上的旗号，都应该被好好审视。父爱如山，母爱如水，真山真水才能出真人。要想孩子做一个真实的人，父母就应该做最真实的自己，就应该敢于表达自己最真实的情绪和想法。

从两岁开始，豆豆有将近一年的时间都不玩滑梯，不管别的孩子在滑梯上玩得如何开心，他都只是在旁边的梯子上爬上爬下过过瘾，绝不去滑。问他原因，他说害怕。滑梯很可怕吗？这让很多人不能理解。因此，每当这时，就会有好事的大爷大妈们帮我教育孩子："你看别人都敢滑，就你不敢，你是胆小鬼！""你去滑啊，你妈妈会保护你的！怕什么啊？男子汉要勇敢！"

看那些人的架势，一边说一边撸衣袖，一副恨铁不成钢的模样。每当这时，我都会很烦，当然还有点没面子（这哪像一个专家级妈妈应该有的样子！好吧，虽然我很不好意思，但我还是得老老实实承认这一点）。是啊，不就是一个滑梯而已嘛，豆豆你怕啥呢？为什么你小时候敢玩，现在却不敢玩了呢？

因为这种没面子的思想作祟，我开始想办法给豆豆玩滑梯创造条件：带他去水上乐园玩，希望利用水的诱惑让他去玩水上滑梯；带他去玩更小的小朋友玩的小小滑梯；让其他孩子带着他玩；一起看有关玩滑梯的绘本……

结果，所有这些工作都没有任何成效，豆豆一如既往地拒绝玩滑梯。回想那段时间，我就像个跳梁小丑一样上蹿下跳，自以为是地进行着各种引导。当然，在进行这些引导的过程中，我也开始反思自己：豆豆以前是很喜欢玩滑梯的，为什么会突然不想玩滑梯了呢？家里谁对玩滑梯感到恐惧吗？

很惭愧，稍一反思，我就知道问题出在我自己身上。我对于塑料滑梯一向有种恐惧感。每到秋冬季节，孩子们从滑梯上滑下来时会带有静电，而我又是一个很容易带电的人，因此每次听到孩子们从滑梯上滑下来时所发出来的那种滋滋带电的声音，我就会由衷地感到恐惧。再加上以前豆豆从滑梯上滑下来时经常会要求我扶他，在扶的那一瞬间，我都会被电得很痛。虽然我本意并不是要责怪豆豆，但我会不由自主地抱怨说："哎呀，你又电了我一下！"另外，对于那种S形的大滑梯，我一直有一种挥之不去的恐惧，生怕会有孩子从滑梯上摔下来。虽然知道没有必要担心，却还是不由自主地感到害怕。这一点我曾刻意地加以控制，从不在豆豆面前提起，但即便是再好的伪装也是伪装，总有被戳穿的时候。

记得有一次，豆豆让我给他讲一个"小蚂蚁和小星星"的故事，我当时就犯了难，小蚂蚁生活在地上，小星星生活在天上，这怎么把它们整到一起呢？

豆豆可不管我犯难不犯难，催着我赶快讲。于是，我一拍脑袋，讲了一个关于友谊的故事，大意是有一颗小星星在天上玩滑梯的时候，一不小心从滑梯上摔下来，弄伤了翅膀，以至于没办法继续飞在天上了，于是掉到地上，认识了一只小蚂蚁……

你看，我刻意不想让孩子知道我害怕滑梯，但讲故事时第一句话就露出了马脚。也就是自从讲了这个故事以后，豆豆再也不玩滑梯了。

当然，这个事情出现的一个很大的原因是我在故事里讲到了自己对于滑梯的态度。如果父母从未讲过，孩子会感知到父母的态度吗？事实上，他们一样能感知到，你是害怕、恐惧，还是愤怒，即便你一句话也不说，他们还是能非常敏锐地捕捉到你最真实的情绪。

记得有一次，我带着豆豆玩的时候，有人牵着一条大狼狗从我们身边经过，由于小路很窄，我们算得上和大狗是狭路相逢。我小时候被狗咬过，所以非常怕狗，但在孩子面前我不能表现啊，于是我强装镇定地带着豆豆继续往前走。好不容易大狗走远了，我松了口气，忽然听豆豆说：“妈妈，你很怕狗啊！”

我连忙否认：“没有没有，我不怕狗。”

豆豆说：“我看见你怕了。”

那一刻，我好惭愧。我的初衷是不希望孩子也像我一样怕狗，可是我隐瞒自己最真实的情绪，我这不是用实际行动告诉他什么叫作心口不一吗？

于是，我真诚地蹲下来跟孩子道歉：“对不起，我刚才撒谎了，我是怕狗，一直都怕，可我不敢告诉你。”

豆豆说：“没关系，妈妈，我会保护你的，以后如果有狗，你就跟紧我好了！”

果然以后遇到狗，豆豆都会主动牵起我的手告诉我别怕。事实上，在他知道了妈妈怕狗的事情以后，他并没有变得也害怕狗，反而一直都很喜欢狗，经常和院子里的狗玩，似乎他很清楚这个害怕是我自己的事情，与他没有任何关系。他甚至总结经验告诉我：“妈妈，叫的狗不可怕，不叫的狗也不可怕，可怕的是生气的狗。”

这件事情给了我很大的触动，原来当我们心中有情绪时，最好的解决方法，不是在孩子面前隐藏自己真实的情绪，而是和他一起真实地面对这种情绪。因为孩子就是父母情绪的探测器，他能敏锐地捕捉到父母细微的情绪变化，甚至连父母自己都未曾觉察到的情绪，孩子也能感知出来。

记得有一次豆豆在外面玩的时候，我在旁边陪着他，豆豆忽然说：“妈妈，你为什么骂我？”

我一下子蒙了，我连话都没说，怎么骂他了？

我问：“我刚才怎么骂你了？”

豆豆学着我斜了一下眼睛说：“你是这样骂我的！你要好好说话，不可以骂人啊。”

原来斜眼睛就是骂人啊。不过我刚才陪他的时候的确正在想一件很不愉快的事情，心里正默默地生气呢，没想到孩子一下子就感知到了。

你看孩子是多么敏感啊。怪不得常有人说给孩子最好的教育就是父母相爱。两个没有感情的人在一起，表面上是为了孩子，但实际上并非如此。如果真的是为了孩子好，那就要么两人好好沟通，寻求解决问题的办法；要么就不要勉强自己。即使父母从不在孩子面前吵架，但他们到底过得开心还是不开心，孩子是立马就能感受得到的。父母为了孩子，情愿每天痛苦，也不分开，这种现状只会让孩子更加内疚：一定是我不够好，所以爸爸妈妈才会不开心，如果我够好，爸爸妈妈就高兴了。

大人可能想不通，孩子怎么会这样想呢？父母之间的关系与孩子有什么关系呢？但事实上，孩子就是会这样想。越小的孩子，越会把这个世界发生的一切事情，尤其是父母之间的事情都看得与自己有关，发生好事，他们会很高兴，认为这件事之所以是好事，是因为自己好；反之，发生不好的事情，他们会自责，以为是自己不够好。

所以，与其让孩子接受内疚的折磨，还不如直接告诉孩子：家里有多种爱，有爸爸和妈妈之间的爱、爸爸和宝宝之间的爱、妈妈和宝宝之间的爱，现在爸爸和妈妈之间的爱出了问题，与宝宝没有任何关系。

不做虚假接纳的父母

一个孩子的行为，在不同的妈妈眼里会有不同的解读，可能这个妈妈觉得这个行为可以接受，另一个妈妈却会觉得这个行为接受不了，但不管是接纳度多么大的父母，都不可能接受孩子所有的行为。当父母不接受孩子某些行为的时候，就应该勇敢地表达自己的观点，而不是假装大方地全盘接受。虽然我反对打骂孩子，但这种虚假接纳、不敢表现真实自我的父母，同样不值得推荐。

我曾经认识一个妈妈，她受“爱和自由”的思想影响颇深。爱和自由是好东西，但一切好东西都有度，如果把握不好这个度，那么与不认识这个好东西一样可怕。恰巧这个妈妈就是这样一个把握不好度的人。

她曾宣称自己能接受孩子的一切行为，因为她爱她的孩子（这真是对爱的误解），她的孩子把沙子放嘴里，可以；孩子缠着她不让上厕所，她憋着；孩子不让她做饭，她饿着；孩子打别的孩子，她接受；孩子往她身上吐口水，她也同意……

总之，没有她不能接受的事情。

有一次，我好奇地问她："孩子把沙子放嘴里嚼，你当时是什么感觉？"

她说："我咬牙切齿，恨不能马上抠出来。"

我问："那你怎么不制止他？"

她说："我害怕我变成那种什么都对孩子说'不'的妈妈。"

这个妈妈就是因为害怕一个极端而走向了另一个极端，她皱着眉头接受孩子所做的一切，孩子当然能感知到妈妈的态度，但当他把目光转向妈妈时，妈妈却说："没事，玩吧。"妈妈的肢体语言在说"不同意"，妈妈的口头语言却在说"同意"，这个孩子被彻底搞蒙了，他不知道妈妈到底是同意还是不同意，他得不到一个确定的答案，反而更没有安全感了，于是，各种挑战行为层出不穷。说到底，都是在试探妈妈真实的态度。

遗憾的是，这个妈妈教条地守着"自由"二字，完全压抑了自己内心最真实的想法。终于，有一天，她问我："你认识一些好的心理咨询师吗？给我推荐一个。我心理出问题了，不知道怎么回事，我看到孩子就有一种极大的愤怒，总是想打他。虽然他也没做什么，可我就是很愤怒，愤怒过后，我又很内疚，我被这两种情绪给搞崩溃了，可又控制不住，我不知道该怎么办。我都两天没和孩子说话了，我好烦他，再也不想见他了。"

这个妈妈就是被自己制造的面具给弄崩溃的，明明不接受孩子的行为，却违心地装作同意。这种假装其实是最累心的，因为一张嘴巴说的是“同意”，全身每一个细胞却都在说“不同意”，一天啥活儿也没干，光跟自己打架了。你再怎么假装，也不可能时时刻刻装，更何况还是在孩子——一个整天陪着你的“测谎仪”面前装。

这个妈妈跟我聊了很久以后才发现，其实她对每一个人都是这样假装接受的。因为她上小学时，曾在一次和父亲顶嘴后，被父亲抛弃了（真实的情况是她的父亲早有第三者，本来那天就是来跟她妈妈离婚的，与她顶嘴没有半点关系），她心中有种极大的恐惧感，生怕自己如果敢说一个“不”字，别人就会离她而去。这种恐惧已经严重影响到了她的婚姻关系，现在又来影响她的亲子关系。走到了这一步，已经算是慢慢接近了问题真正的核心了，这个妈妈也开始了一段自我救赎、自我成长的旅程。

任何时候，如果养育方式脱离了真实、真诚，那么不管它打着何种高大上的旗号，都应该被好好审视。父爱如山，母爱如水，真山真水才能出真人。要想孩子做一个真实的人，父母就应该做最真实的自己，就应该敢于表达自己最真实的情绪和想法。

我是如此不完美的母亲
——请妈妈接受自己的内疚

健康的内疚感是心灵的“报警器”，是人类良心的情绪“内核”，它提醒我们要照顾他人的利益和感受，调整人际关系，这有利于个体适应社会生活，而过少或者过多的内疚感都是不健康的。

一个朋友痛哭流涕地对我说：“我以前在育儿方面犯了太多错误：孩子刚生出来就喂他奶粉，不到一岁就强硬断奶了；孩子睡着了，我悄悄地出去办事，孩子醒来后拼命哭；甚至我还吼过孩子……我不知道怎么才能弥补自己的错误。每次看到你的文章，我都会很内疚，因为你每件事都准备得那么好，与你相比，我觉得自己实在太无能了，太对不起自己的孩子了！”

实话讲，说自己内疚的妈妈实在是太多了，几乎每一个妈妈都或多或少有过内疚的情绪。要是以前，我一定劝说她不要内疚，做妈妈最重要的是平安喜乐，内疚是最伤害亲子关系的一种情绪；但现在，我决定体验一下自己的内心，那就是：作为一个母亲，我内疚过吗？我能消除这种情绪，让自己永不内疚吗？

不，我做不到。自从做妈妈开始，内疚这种情绪就一直伴随着我，隐隐约约的，不是很明显，但从未远离。

豆豆出生时，我经历了五天五夜的阵痛，最后还是剖腹产才把孩子生出来的。后来常常有人问我：“痛这么久，你不担心孩子出事吗？”“你有想过这么久的痛会对孩子产生很大的伤害吗？”甚至有人指责我：“你太不负责任了，为了顺产，不择手段，根本没想过孩子！”

每次听到这种话，我的第一反应就是内疚，是啊，痛这么久，会不会对孩子有伤害呢？于是，我赶紧跑回家，上网查阵痛对孩子有什么影响，一看没有相关资料，便打电话给当产科大夫的同学……

折腾一圈，最后放心了，开始自己给自己分析：我当时生孩子，无论是孩子的大小还是我自身的条件，医生认为完全可以顺产，后来我出现不明原因的宫缩无力，医生百思不得其解。我自己也很纳闷，我孕期一直在做运动，坚持上班到阵痛那一天，怎么会宫缩无力呢？医学上的事情，我不懂，也无从探究，但痛到不行时，我确实多次找医生想要剖腹产，但医生拒绝了，说：“哪有生孩子痛死的女人呢？你又不是什么紧急情况，痛痛怕什么？再说了，你的邻床都第三胎了，不是也痛了三天才生下来的吗？”

一问，确实是这样，邻床的大姐第三胎生了三天三夜才生出来。据她说，她第一胎也生了五天五夜才生下来。既然别人能坚持，那我也能，于是，我又开始晕晕乎乎地等待，阵痛的间隙还不忘跟肚子里的孩子聊天……

这样寻思一番后，我不再内疚了。要说我当时有错，那也是错在我不知道自己不能顺产，不知道要痛这么久还不能顺产。可是这种我不知道的事情，我能做到更好吗？于是，自己给自己默念：我当时做的就是我自己能力范围内所能做的最好的事情，我已经尽全力了，我是足够好的妈妈。

可是，过不了多久，又有人质疑我的生产经历，我又开始重复上一个步骤：内疚、查资料、问同学、自我分析、自我安慰……

这个过程重复了多次以后，我忽然惊觉，我忘了最重要的一步了，那就是当下我孩子的状态。

当下我孩子的状态不好吗？他受到那次事件的影响了吗？这个影响会伴随终身无法消除吗？

事实上，豆豆健康活泼、非常快乐，没有看出受到这件事的半点影响。即使让我再来选择一次，即使让我做一个完美的妈妈，我也不一定能保证他的状态就比现在好。当然，这是从理性层面进行的分析，如果是从心理层面来讲，我还是会时不时地小小内疚一下。比如，当我自己心里烦躁，对孩子没有耐心时；当孩子打架，而我没有及时迅速地做出正确的反应时；当我忙于工作，连续几个周末都不能陪孩子玩时；当我不是这里做得不够好，就是那里做错时……

有一次，我还和豆豆爸爸开玩笑说："当我回首往事时，我就愧疚得不行。豆豆一两个月时，我那么抑郁，要么就抱着他哭，要么就跟他讲《狼来了》的故事，告诉他不是饿了、拉了，就不要乱哭，你说我当时怎么那么无知啊！对了，你当时还帮我一起教育孩子呢，你又没有产后抑郁，干吗不能多抱抱孩子？你为什么不体贴我？为什么让我抑郁？你为什么……"巴拉巴拉说了一堆，最后两人差点打起来，看来这往事还是不要回忆的好。

可是，说起在育儿过程中犯的这些错误，我能做到不内疚吗？如果豆豆的妈妈不是我，而是其他人，她们又能做到尽善尽美吗？做不到完美时，她们能完全不内疚吗？

做妈妈就是与内疚相伴而行的，我们确实没办法完全不内疚，甚至内疚就是妈妈的代名词。

就在我写这本书的时候，我心里依然充满了内疚之情。事情源于今天早晨，吃早餐时，我给豆豆拿酸奶，由于着急，直接帮他把吸管插上了，这下可捅了马蜂窝，豆豆开始大哭："你赔我一瓶没孔的酸奶！"

冰箱里已经没有新的酸奶了，我自然无法赔他，只能赶紧道歉："对不起，我一时不注意把吸管给插进去了。"

豆豆大哭："你赔我啊！"

眼看着上学的时间就要到了，我急得不行，却也耐下性子来倾听："妈妈没经过你同意就把吸管插进去了，你很生气。"

豆豆大哭，不依不饶地让我赔他一瓶新的酸奶，甚至还气呼呼地说："你要不赔我，我今天就不吃饭了，我以后永远都不吃了。"

我："你气得都不想吃饭了，甚至以后也不吃了，看起来真是很生气啊。"

豆豆听到我这样说，气消了一点。就在这时，班车到了，看着手机上不断闪烁着司机的电话，我实在无法淡定地继续听豆豆哭闹了。可是豆豆情绪正高涨呢，任凭我好说歹说，他就是坚决不走，一定要我马上赔他酸奶。一着急，我就失控地大吼一声，然后在愧疚中扛着不断挣扎的豆豆出门赶车去了。

事后回想，我在这件事的处理上是有失误的。刚开始时，是我突破了孩子的界限，自作主张帮孩子做了该他自己做的事情（这是我需要经常反思的地方），后来我明知道早上时间紧，没有足够的时间来倾听，可还是抱着侥幸心理去倾听孩子，导致最后时间不够了，失控地大吼孩子。早知道最后会变成这样，还不如一开始就不要倾听，仅仅道歉并抱着孩子走呢。

与内疚同时发生的，就是补偿心理：放学后，我一定要跟他道歉并解释原因，同时奉上他喜欢吃的零食。对了，他喜欢那个玩具很久了，我以前总是嫌贵不给他买，今天我要赶快去买来。我还要多抱抱他，多陪陪他……

你看，只要有了内疚，我们就会不由自主地想要补偿孩子，原来不可以做的事情也可以做了，原来坚持的界限也打破了。等到孩子下次行为升级，再发火、自责、补偿，再下一次又发火……进入恶性循环中。由于这个原因，专家们往往会警告家长：内疚是最不可以出现的情绪，做父母是不可以内疚的。

问题是，你做得到吗？大部分人都做不到，所以在内疚后马上陷入自责中：我怎么可以对孩子内疚呢？更糟糕的是，我怎么能因为内疚对孩子进行补偿呢？怎么能因为自责而放弃底线呢？

心理学上是这样解说内疚的：健康的内疚感是心灵的“报警器”，是人类良心的情绪“内核”，它提醒我们要照顾他人的利益和感受，调整人际关系，这有利于个体适应社会生活，而过少或者过多的内疚感都是不健康的。

这是我看过的最让我感到舒服的解释。在我认识的妈妈中，我从来没有见过一个不内疚的。其实，正是因为内疚，我们才会有改进的动力，才会走在不断成长的路上。虽然这条路很曲折，有时候我们进一步退两步，但总的来说，都是处在一个螺旋式上升的状态。孩子引领着我们成长，而我们不断疗愈自己，就是送给孩子最好的礼物。

作为妈妈，我们做不到完全不内疚，当我们对孩子感到内疚时，接纳并拥抱这种情绪，和它全然地待在一起，接受我们不是完美妈妈的事实，接受我们在育儿路上犯了很多错误的事实，然后，继续前行，做一个会犯错、会改错，有时候进步、有时候退步的“足够好的妈妈”。

下午豆豆放学回来，生龙活虎，非常开心的样子，完全看不出受了早上的事情的半点影响。晚上，我和他一起玩小娃娃上幼儿园，当演到全家人手忙脚乱的场景时，豆豆笑得倒下去了，这事就这样过去了。

突然想起了老和尚背女人过河的故事，老和尚把女人背过河放下，就继续赶路了，小和尚却还琢磨着老和尚背女人这件事，搞不清楚他为什么犯戒了。其实，妈妈不用老为了这些琐事来折磨自己，一直处于内疚之中。放轻松，才能愉快地陪伴孩子。

爸爸来带娃
——每个妈妈都应该有自己的“特殊时光”

我们每一个人，包括父母和孩子，都应该有一段自己独处的时光，这不是自私，而是为了我们能有更好的品质去和家人相处。一个妈妈时时刻刻和自己的孩子待在一起，两个人的自我不断地纠缠、包裹，时间一长，不光会影响到孩子形成独特的自我，也会影响到妈妈的自我，会令妈妈烦躁、孤独。

我一向是一个很善于照顾自己的妈妈，所以，自从两年前辞去研究所的工作全职育儿开始，我每个周六都会休息。这一天，我不管带娃、不管做饭，逛街、美容、看书、写作，是我这一天的全部工作，而豆豆爸爸，则成了超级奶爸，带着豆豆四处晃悠。我形容这一天是我的充电日，如果偶尔哪个周末我没有休息，第二个星期我就会很容易烦躁，不管是我还是孩子的状态，都会受到影响。

不过，刚开始的时候，豆豆爸爸却并不高兴我这样做，他多次抗议：“你每个星期休息一天，而我呢？平时上五天班，周六我一个人带孩子，周日全家出去玩，还是我一个人抱孩子，我天天累到手抽筋。你怎么这么会享受呀？”

我笑眯眯地说：“嗯，老公你批评得很对，我虚心接受，绝不改正！”

豆豆爸爸叹了口气，虽然不满，却也无可奈何地接受了这种安排。慢慢地，他看到了我和孩子状态的变化，开始惊讶于这种安排的效果。我也开始慢慢调整，争取每个周末也给豆豆爸爸来一小段特殊时光，让他想干什么就干什么。豆豆爸爸是那种受传统思想影响颇深的人，他虽然很享受这种状态，可心里却有点不踏实。好多次他问我："哎，你说咱们玩得比孩子还快乐，这样好吗？好父母不应该是一副任劳任怨、累死累活的模样吗？"

豆豆爸爸的想法能代表很多父母的想法，他们以为做了父母，尤其是做了妈妈以后，就不应该有自己的时间和生活，否则，那就是自私。至于父母和孩子的状态，那就不在考虑范围了。也就是说，孩子带得好不好不重要，重要的是你得俯首甘为孺子牛，你得忘记自己姓甚名谁。

这不就是受虐狂吗？一个累死累活的妈妈能带出何种状态的孩子？一个人如果连自己都不爱惜的话，他怎么去爱别人啊？

事实上，我们每一个人，包括父母和孩子，都应该有一段自己独处的时光，这不是自私，而是为了我们能有更好的品质去和家人相处。一个妈妈时时刻刻和自己的孩子待在一起，两个人的自我不断地纠缠、包裹，时间一长，不光会影响到孩子形成独特的自我，也会影响到妈妈的自我，会令妈妈烦躁、孤独。这点我相信很多没日没夜全职带孩子的妈妈应该深有体会。一个女人放弃了自己的工作，一天 24 小时与孩子形影不离，不管母爱有多么伟大，不管孩子有多么可爱，总有一刻这个妈妈会烦躁、崩溃。这也是为什么我们看到很多全职妈妈状态很不好的原因。

要知道，孩子有吸收性心智，一个孩子吸收的是环境中的一切，当妈妈状态不好的时候，这个孩子的状态也不可能好，所以，照顾好孩子的前提条件就是先照顾好自己。每一个妈妈都应该给自己留一段特殊时光，给自己的情绪充电，给自己日渐干涸的心充电。

常常会有妈妈抱怨自己的老公不作为，不管孩子的吃喝拉撒，不管家里的柴米油盐，不管老婆的喜怒哀乐。所以，会有妈妈哀叹："我的老公去哪儿了？孩子的爸爸去哪儿了？""我的孩子生活在一个婚内单亲家庭中。"

事实上，每个人都希望自己被需要。我相信，没有一个爸爸愿意在家里靠边站，成为妻子和孩子眼里多余的人。当我们抱怨自己的老公的时候，可能更应该想一想，我们给他机会了吗？我们对他表达过需要了吗？

父母对孩子的感情是在日复一日的抚养行为中得到强化的，越是经常照顾孩子的父母，越有可能和孩子产生深厚的感情。所以，从孩子出生的那一刻起，就应该让父亲承担起照顾孩子的责任，这不光能增强父亲和孩子的感情，也能让他更加自信，更愿意参与到育儿中来，妈妈也就不用这样劳累、抱怨了。

豆豆出生时，豆豆爸爸在家里休息了三个月来陪我。大家都知道，孩子出生的前三个月，父母是最辛苦的，光是他的吃喝拉撒睡就能把人累死。我们没有请保姆帮助，除了月子里我妈妈来了二十天以外，其他时间都是我们自己照顾孩子。所以，这期间有多辛苦我们最清楚。养育孩子到底难不难，豆豆爸爸比我还清楚，由于这样，他在我做全职妈妈之后鼎力支持我。

豆豆自两个多月开始，就经常由爸爸独自带着出去玩。每次都有人问他："你怎么这么厉害？这么小的孩子你怎么带得了？"豆豆一岁多时，我开始去很多城市参加学习和培训，豆豆爸爸永远是那个模范爸爸，任劳任怨地带着孩子陪我满世界跑。这样的机会对我来说，是学习、是成长；对豆豆和豆豆爸爸来说，就是旅行。我学习多少天，他就带着孩子在当地玩多少天。如何处理孩子在旅行中的水土不服，如何照顾旅途生病的孩子，他比我经验丰富多了。

当然也有人向我“告状”：“豆豆爸爸昨天居然把豆豆放在高高的斜坡上，自己却在斜坡下等着，结果豆豆下不来，哭着喊爸爸，他也不理，豆豆没办法，只好自己找到扶手，扶着下来了。这也太危险了吧，豆豆才刚刚会走路啊！这男人带孩子真不行，你可得管管他！”“我今天看见豆豆爸爸给豆豆换纸尿裤，他把豆豆倒拎过来，‘啪’的一下就换上了，快倒是快，这孩子还不得吓着啊！”

不管是表扬的还是批评的，我都很少跟豆豆爸爸去说，我相信他带孩子的能力，我也相信孩子既需要妈妈的温柔也需要爸爸的力量。爸爸既然敢整天带着孩子出去，那他就有能力保护好孩子，我操什么心呢？再说了，男人嘛，带孩子就是这样粗放，就是这样有效率。

很多妈妈都希望孩子的爸爸能够参与到育儿中来，每一个爸爸也不希望自己是家庭的局外人，可是为什么还有这么多爸爸没有参与进来呢？我想除了工作的原因以外，妈妈的唠叨和指责是主要原因。

没有一个人是天生就会带孩子的，女人由于心思细腻，再加上十月怀胎，还有母乳喂养和时间充足，天然就比男人在行一些。尤其是在小宝宝刚出生的时候，女人拉开衣服就能喂奶，男人则笨手笨脚，换个尿布都不会。但是，这些仅仅是先天的差异，如果你不给男人机会，那么他永远是一个连换尿布都不会的男人。当然，男人带孩子会很粗放，这让很多妈妈不放心，但是没有一个爸爸会蠢到伤害自己的孩子。你给他机会，他就会调整自己和孩子的位置和状态。

只要亲子双方状态好，那些诸如脸洗得干净不干净、换尿布是倒着抱还是正着抱的事情就显得不那么重要了；只要夫妻关系好，那些诸如他对孩子说话语气粗暴，他骂了孩子一句的事情也就不值一提了。对孩子来说，一个轻松快乐的爸爸、一个幸福温柔的妈妈、一对相互深爱的父母，比任何教养都更重要。

况且，对孩子来说，爸爸妈妈一起带着自己与爸爸或者妈妈单独带着自己的感觉是不一样的。孩子是非常享受和爸爸在一起的时光的，这个可以说是父子或父女之间真正的“特殊时光”。

通常爸爸妈妈和孩子一起出去时，孩子更有可能感受到的是妈妈的爱。越小的孩子，越会依恋妈妈，妈妈通常也更能理解和接纳孩子的情绪，因此孩子与妈妈更亲密。在孩子心中，爸爸的重要性往往需要等到自己和爸爸单独相处时才能体现出来，此刻，他更能感觉到爸爸对自己的那份独特的爱，而且与爸爸相处的经验对孩子来说极为重要。

爸爸是孩子生活中的第一位男性，也是最为重要的男性。对女孩子来说，与爸爸相处，教会了她如何和异性相处；对男孩子来说，爸爸的意义将会更大一些。爸爸给他做了一个榜样，教会他如何去做一个真正的男人，可以说，他是通过爸爸认同自我的身份的。

当然，在养育孩子的过程中，妈妈可能由于对育儿思索得比较多，会看不上爸爸带孩子的方式，会与他发生争执，这是非常正常的。因为是人，就会有不同的思想，也会因此与别人产生冲突。其实，这些都不可怕，可怕的是不允许别人有不同思想，强行要求别人和自己一模一样。不过，冲突并不是问题，真正的问题是我们如何面对这些冲突。当不同的看法产生时，我们需要思考：

我们是以一种开放包容的姿态谈论这个问题吗？我们是就事论事地讨论吗？我们之间的气氛是融洽愉悦的吗？

只要我们以一种开放包容的姿态就事论事地谈论问题，只要我们之间的气氛是融洽愉悦的，那么目睹这样的冲突对孩子来说就是一件好事，他可以看到当我们有不同意见的时候，我们是如何与人沟通的，他也能看到我们是如何在冲突中尊重自己、尊重别人的。

参考书目

[1][美]托马斯·戈登. P. E. T. 父母效能训练手册[M]. 宋苗译. 天津：天津社会科学院出版社，2009.

[2][美]埃尔菲科恩. 无条件养育[M]. 小巫，耿丹译. 天津：天津教育出版社，2012.

[3][美]惠芙乐. 倾听孩子——家庭中的心理调适[M]. 陈平俊，李美格等编译. 北京：北京大学出版社，2007.

[4][日]鸟居昭美. 培养孩子从画画开始——走进孩子的涂鸦世界[M]. 于群译. 漓江：漓江出版社，2010.

[5][荷]伯纳德·李维胡德. 孩子成长的历程——三个七年成就孩子的一生[M]. 薛跃文，杨亚莉译. 西安：西安交通大学出版社. 2011.

[6]小巫. 小巫教你讲故事[M]. 北京：新世纪出版社，2012.

[7][澳]苏珊·佩罗. 故事知道怎么办[M]. 重本，童乐译. 天津：天津教育出版社，2011.

[8][意]玛利亚·蒙台梭利. 儿童之家——蒙台梭利早期教育方法与训练指南[M]. 洪友，李艳芳译. 天津：天津社会科学院出版社. 2007.

[9][美]阿黛尔·法伯，伊莱恩·玛兹丽施. 如何说孩子才会听，怎么听孩子才肯说[M]. 高榕译. 北京：中信出版社，2009.

［10］［美］培恩·罗斯. 简单父母经［M］. 杨雪，张欢译. 沈阳：辽宁科学技术出版社，2013.

［11］［美］盖瑞·查普曼 . 爱的五种语言［M］. 王云良，陈曦译 . 南昌：江西人民出版社，2010.

［12］［美］海姆·G. 吉诺特. 孩子把你的手给我［M］. 张雪兰译. 北京：京华出版社，2010.

后记

养育孩子是一件很辛苦的事情，其最大的辛苦不是在体力上，而是我们往往不知道应该给孩子什么样的养育环境，更不知道自己费尽心力给孩子的是不是孩子所需要的。

曾经的我，就是一个拥有很专业的知识却不知道孩子到底需要什么的妈妈，非常庆幸的是，我的生活中出现了很多帮助我成长的人，这让我及时跟上了孩子成长的脚步。

我的儿子豆豆是第一个引领我成长的老师，如果不是因为他，我不可能走上育儿这条修行路。更关键的是，他给了我一种我从未体验过的情感，那就是无条件的爱和接纳。我不曾被人无条件地爱过，也不知道何为真正无条件的爱，但因为有了他，因为有了他的爱，我才学会了这门爱的功课。

我所在的幼儿园的孩子们是我见过的最可爱的孩子，他们对我的依赖和信任，支撑着我在自己喜欢的教育领域里一路前行。同时，本书中也有部分关于他们的案例，在此向他们及他们的家长致谢。

著名儿童教育专家小巫是引领我走上心灵成长道路的老师，如果没有她的指导，我不可能在这两年内如此快速地成长。她总是能一针见血地指出我的问题所在，也总是非常清楚地告诉我，我的优势所在，这让我常常心怀感恩。

这两年我参加过很多心灵成长类课程，几乎每一位老师都能让我有极大的进步，在此向那些帮助过我的老师致谢。我更要感谢 P.E.T 父母效能训练的安心老师，我参加过她的多次培训，常常从她的讲座中获得极大的心理支持。

我刚进入华德福教育领域时，尚是一个门外汉。百草园华德福幼儿之家的房凤荣老师手把手地指导我，她不光教给我经验，还信任我，放手让我去实践。她的一言一行无不体现了一个华德福教师的典范，这让我获益良多。

我能有今天的成绩，与我的父母有分不开的关系，他们给我树立了永不言弃、坚持不懈的榜样，这支撑着我在前进的道路上披荆斩棘。是他们让我爱上了读书，并在不知不觉间拥有了较佳的文笔，这些都是我能写作的前提。

我还要感谢我的爱人，因为他的支持，我能无忧无虑地在家度过两年全职妈妈生涯；因为他的支持，我能背着行囊，携夫带子参加各种心灵成长的课程；因为他的支持，我能在家无所顾忌地实践我理想中的养育理念；因为他经常和我探讨教育话题，激发了我很多创作灵感。感恩有你！

感谢我的读者朋友，感谢所有帮助过我的人！

云香

2014 年 10 月于北京

新版后记

听说印第安人求雨非常灵验，哪怕天气预报明明报的没有雨，但只要印第安人求雨的话，老天就会下雨。

为什么这么神奇呢？有人说是因为印第安人求雨的时候会向老天忏悔，忏悔自己做过哪些不该做的事，也会感恩老天，感恩干旱让他们意识到水的珍贵，感恩土地一直以来对他们的守护，当他们忏悔和感恩结束后，雨就来了。

这样的故事，我不知道真假，不过我相信，忏悔和感恩是非常有力量的。所以，在本书的再版后记中，我也想用忏悔和感恩来结束。

我要对我的父母说对不起，因为我还没有成为一个更好的女儿，童年的创伤我还没有完全疗愈，负面情绪有时还会冒出来，所以暂时还没有办法让他们的晚年更幸福。

我要对我的爱人说对不起，因为我还没有成为一个更好的妻子，在亲密关系的修行路上，我走得很艰难，有时候进一步退三步，所以没办法给他带来更高品质的家庭生活。

我要对我的孩子说对不起，因为我还没有成为一个更好的母亲，忙碌的时候会忽略他，陪伴的时候也会不由自主地分心，所以没办法给他一个更幸福的童年。

我也要对我的读者们说对不起，因为我还没有成为一个更好的记录者，有些话明明想说，却很难用文字描述，有时候想得太窄，说话极端，所以没办法给大家带来更好的帮助。

……

我要感恩我的父母，虽然他们未被自己的父母高品质地爱过，但是他们却竭尽全力地给了我高品质的爱；虽然他们当初并不愿意学习，但是当我说我需要被理解和支持、想要和他们有共同语言的时候，他们马上就报名参加了成长工作坊，并在课堂上哭得像个孩子。

我要感恩我的爱人，任何时候只要我提出要求，他都会认真考虑；我推荐他参加的课程，哪怕他之前不了解，也会因为对我无条件信任而参加；我说的话他愿意听，而且一听就能明白，这种能够在同一频道上进行心与心的交流，令我异常感动。

我要感恩我的孩子，他总是在我自大的时候，用他的不当行为给我当头一棒；在我低落的时候，给我无条件的爱和陪伴；在我自我怀疑的时候，给我坚持下去的动力和勇气。

我要感恩我的读者，每写一个字，我都知道，有你在看，被看见的感觉让我灵感泉涌；每写一篇文章，我都知道，有一些孩子的生命因此而变得不一样；你们的每一句评论都让我感觉自己有价值、被重视，这些都深深地滋养着我。

我还要感恩出版环节的各位工作人员，谢谢你们为了我辛苦工作；感恩我的朋友们，感谢你们一路上的鼓励和支持；感恩所有的一切，感恩一切的遇见，我爱你们！

云香

2019 年 3 月 29 日于深圳